本书系教育部人文社会科学重点研究基地重大项目［23JJD820002］、
教育部人文社会科学基金青年项目［22YJC820015］、中央高校基本科研业
务费项目［BUCTRC202206］和 2023 年年度互联网法治重点研究课题
"司法智能化应用的 CEPT 审核机制研究"的阶段性研究成果。

ZHIHUI SIFAXUE

DAOLUN

智慧司法学
导 论

金鸿浩◎著

中国检察出版社

图书在版编目（CIP）数据

智慧司法学导论 / 金鸿浩著 . -- 北京：中国检察
出版社，2023.10
ISBN 978-7-5102-2921-3

Ⅰ.①智… Ⅱ.①金… Ⅲ.①司法制度—研究—中国
Ⅳ.① D926.04

中国国家版本馆 CIP 数据核字（2023）第 131893 号

智慧司法学导论

金鸿浩　著

责任编辑：侯逸霄

技术编辑：王英英

美术编辑：徐嘉武

出版发行：中国检察出版社

社　　址：北京市石景山区香山南路 109 号（100144）

网　　址：中国检察出版社（www.zgjccbs.com）

编辑电话：（010）86423796

发行电话：（010）86423726　86423727　86423728
　　　　　（010）86423730　86423732

经　　销：新华书店

印　　刷：河北宝昌佳彩印刷有限公司

开　　本：710 mm × 960 mm　16 开

印　　张：16.75

字　　数：228 千字

版　　次：2023 年 10 月第一版　　2023 年 10 月第一次印刷

书　　号：ISBN 978 - 7 - 5102 - 2921 - 3

定　　价：56.00 元

序言一

新一代信息技术革命的热词迭出，大数据、人工智能、区块链等新兴科技不仅减轻了人类的体力付出，而且孕育了各式各样的机器智慧，引发了不同的制度变革与创新模式。在司法领域，世界主要国家均正在发生着深刻的"智慧"转向，纷纷寻求以机器智慧消减法律工作者的脑力付出，追求"智慧司法"的实现。

就世界范围而言，21世纪以来已经涌现了如 COMPAS（美国）、FOAM（英国）、PREDICTICE（法国）、SUPACE（印度）、VICTOR（巴西）、COURTAL（爱沙尼亚）、CTMS（菲律宾）、"206系统"（中国）等一大批智慧司法应用，在各国司法系统广泛使用，并初现成效。此类探索已经纳入《美国联邦司法部门信息技术长期规划（2021—2025）》《欧盟电子司法战略（2019—2023）》《巴西"100%数字审判"规范性法案》等顶层设计中。可以预见的是，智慧司法发展的潮流滚滚向前，将深度塑造、全面影响、数字驱动人类社会的司法改革进程。

纵览全球，我国智慧法院、数字检察实践创新已跻身世界前列，成为法治中国、数字中国创新的一张亮丽名片。它们具有鲜明的中国特色，特别表现为以下三个特点：

一张蓝图上下共频。当前智慧司法创新主要有两种实践路径。一种以欧美为代表，以社会力量和地方司法系统自主创新为主；另一种以中国为代表，以国家力量顶层设计主导推动。在战略层面，自党的十八大以来，习近平总书记多次对智慧司法作出重要指示，提出"把深化司法体制改革和现代科技应用结合起来"，"推动大数据、人工智能等科技创新成果同司法工作深度融合"。在规划层面，司法信息化建设被纳入《"十三五"

1

国家信息化规划》《"十四五"国家信息化规划》《法治中国建设规划（2020—2025 年）》，从国家层面明确强调"支持智慧法院建设"，"积极打造智慧检务"。在项目层面，国家天平工程、电子检务工程先后建设完工，新的全国法治信息化工程目前已进入建设阶段。国家重点研发计划"公正司法与司法为民关键技术研究与应用示范"专题任务启动，加速推动了智慧司法的科技研发和工程建设。

双轮驱动耦合前行。面对数字化转型过程中的法律制度调适，是选择保守地推动制度顺畅运行、还是选择积极地推动制度发生改良性变革，中外智慧司法创新存在着更为显著的实质性差异。相比而言，欧美属于事实上的"保守派"；中国则成为名副其实的"行动派"。中国最高司法机关明确提出，坚持司法改革和科技应用双轮驱动、以司法现代化助力中国式现代化。对运行过程中发现的缺陷性制度和与改革不能适应的滞后性制度，中国式智慧司法创新承担着发现制度缺陷并进行改良的特殊任务。譬如，近年来，最高人民法院先后出台了《人民法院在线诉讼规则》《人民法院在线调解规则》和《人民法院在线运行规则》三个既各有侧重点、又相互配合、有机衔接、三位一体的规则体系，推动构建具有中国特色、世界领先的互联网司法模式。

整体联动数字赋能。智慧司法全面应用所积累的大数据资源的规模效应初步发挥，智慧司法数据资源已经达到了大数据 PB 级。截至 2021 年，人民法院大数据管理和服务平台汇集案件信息超过 2.18 亿件，全国检察机关统一业务应用系统也已经积累了 5100 余万件案件，已建成世界上最大的司法审判和检察业务信息资源库。在案件管理、检察监督、司法公开、实证研究等领域大数据的"数字红利"全面发挥。在有关部门的支持下，司法机关和其他部门在网络互连、数据共享、业务协同上也取得了显著进展。最高人民法院"总对总"网络执行查控系统共计上线协助查询部门 3992 家、协助冻结部门 3974 家、协助扣划部门 3929 家，截至 2021 年 12 月累计查控案件 1.09 亿件，累计冻结资金 1.89 万亿元，大幅提升了执行效率。最高人民检察院提出大数据赋能法律监督的数字检察战略。仅 2023 年第 1 季度，北京市检察机关运用大数据法律监督模型发现的线索 18044 条，较去年上升了 29.47%，推动法律监督由"发现难"向"隐匿难"转变。

长期以来，我国理论界对智慧司法的相关研究和关照不足，呈现实践先于理论的非常态势。在全国各地的试点中，所谓的法律人"参与"，基本上是指一线的法律实务工作者，偶尔有个别法学教授"参与"也仅是蜻蜓点水地做观摩提意见。究其原因，在既有传统法学理论以部门法学的规范研究为主导的大背景下，这既与不少学者认为智慧司法应当归纳为"术"的范畴并未充分重视有关，也与文科生对于信息技术的认知缺乏、望而生畏有关。然而，如果法律学者不能在司法科技创新中找到位置，未来法学教育可能跟法律实务就是"两张皮"，这很难不令人担忧。因此，作为一名法学教育工作者，我一直愿意呼吁，智慧司法能够进入法学教材、法律课堂。

为了解决智慧司法理论与实务的隔阂问题，金鸿浩副教授独著撰写了《智慧司法学导论》一书。该书旨在实现司法和科技的一次深度对话，从历史逻辑、实践逻辑、理论逻辑三个方面推动智慧司法从"术"的经验之谈向"学"的理论抽象转变。在历史逻辑上，该书梳理了近三十年智慧法院、智慧检务 / 数字检察、智慧司法行政的信息化历史，总结提炼出智慧司法从业务数字化、组织数字化的初级阶段，向数字业务化、数字化转型高级阶段的发展规律和实现路径。在实践逻辑上，重点探讨智慧司法如何从理论设想演变为实际应用，并从政策规划、项目建设、应用管理三个维度展开了全方位的科学探讨。在理论逻辑上，分别从信息化、大数据、人工智能三类技术探讨了当前"司法 + 科技"的耦合难点，从合理性、合法性、可靠性的角度进行了风险排查和完善建议，并且首次提出了将智慧司法学作为数字法学下的三级学科独立建设的设想。尽管书中还存在一些不足，但瑕不掩瑜，许多内容都具有创新性和启发性，反映了作者的思考、热情与汗水。

　　智慧司法的学科建设正当其时，仍然属于等待拓荒者的学术处女地。一方面，亟待一大批青年学者在解读中国智慧司法实践、提炼中国智慧司法理论上，积极建构中国自主的智慧司法知识体系，实现学科体系、学术体系、话语体系的整体推进。另一方面，需要探索学科体系向教材体系、教学体系转化，打通新时代新法学专业学科育人的"最后一公里"，提升法学生的科技素养。这是一项艰巨而紧要的交叉学科建设课题。像笔者在中国人民大学开设《大数据智能司法》一课已逾五年，并形成了系列专题讲授的课程体系，但尚来不及推出得体可用的教材。《智慧司法学导论》作出了开创性尝试，成为国内这一领域的第一本教材。

　　鸿浩是我多年的学友、同行者。他以敏锐、投入和担当的精神，围绕智慧司法专业建设取得过许多业绩。《智慧司法学导论》可视为其学术成就的一个标志性成果，我愿意隆重推荐。此书既可以作为法律科技从业者了解理论、指导实践的一本参考读物，也可以作为对智慧司法感兴趣的法学生的一本入门教材。

　　是为序。

中国人民大学法学院教授

智慧法律科技创新研究中心主任

序言二

我国司法机关对大数据与人工智能技术的应用肇始于 2013 年前后。在最高人民法院、最高人民检察院的大力推动下，相关应用在各地迅速落地运行。经过新时代十年的接续奋斗，智慧司法建设已经取得了举世瞩目的历史性成就和历史性变革，成为构建中国特色互联网司法新模式，创造更高水平数字正义的关键一着。

近年来，法学界对于智慧司法的关注也显著增多，逐渐成为法学研究的显学和蓝海。但尽管如此，与高歌猛进的智慧法院、智慧检务等司法科技实践相比，智慧司法的研究仍然处于初级阶段，既存在"一种实践、两套话语"的专业话语与技术话语的话语冲突现象，也存在司法规律和技术规律的改革融合难题，需要对智慧司法领域进行更为系统化、体系化、理论化的学理反思与话语构建，以服务于未来深层次的智慧司法探索。

在理论研究中，严格意义上，智慧司法研究不属于传统学科建设的"部门法学"范畴，因为其既包括法理学的法理重塑、法治史的追本溯源，也包括诉讼法的时代革新和实体法的量化分析，而应当归类为新法学的"领域法学"范畴。领域法学以问题为导向，以特定领域与法律有关的整体现象为研究对象，融多种研究范式于一体，可以按照"问题—经验—逻辑"的维度推动智慧司法学的学科体系、学术体系和话语体系的形成与发展。

智慧司法学的立体化构建，必须在领域法学的领域本体论、领域认识论、领域方法论上进行系统构建。但既往结合司法领域特殊性而展开的领域法学专著相对较为匮乏。金鸿浩副教授的《智慧司法学导论》一书，在这三个方面均给予了一些独到的见解。

上编的智慧司法历史论部分，属于领域认识论范畴。作者按照历史唯物主义的历史观，阐述了科学技术生产力和司法制度生产关系之间的辩证关系。随着信息技术的快速发展，特别是人工智能、大数据、云计算新一代信息技术的普及和应用，法院、检察院、司法行政部门均先后实现了网络化、信息化，并在新时代十年间向数据化、智能化的司法现代化模式跃升。在这一过程中，生产力和生产关系之间的矛盾，既倒逼司法机关主动作为加强科技建设，与信息技术相向而行；也要求通过司法改革方式自觉或不自觉调整不适应司法现代化模式的制度、机制和思维。换言之，在人类社会由工业社会迈向信息社会的大背景下，智慧司法的高速发展既有种种偶然性，更有历史必然性。在更加宏观的社会历史视角下，智慧司法建设并不仅是司法机关决策者主观意志的体现，更是中国特色司法工作顺应历史规律的必然选择。

中编的智慧司法实践论部分，属于领域本体论范畴。按照马克思主义实践哲学的观点，实践本体论强调由抽象本体论向现实本体论、由以物为本向以人为本的转变、由结果本体论向生成本体论的三大转变过程。作者认为，作为问题导向的智慧司法学研究在本质上属于实践科学，致力于使智慧司法的学术研究从抽象王国回归到现实世界，并重点关注智慧司法中人的主体性地位，强调智慧司法实践既是一种客观的物质活动，更是一种人的有目的的创造活动。本书强调智慧司法的研究不能仅局限于结果评价，更要对生成过程进行理论分析，探究如何经过"规划—建设—应用"的三大环节，从思维创造逐步演化为实践成果。正如马克思所说，"人应该在实践中证明自己思维的真理性，即自己思维的现实性和力量，自己思维的此岸性"。关于智慧司法的理论设想的科学性，也应当在智慧司法政策规划科学性、项目建设科学性和应用管理科学性上予以彰显，体现在规划文件、总体设计、详细设计到制度规范的逐步细化之上，最终在实践中接受检验和科学发展。

下编的智慧司法融合论部分，属于领域方法论范畴。按照辩证唯物主义的观点，"规律"范畴是辩证唯物主义的实质，正如孙正聿先生所说

"'规律'是看不见、摸不着的。只有掌握辩证唯物主义方法论，运用科学的理论思维，才能从纷繁复杂的现象和相互制约的矛盾中形成规律性的认识，找到解决矛盾的办法"。当今智慧司法学所面临的最大难题，很大程度上是我曾经论述的，技术特征与司法场景特性的融合交叠可能诱发司法固有属性被消解、法官主体地位被削弱、司法改革目标被替代和司法改革结果失控等风险。而要解决这个难题，很大程度上需在司法工作和现代科技的联系中去掌握事实，重点分析不同的现代科技和司法工作结构耦合中的矛盾冲突。在智慧司法研究中紧紧抓住法律逻辑和技术逻辑深度耦合这一对主要矛盾和矛盾的主要方面，对司法信息化、司法数据化、司法智能化的具体情况作具体分析，努力提炼有标志性的具体概念，进而由点到面的构建智慧司法学的知识体系。

金鸿浩副教授曾长期在最高人民检察院工作，负责或参与编写了《最高人民检察院关于深化智慧检务建设的意见》《全国检察机关智慧检务行动指南》《检察大数据行动指南》等检察信息化规划，合著出版了《智慧检务初论》《智慧检务概论》等著作。本书是作者从司法实务部门到高校后对智慧司法进行学理反思的新的阶段性成果。为推进智慧司法研究从"术"向"学"跃升提供了一种可能的理论进路，也为未来数字法治共同体携手推进智慧司法研究从"学"向"道"发展提供了启迪。

东南大学法学院教授
人民法院司法大数据研究基地执行主任

目 录
CONTENTS

第三章　智慧司法管理研究

第四章　智慧司法科技研究

第一章　智慧司法学总论

（智慧司法学的学科体系构建）

第一节　智慧司法学的学科构建

智慧司法建设被广为讨论并受到空前重视始于 2017 年（亦可称为"智慧司法元年"），2017 年 7 月，习近平总书记作出重要指示，强调要"把深化司法体制改革和现代科技应用结合起来"。之后，最高人民法院、最高人民检察院同年先后印发了《关于加快建设智慧法院的意见》《关于深化智慧检务建设的意见》，正式将智慧司法作为司法机关的一项全局性、战略性、基础性工作加速建设。2018 年，恰逢立法修订，"人民法院（人民检察院）应当加强信息化建设，运用现代信息技术，促进司法公开，提高工作效率"被正式写入新修订的《人民法院组织法》第 58 条和《人民检察院组织法》第 52 条，智慧司法建设成为司法机关的一项法定职能，步入了法治化建设轨道。2021 年，《"十四五"推进国家政务信息化规划》明确提出法治信息化工程建设任务，要求"十四五"期间，"构建以审判为中心的业务协同办理平台，提升'智慧法院''智慧检务''智慧司法'应用水平和协同能力，提高审判执行、多元解纷、司法公开、法律监督、刑罚执行、法律服务、协同办案的智能化水平"。① 智慧司法建设又上升为国家战略的重要组成部分被统筹推进，获得了较为充分的财政资金支持和政策保障。

但是，在智慧司法建设如火如荼的同时，智慧司法理论研究发展却明显滞后于实践需求，多数研究只满足于现象层面的归纳或反思，并未提供有价值的理论阐释和解决方案。特别是出现了二律背反现象：实务界对智慧司法建设总体持积极态度和支持立场，相关论文多以"创新""经

---

① 《"十四五"推进国家政务信息化规划》，发改高技〔2021〕1898 号。

验""未来"为题，对智慧司法的改革成效和发展前景进行描摹，围绕其中的事实命题进行论证；①理论界的相关论文多以"矛盾""隐忧""风险"为题，对智慧司法的合法性、合规性、合理性进行反思，围绕其中的价值命题进行论辩。②究其原因，这与智慧司法的学科建设的乏力有关。如果尚未体系性地对智慧司法的基础问题进行扎实研究，智慧司法的学术探讨很容易演化为观念之争，智慧司法实践在客观上就一直处于"摸着石头过河"的探索之中，有时甚至处于于法无据、缺乏理论支撑的"裸奔"状态。因此，当务之急是解决智慧司法学科发展所面临的理论体系自足性的建构和论证，③明确智慧司法学的学科属性、研究目的、研究领域和研究方法，力争实现学科框架的基本定型。

一、智慧司法学的学科属性

在学科归属上，智慧司法学研究者虽然目前以诉讼法学和法理学学者居多，但如果将其归类为诉讼法学或法理学，作为部门法下位的三级学科。一方面存在周延性问题，大量的实体法领域（比如刑法的罪量研究）将无法纳入，人为地造成发展阻碍；另一方面存在局限性问题，因为智慧司法本质上是数字时代的法治创新，降维为部门法学会受限于该学科的学科框架，从而束缚了研究者的视野和理论创新，而用传统法学范式思考、研究智慧司法学无可避免地会产生代际冲突。因此，总的思路应当是在"新文

① 王效彤：《顺应人工智能时代 推进智慧检察》，载《人民检察》2017年第20期；许建峰等：《我国智慧法院体系工程的模式框架和创新实践》，载《中国工程科学》2022年第4期；贾宇：《论数字检察》，载《中国法学》2023年第1期。
② 高可：《司法智能化的功能、风险与完善》，载《西安交通大学学报（社会科学版）》2020年第6期；张凌寒：《智慧司法中技术依赖的隐忧及应对》，载《法制与社会发展》2022年第4期；聂友伦：《人工智能司法的三重矛盾》，载《浙江工商大学学报》2022年第2期。
③ 马怀德、王志永：《完善中国特色社会主义法学学科体系的实践路径》，载《比较法研究》2021年第3期。

科"背景下，跳出部门法学的条条框框，将其作为数字法治的一个专门领域进行探究。近期，中共中央办公厅、国务院办公厅《关于加强新时代法学教育和法学理论研究的意见》亦明确提出，推进法学和网络工程以及自然科学等学科交叉融合发展，加快发展科技法学、数字法学等新兴学科；教育部《新文科建设宣言》倡议，"进一步打破学科专业壁垒，推动文科专业之间深度融通、文科与理工农医交叉融合，融入现代信息技术赋能文科教育，实现自我的革故鼎新"目标[①]，为新法学的学科建设提供了政策支持。

　　由于目前新文科中的新法科建设还在探索阶段，对该学科的名称尚未统一。其中，支持者较多的有两个名称，分别是中国人民大学、华东政法大学、浙江大学等正在探索的"数字法学"，以及清华大学、四川大学、东南大学等正在探索的"计算法学"。此外还有中国政法大学提倡的"网络法学""数据法学"，中国社科院大学提倡的"人工智能法学"，北京交通大学提倡的"新技术法学"等。如果采取"数字法学"（二级学科）的学科体系，按照浙江大学胡铭教授的观点，数字法学的主要研究范畴包括两个，分别是数字技术对象论（数字技术作为规范的对象）、数字技术工具论（数字技术作为法治的工具）。[②] 那么，智慧司法学（三级学科）属于数字法学（二级学科）的数字技术工具论的重要研究内容。如果采取"计算法学"的学科架构，根据清华大学申卫星教授的观点，计算法学包括三个研究方向，分别是作为研究对象的计算法学（即融入计算思维的新兴法律问题研究）、作为研究工具的计算法学（利用计算工具探索法律问题的实证分析）、作为研究技术的计算法学（结合计算技术的法律科技研究）。[③] 那么，智慧司法

---

　　① 刘坤轮：《〈新文科建设宣言〉语境中的新法科建设》，载《新文科教育研究》2021 年第 2 期。

　　② 胡铭：《数字法学：定位、范畴与方法——兼论面向数智未来的法学教育》，载《政法论坛》2022 年第 3 期。

　　③ 申卫星、刘云：《法学研究新范式：计算法学的内涵、范畴与方法》，载《法学研究》2020 年第 5 期。

学（三级学科）应当属于计算法学（二级学科）中"作为研究技术的计算法学"的主要内容。

在新法科建设的大背景下，智慧司法学学科具有三个显著特征：

首先，智慧司法学是一门兼具法学与科学双重属性的交叉型学科。根据《最高人民法院关于加快建设智慧法院的意见》《最高人民检察院关于深化智慧检务建设的意见》的定义，智慧司法具有工具手段性和司法目的性，要求科技与司法相向而行，价值合理性与工具合理性有机统一，并最终形成为"司法＋科技"的工作模式。① 对智慧司法理论研究和实务工作而言，其研究的核心内容既非"司法＋科技"的"司法"，这属于传统法学研究的研究范畴；亦非"司法＋科技"的"科技"，这属于计算机科学的研究范畴，其重点在于对"司法＋科技"中"＋"的融合原则、融合方式、融合方法的研究和实践。更准确地说，智慧司法学需要洞察法律与科技之间的深刻互动关系，进而指导法治要素与科技元素的结构耦合、功能耦合、人机耦合，从而对数字法治的根本问题进行持续思考，并预测科技将把司法带往何方。②

其次，智慧司法学是一门以实践为导向的应用型学科。智慧司法学不同于传统的部门法学，以固定的法律文本为研究对象，并在此基础上构建部门法的理论学说。由于法律的相对稳定性，传统法学研究的理论建构也处于稳定的流变之中。但智慧司法学是以智慧司法实践为研究对象，具有

---

① 对智慧司法模式用"司法＋科技"还是"科技＋司法"概括，这两种方式均较为常见。在笔者起草《最高人民检察院关于深化智慧检务建设的意见（草案）》的专家论证会上，中国工程院邬贺铨院士等专家提出，"司法＋科技"更为恰当，因为对智慧司法而言，科技是手段，司法是中心工作，"司法＋科技"更能体现智慧司法的业务属性和工具属性的区分，突出以司法业务为中心，故采用"司法＋科技"的提法。

② 郑戈：《在法律与科技之间——智慧法院与未来司法》，载《中国社会科学评价》2021年第1期。

鲜明的实践导向。[①] 在激荡的智慧司法变革中，实务部门常有"一年一小变，三年一大变"的经验之谈，实践对理论供给的及时性、有效性的需求与日俱增，导致和促使智慧司法的理论嬗变与范式转型的迭代加速。从某种角度上讲，当前的智慧司法建设是先于智慧司法理论的。如果理论界尚未充分了解智慧司法建设的最新成果，且没有亲自使用过智慧司法产品，那么，仅根据媒体报道或个别实务人员的反馈，进行坐而论道式的理论批判，其可靠性令人担忧，分散杂多的现象层面的理论研究在客观上也无法发挥应有的理论指导实践、规范实践、促进实践的作用。因此，智慧司法学需要通过理论与实务的密切协作，在公平、效率、安全等多重目标的动态博弈中，寻求约束条件下的"最优解"，从而实现技术与制度协同融合，在法治轨道上推进司法体系和治理能力现代化。[②]

最后，智慧司法学是一门培养专门人才和提升司法人员科技应用能力的技能型学科。学科建设的目的是育人，智慧司法学在育人层面具有双重面向。一方面，致力于培养未来的专业司法科技人员。据不完全统计，全国法院、检察院的司法信息化队伍人数超过 1 万人。[③] 同时，随着智慧司法市场的蓬勃发展，保守估计年市场规模超过 50 亿元，[④] 市场对提供司法

---

① 参见拙文：《传统检察信息化迈向智慧检务的必由之路——兼论智慧检务的认知导向、问题导向、实践导向》，载《人民检察》2017 年第 12 期。

② 刘艳红：《人工智能技术在智慧法院建设中实践运用与前景展望》，载《比较法研究》2022 年第 1 期。

③ 最高人民法院于 2015 年出台《关于人民法院信息化人才队伍建设的意见》，明确规定了各级审判机关需要配备的司法信息化人员数量，要求高级法院不少于 12 名、中级法院不少于 5 名、基层法院不少于 3 名信息化专业人员。根据最高人民法院统计数据，全国共有高级法院 33 家，中级法院 416 家，基层法院 3087 家，计算可得按照上述要求配置齐全，法院司法信息化人员队伍规模为 11737 人。检察技术信息化人员队伍规模与法院相近。

④ 近年来智慧司法市场蓬勃发展，根据上市公司财报数据，2021 年北京华宇软件股份有限公司的法律科技业务（法院、检察院等项目）实现营收 29.52 亿元，按照该公司宣传的其在法检科技市场占有率计算（行研机构预测为 37.7%），可估算得出智慧司法的市场规模。

科技服务的技术专家的人才需求也大幅增加。但此前大多数高校并没有专门培养法律科技人才的学科和专业,造成了体制内外对于既懂法律又懂技术、精通智慧司法研发、建设、管理专业人才的缺口较大,较长期处于供不应求的状态。另一方面,数字时代对法律职业共同体科技素养的要求也与日俱增。2019年,习近平总书记在中央政法工作会议上提出,政法系统要把专业化建设摆到更加重要的位置来抓,特别提出要全面提升政法干警的科技应用能力。从培育专业化的合格司法预备人才的角度,政法院校也应当加强智慧司法学科建设,稳步提升法学生的科技素养。国家法官学院(分院)、国家检察官学院(分院)等教育培训机构,也应当在课程设计上加强法官、检察官的智慧司法理论与技能培训,补齐司法队伍法律科技应用能力短板。[1]

二、智慧司法学的建设目标

智慧司法学作为新兴学科,应当明确其学科发展的目标愿景,回答中国式司法现代化的"中国之问"和"时代之问",[2] 从而解答智慧司法学的建设目标和研究意义问题。

(一)核心目标:为实现数字正义提供技术路径

当前,我国社会主要矛盾发生转变,人民群众对法治、公平、正义等方面的要求日益增长。在数字时代的"双层社会"中,人民群众对正义

---

[1] 目前,"两高"已将科技应用能力培训纳入培训计划,但相关课程设计还相对薄弱。例如,最高人民法院印发的《人民法院信息化建设五年发展规划(2019—2023)》第52条明确规定,"以法官为对象加强审判执行业务应用的使用培训;以领导和管理干部为对象,加强司法管理应用的使用培训;重点加强成效显著的案例和试点示范项目的总结和交流培训力度"。笔者参与起草的最高人民检察院《关于加强新时代国家检察官学院检察教育培训工作的意见》亦明确规定,将"开展司法检察大数据运用、信息技术前沿知识培训"纳入检察业务培训范围。

[2] 参见张文显:《论建构中国自主法学知识体系》,载《法学家》2023年第2期。

的需求显然不只包括传统正义，也包括数字正义。数字正义理论（Digital Justice）的提出者伊森·凯什（Ethan Katsh）认为，数字正义是一种接近正义，信息技术可以让接近正义不再依赖于物理的面对面环境，算法可以为每个用户提供解决纠纷的便利方式，甚至作为增强正义的实现方式将纠纷预防在早期阶段，让我们的司法运行大为改观，[①] 有望成为数字时代的新"枫桥经验"。就智慧司法学而言，数字正义是智慧司法学的终极目标，相较于在线纠纷解决的 ODR 理论，数字正义理论更加关注智慧司法本身的数据正义、算法正义、计算正义等数字正义性问题，是智慧司法学中最重要的理论支撑。从表现形式来看，智慧司法中的数字正义主要表现为分配正义、程序正义、互动正义和信息正义等四大原则。[②]

数字分配正义（Digital Distributive Justice）原则，强调智慧司法应当让所有用户都平等享有通过数字技术获取数字正义的机会。由于数字鸿沟的存在，要谨防"数据鸿沟"的加速扩大，司法机关应当增加对中西部区域的法官、检察官、律师等的智慧司法相关培训。[③] 同时，对于当事人和公众，司法机关在全业务线上办理的同时，应当考虑我国尚有 27%（约 3.8 亿人）的公民尚未触网，还有大量不适应数字服务的老年群体，司法机关在推进智慧司法的同时，亦应当关注上述群体的实际需要，同等提供线下办理途径，并探索通过司法机关购买服务方式提供线上线下办理指导答疑的技术支持，为处于技术弱势地位的数字主体提供必要帮助，防止数字正义

[①] ［美］伊森·凯什、［以］奥娜·拉比诺维奇·艾尼：《数字正义：当纠纷解决遇见互联网科技》，赵蕾、赵精武、曹建峰译，法律出版社 2019 年版，第 263 页、第 246 页。

[②] 周尚君、罗有成：《数字正义论：理论内涵与实践机制》，载《社会科学》2022 年第 6 期。

[③] 实务中，"两高"已经将信息技术援助作为援藏、援疆、援青的重要举措之一，最高人民检察院《关于进一步加强和推进新形势下检察援疆工作的措施》将信息科技作为"六位一体"援疆工作的第五要素，最高人民法院《进一步做好新形势下援藏援疆工作的意见》明确提出，"根据受援法院的需求，选派信息技术专业人员赴藏、赴疆进行工作，参与受援法院信息化建设的同时培训信息技术人员"的工作要求。

的结构失衡。[①]

数字程序正义（Digital Procedural Justice）原则，强调智慧司法应当充分保障各类主体在诉讼过程中的各项诉讼权利。正如许多学者所担忧的，数字技术所带来的司法自动化，在提高司法效率、节省司法成本的同时，也可能弱化诉讼的对抗性，降低诉讼过程中的司法审查效能，损害个人诉讼权利。[②] 为了解决电子诉讼限制当事人部分诉讼权利的实际行使问题，数字程序的设计应当明确以最大化保障当事人诉讼权利为原则，而非最大化便利司法裁判为原则。[③] 智慧司法在诉讼中的适用范围应当受制于诉讼权利的重要程度及案件性质。对于民事诉讼案件而言，应当充分尊重原被告双方的意愿，以合法自愿原则为指导，对当事人不同意案件在线办理的，不应当适用在线诉讼。对于刑事诉讼案件而言，对可能判处三年以上有期徒刑的案件，庭前会议对关键证据具有较大分歧的案件，原则上不建议采取在线诉讼。

数字互动正义（Digital Interactive Justice）原则，强调智慧司法应当持续强化可交互性建设。一方面，应打造可供多方便捷沟通的数字交互空间，在诉前和诉中、诉后等诉讼全流程畅通当事人、律师、法官之间的沟通渠道，便于法官调解工作的线上开展，将法官的释法说理贯穿数字互动之中，落实恢复性司法的更高要求，从而达到"化解正义"互利共赢的作用。[④] 另一方面，应当持续优化智慧司法的人机互动机制，强调以用户为中心的

[①] 郑智航、雷海玲：《大数据时代数据正义的法律构建》，载《国家检察官学院学报》2022 年第 5 期。

[②] 马明亮：《区块链司法的生发逻辑与中国前景》，载《比较法研究》2022 年第 2 期。

[③] 比如，针对电子送达，按照约定电子送达地址送达信息后，还可以采取智能电话提醒等方式，防止"送而未达""达而未读"现象，上述两种现象占到受送达人上诉理由的 67.9%。参见周鸿飞：《"互联网 +"背景下电子送达制度的革新与探析》，载《河南财经政法大学学报》2022 年第 1 期。

[④] 杜宴林：《司法公正与同理心正义》，载《中国社会科学》2017 年第 6 期。

人性化原则，[①] 不是让原告、被告面对冷冰冰的机器和屏幕，而是可以感受到司法的温度和人文关怀，应当设置用户对智慧司法系统使用效果的评价功能，以便进一步优化和改善智慧司法系统数字互动设计，增强用户使用体验。

数字信息正义（Digital Informational Justice）原则，强调智慧司法服务的算法和所收集的信息应当具备透明性和可解释性。智慧司法应用应当遵循《个人信息保护法》第34条要求，"国家机关为履行法定职责处理个人信息，应当依照法律、行政法规规定的权限、程序进行，不得超出履行法定职责所必需的范围和限度"，并采取必要措施保障所处理的个人信息的安全。而不应当利用司法机关的特殊地位和公权属性，过度收集与案件无关的个人信息。此外，智慧司法应当防止算法黑箱，在算法透明性的基础上强化算法的可解释性，用通俗易懂的方式向司法人员、案件当事人进行解释，防止算法权力的无序扩张和异化，从而使物理意义上的"接近正义"迈向数字意义上的"可视正义"，实现智慧司法算法本身的可审计问责，"从而实现了全要素的数据可视"[②]。

简而言之，数字正义是传统正义理论在数字时代的全新诠释。正如最高人民法院原院长周强所说，"在数字社会中，自由、平等、民主以及法律、秩序和正义都将被重新定义，数字正义将是更高的正义，社会主义法治建设面临广阔前景，也给人民法院工作带来重大机遇"。[③] 对智慧司法而言，数字正义作为智慧司法最重要的价值追求，是所有智慧司法项目建设的出发点和落脚点，这要求在智慧司法应用研发中始终将体现数字正义作为建设目标，并将数字正义作为标尺，根据数字分配正义原则、数字程序

---

① 姜洪：《张军在检察机关智能辅助办案系统建设工作座谈会上强调智慧检务建设要聚焦科学化智能化人性化》，载《检察日报》2018年6月5日，第1版。

② 马长山：《司法人工智能的重塑效应及其限度》，载《法学研究》2020年第4期。

③ 周强：《深入学习贯彻党的十九届四中全会精神 不断推进审判体系和审判能力现代化》，载《人民司法》2020年第1期。

正义原则、数字互动正义原则和数字信息正义原则不断优化软件算法，对智慧司法的合法性、合理性进行形式和实质的双重判断，并在此基础上同步对智慧司法的相关诉讼规则体系进行修改废释，以有效应对互联网浪潮对司法的冲击，[①] 通过数字正义助推更高水平的司法公正。

（二）实务价值：为解决"案多人少"问题提供数字赋能

智慧司法的另一个重要目的是解决"案多人少"问题。随着我国法治化建设不断深入，法制观念深入人心，司法系统所需要处理的案件数量显著攀升。根据最高人民法院统计，我国法院审理的各类案件数量均出现了"井喷"现象，2021 年的民事案件、刑事案件、行政案件一审结案数相比2002 年分别增长 258.4%、99.8%、251.2%。[②] 在我国司法机关机构数量、人员编制没有明显增加的前提下，破解"案多人少"的一个重要方式就是通过司法机关的数字化转型和数字赋能，即中央政法委提出的"把智能化建设摆到重要位置，坚持改革创新与科技应用双轮驱动，推动政法工作质量变革、效率变革、动力变革"，为"政法工作创新发展提供强大动能"。[③]

数字化的质量变革，强调的是智慧司法对司法工作质量的赋能作用。一方面，实现数字正义必然需要对司法业务流程进行再造（Justice Process Reengineering，JPR），在法律基础上进行根本性的再思考和彻底性的再设计。在智慧司法流程再造的过程中，重点是内嵌数字化的流程管理和质量管理，

---

① 卞建林：《立足数字正义要求，深化数字司法建设》，载《北京航空航天大学学报（社会科学版）》2022 年第 2 期；李占国：《"全域数字法院"的构建与实现》，载《中外法学》2022 年第 1 期。

② 根据统计，全国法院民事案件一审结案数由 2002 年的 4393306 件上升为 2021 年的 15745884 件，案件量增长 258.4%；刑事案件一审结案数由 2002 年的 628549 件上升为 2021 年的 1255671 件，案件量增长 99.8%；行政案件一审结案数由 2002 年的 84943 件上升为 2021 年的 298301 件，案件量增长 251.2%。参见最高人民法院：《2021 年全国法院司法统计公报》，载《最高人民法院公报》2022 年第 4 期。

③ 新华社：《以智能化为牵引推动新时代政法工作创新发展》，载《人民日报》2019 年 6 月 13 日，第 3 版。

选取在办案中对公正、效率有重要影响的流转环节进行重点控制，使案件办理成为环环相扣的数字过程，并通过对办案过程的每一个工作环节的识别、控制、检测、评价、改进，以达到持续改进的动态循环。① 在此基础上，司法机关同步建立以审判管理部门（案件管理部门）为枢纽的一整套贯穿案件办理全过程的监管机制，加强对案件办理的专业化管理，从而大幅提升司法规范化水平。② 另一方面，智慧司法应用可以通过智能辅助方式帮助自动纠错，例如，上海法院研发的裁判文书大数据智能分析系统，实现对裁判文书中 61 项要素的智能分析和智能纠错，2017 年，上海法院分析裁判文书 10 万余篇，瑕疵占比同比降低 12%，实践证明，通过人机结合方式可以大幅减少案件瑕疵等低级错误的发生。③

　　数字化的效率变革，强调的是智慧司法对司法工作效率的赋能作用。实务中大量的司法资源被配置于简单重复性的基本工作（比如录卷），如果这些简单重复性工作在数字时代由机器辅助完成，④ 可以使司法官专注于案件办理本身，从而大幅提升工作效率。实证研究也表明，网上法庭、庭审直播、电子签章等司法信息化项目，在实际工作中均实现了提升审判效率的预期目标。⑤ 例如，江苏省苏州市中级人民法院 2016 年开展智慧审判试点建设，覆盖立案、审理、裁判等诉讼全流程，试点后当地法院法官事务性工作剥离约 40%，书记员事务性工作减少约 50%，案件平均审判效率

---

　　① 冯姣、胡铭：《智慧司法：实现司法公正的新路径及其局限》，载《浙江社会科学》2018 年第 6 期。

　　② 童建明：《构建新时代检察机关案件管理工作新格局 为促进检察工作高质量发展提供坚强管理保障》，载《检察日报》2021 年 10 月 28 日，第 2 版。

　　③ 李少平：《人民法院互联网司法的建设与发展》，载《人民法院报》2021 年 9 月 16 日，第 5 版。

　　④ 王猛：《智能化助推司法体制综合配套改革》，载《河北法学》2018 年第 5 期。

　　⑤ 郭烁：《法院信息化建设二十二年：实践、问题与展望》，载《浙江工商大学学报》2019 年第 1 期。

提高约 30%。^① 又如，深圳市政法跨部门大数据办案平台实现了基于电子卷宗的互信共享，讯问笔录等言辞类证据不再需要打印签名捺印后再扫描，避免了证据"体外循环"，电子卷宗流转速度提高 15 倍。^② 在当前的智慧司法建设中，最高人民法院亦提出了"案件审判效率提升 21% 以上"的可量化的新建设目标，信息技术对司法工作效率提升的科技红利仍处于持续释放过程。

数字化的动力变革，强调的是智慧司法对司法工作模式的赋能作用。近年来，向科技要检力，推动司法工作向内涵式发展转变，成为司法机关的一项重要课题。最高人民检察院所倡导的"大数据赋能法律监督"正试图进行突破，解决既往单独靠增加人力、财力、物力的做法无法解决法律监督线索发现难的问题。例如，浙江省绍兴市人民检察院民事裁判智慧监督系统上线前，绍兴市检察院每年办理虚假诉讼案件的数量几乎都是个位数（2017 年为 9 件），而系统上线后，该院每年办理虚假诉讼案件的数量呈指数级增长，2018 年是 101 件，2019 年达到了 215 件，2020 年则达到了 463 件。2022 年北京市检察机关办理案件中，数字检察对北京市检察机关监督线索发现、监督案件办理的贡献率达到 27.1% 和 33.6%。大数据赋能法律监督已经改变过去法律监督形态，正在形成"人在干、数在转、云在算"的新型数字化检察监督模式。^③

数字赋能本质上是新型司法智慧的生成过程，使 DIKW 模型中的司法数据（Data）开始转变为司法信息（Information），提炼出司法知识（Knowledge），进而最终形成司法智慧（Wisdom），让"人的智慧通过现

① 徐清宇：《智慧审判苏州模式的实践探索》，载《人民法院报》2017 年 9 月 13 日，第 8 版。
② 徐琨：《科技赋能！深圳率先探索政法跨部门网上协同办案新模式》，载《深圳特区报》2020 年 9 月 8 日，第 6 版。
③ 金鸿浩：《加强高质量数字检察建设 以新动能推进检察事业新发展》，载《检察日报》2022 年 10 月 8 日，第 3 版；戴佳、赵晓明：《当法律监督遇上大数据——检察机关推行数字检察战略工作踔厉步稳》，载《检察日报》2023 年 3 月 22 日，第 9 版。

代科技而无限量地倍增长于法治运行中"[1]。科技的发展是司法工作现代化进步之源，数字赋能将数据、算法等作为新的生产要素，使"沉默的数据"通过与算法和应用紧密结合变为司法机关的数据资产，通过信息技术与司法改革的双轮驱动，外显为司法改革的"质量变革、效率变革、动力变革"过程，正在解决"案多人少"等许多用传统工作方式方法解决不了或解决不好的问题。人类智慧与科技智慧有机结合生成新的司法智慧，已经成为新时代司法工作高质量发展的创新源和助推器，为中国特色司法工作的数字化转型插上了"科技的翅膀"。但也应当清醒认识到，按照相关标准的划分，目前我国司法机关数字化转型在数据、技术、流程和组织等维度尚处于 CL4 网络级发展阶段，离 CL5 生态级的司法数字化治理仍有较大差距，[2]需要以此为中短期目标进行专项研究。

———————————————

[1] 罗洪洋、陈雷：《智慧法治的概念证成及形态定位》，载《政法论丛》2019 年第 2 期。

[2] 团体标准《数字化转型新型能力体系建设指南》（TAIITRE20001—2020）将数字化转型分为数字化转型共分为五个发展阶段，即初始级发展阶段、单元级发展阶段、流程级发展阶段、网络级发展阶段、生态级发展阶段。参见中关村信息技术和实体经济融合发展联盟：《数字化转型 新型能力体系建设指南》，清华大学出版社 2020 年版，第 28—32 页。

第二节 智慧司法学的研究领域与方法

一、智慧司法学的研究领域

在学科建设中，智慧司法学研究需要超越前学科阶段的孤立事实探究和零碎知识结论等表层结构的探讨，以智慧司法的运行规律为研究对象，重点聚焦智慧司法的基本原理及其相互之间的关联性等深层次问题，[①] 进而对司法体系和司法能力现代化实践活动进行学理反思。其中，"司法＋科技"模式的"＋"反映了智慧司法融合性的本质特征和深层结构的内在规律，从某种角度而言，在特定时空中，智慧司法建设成效的高低主要取决于"＋"融合程度的深浅。纵观近年来党中央对智慧司法"＋"融合程度的要求，已从司法与科技的初步"结合"（2017 年）上升为逐步"深化"（2018 年），再到当前的"深度融合"（2019 年），[②] 对于"司法＋科技"的"＋"融合度

---

① ［美］布鲁纳：《教育过程》，邵瑞珍译，文化教育出版社 2003 年版，第 36—39 页。

② 2017 年，习近平总书记对司法体制改革作出重要指示，首次提出"把深化司法体制改革和现代科技应用结合起来"，此时对智慧司法"＋"的要求是"结合"。2018 年，习近平总书记就政法工作作出重要指示，首次提出"深化智能化建设"，此时对"＋"的要求是"深化"。2019 年，习近平总书记在中央政法工作会议重要讲话中提出，推动大数据、人工智能等科技创新成果同司法工作深度融合，此时对"＋"的要求是深度融合。参见习近平：《坚定不移推进司法体制改革 坚定不移走中国特色社会主义法治道路》，载《人民日报》2017 年 7 月 11 日，第 1 版；习近平：《坚持以人民为中心的发展思想 履行好维护国家政治安全确保社会大局稳定 促进社会公平正义保障人民安居乐业的主要任务》，载《人民日报》2018 年 1 月 23 日，第 1 版；习近平：《全面深入做好新时代政法各项工作 促进社会公平正义保障人民安居乐业》，载《人民日报》2019 年 1 月 17 日，第 1 版。

的要求不断加深。

智慧司法 = 司法 + 科技

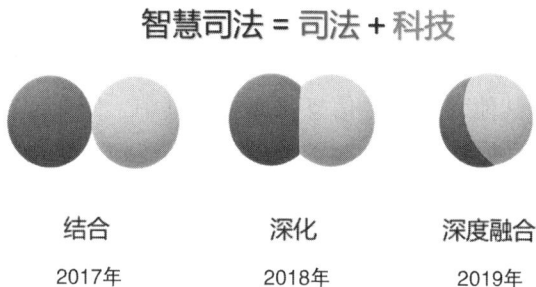

结合	深化	深度融合
2017年	2018年	2019年

图1 智慧司法中"司法 + 科技"融合程度的战略要求（来源：笔者自制）

就知识结构而言，智慧司法学科也应当围绕着"+"融合性问题进行理论创新和知识供给，笔者基于此提出了"九宫格"的知识结构，将智慧司法学细分为3个相互关联的研究领域和9个细分方向，以回应现代信息技术的新期待对法学学科发展提出的新要求。①

司法部门　　　　　+　　　　　科技

法院 （智慧法院）	规划 （智慧司法规划）	信息技术 （司法信息化）
检察院 （智慧检务）	建设 （智慧司法建设）	大数据 （司法数据化）
其他 广义 （智慧司法行政）	应用 （智慧司法应用）	人工智能 （司法智能化）

图2 智慧司法学研究领域的"九宫格"示意图（来源：笔者自制）

---

① 徐显明：《新文科建设与卓越法治人才培养》，载《中国高等教育》2021年第1期。

（一）分部门的智慧司法发展规律研究（智慧司法基础研究方向）

智慧司法中"司法＋科技"的"司法"主体是司法机关和司法人员，在狭义上主要指审判机关与检察机关，在广义上有时将相关联的智慧司法行政、智慧警务等其他政法业务信息化亦纳入其中。例如，在智慧刑事司法中，公检法司各司其职，相互配合、相互制约，缺一不可，否则将无法实现互联互通和业务协同。为了更为精准地分析不同部门智慧司法发展规律，智慧司法学按照不同主体又可以细分为三个研究领域。

1.智慧法院发展规律研究。智慧法院研究包括智慧法院实践发展研究和智慧法院理论发展研究两个进路。智慧法院实践发展研究重点梳理智慧法院1.0到智慧法院4.0的建设历程，归纳法院信息化建设规律，发现当前薄弱点与未来努力的方向。例如，就优点而言，智慧法院"标准先行"经验就比较具有代表性和启发性。目前，人民法院信息化标准体系（简称"法标"）已经历了四个版本，现行标准为15法标，规划制定标准127项，其中最高人民法院组织制定行业标准97项。① 在统一的标准规范基础上，形成了统分结合、多元创新的智慧法院生态。而如果没有标准规范，以高院为重心的各地法院信息化建设就很容易产生"信息孤岛"问题，影响全国法院数据共享。就缺点而言，法院信息化建设中的一大教训就是缺乏专职部门推动，2005年12月，最高人民法院印发《国家"十一五"规划期间人民法院物质建设规划》，要求在2007年年底前建设最高人民法院信息中心。但实际情况是直到2013年10月最高人民法院信息技术服务中心才正式成立，相比原计划推迟了6年。而且，该单位公益二类的职能定位又使其对下管理上存在制度障碍，某种角度上既造就了地方智慧法院建设呈现的"百花齐放"局面，也导致了重复建设、重复投资、对下指导乏力等问题较为突出。

总体来看，当前的智慧法院理论研究偏重经验总结和成效宣介的成果

---

① 孙福辉主编：《智慧法院标准体系和评价体系》，人民法院出版社2021年版，第8—12页。

较多，比如，最高院信息中心编著的《中国智慧法院建设丛书》、最高院委托中国社科院法学所编著的《中国法院信息化发展报告》，但对智慧法院建设本身的学理讨论较少。既往学界的关注点主要集中在电子诉讼的法理反思和制度重构等领域。[①] 晚近以来，随着人工智能法学的兴起，理论界对基于人工智能的智慧审判模式的关注度大幅增加，[②] 已经成为智慧司法学研究的前沿热点领域之一。

2. 智慧检务发展规律研究。智慧检务实践发展研究的起步较早，2017年实务部门就将检察信息化发展史分为四个阶段，划分为检察办公自动化的数字检务 1.0 时期（1990—1999 年）、检察机关网络化的网络检务 2.0 时期（2000—2008 年）、检察业务信息化的电子检务 3.0 时期（2009—2016年）、检察机工作智慧化的智慧检务 4.0 时期（2017 年至今）分阶段进行研究。[③] 在科技强检战略的指导下，智慧检务表现为"统一规划、统一标准、统一设计、统一实施"的"大统一"特点，其代表性项目是全国检察机关统一业务应用系统，2013 年最早在政法机关中实现了全国范围的统一业务系统办案，截至 2021 年 10 月，系统运行 7 年来已经积累了 5100 余万件案件，生成法律文书超过 1 亿份。[④] 但是，诚如《全国检察机关智慧检务行动指南（2018—2020 年）》（高检发技字〔2018〕16 号）所指出的，智慧

---

① 王福华：《电子诉讼制度构建的法律基础》，载《法学研究》2016 年第 6 期；陈锦波：《论信息技术对传统诉讼的结构性重塑——从电子诉讼的理念、价值和原则切入》，载《法制与社会发展》2018 年第 3 期；郝晶晶：《互联网法院的程序法困境及出路》，载《法律科学》2021 年第 1 期；陈卫东、崔永存：《刑事远程审判的实践样态与理论补给》，载《中外法学》2021 年第 6 期。

② 孙占利、胡锦浩：《人工智能应用于司法审判的问题与应对》，载《浙江工业大学学报（社会科学版）》2021 年第 4 期；雷婉璐：《智能辅助审判技术下法官问责难题的破解路径》，载《哈尔滨工业大学学报（社会科学版）》2022 年第 2 期；熊晓彪：《概率推理：实现审判智能决策的结构化进路》，载《中外法学》2022 年第 5 期。

③ 参见拙著《智慧检务初论：从理论建构到实践方法的科学思维》，中国检察出版社 2017 年版，第 1—35 页。

④ 丁国锋：《我国智慧检务有望领先全球》，载《法制日报》2017 年 9 月 28 日，第 3 版。

检务建设过程中，也不同程度存在统筹管理不足、供需结合不紧、共享开放不够、人才队伍不强等问题。对上述问题，笔者在最高人民检察院工作时合著出版的《智慧检务初论》《智慧检务概论》等虽然进行了部分回应，但主要侧重于经验总结，且由于自我批评的可能限度，相关研究亦面临着证成由余、证伪不足的现实困境。学界对于智慧检务研究的关注度也显著弱于智慧法院研究，亦成为制约智慧检务研究的关键问题。2022 年，最高人民检察院提出大数据法律监督的"数字检察"战略，开辟了智慧检务的新分支领域，① 某种角度上将会加速"法律监督模式重塑变革"②，具有深远意义，数字检察研究方兴未艾，有望成为智慧司法学新的学术增长点。

3. 智慧司法行政发展规律研究。在新时代智慧司法实践中，无论是国家电子政务项目建设还是重大科研专项建设，均将"两高一部"视为一体统筹推进，因此广义上也可将智慧司法行政作为智慧司法学的研究范畴。③ 司法行政信息化的建设实践与理论研究相对法检起步较晚。2001 年司法部在启动司法行政信息化建设时，也指出"从全国范围来看，司法行政系统的信息化建设处于相对落后的状况。存在的主要问题，一是发展不平衡；二是缺少统一规划和指导；三是缺乏资金、技术和人才；四是信息资源管理体系尚未建立健全"。④ "十一五"时期，司法部信息中心于 2008 年成立，并启动了司法行政信息网络平台建设、信息资源库建设等六项任

---

① 高景峰：《数字检察的价值目标与实践路径》，载《中国法律评论》2022 年第 6 期；贾宇：《论数字检察》，载《中国法学》2023 年第 1 期；翁跃强、申云天：《数字检察工作中的十个关系》，载《人民检察》2023 年第 1 期。

② 贾宇主编：《大数据法律监督办案指引》，中国检察出版社 2022 年版，第 3 页。

③ 根据《法治中国建设规划（2020—2025 年）》和国家发改委《"十四五"推进国家政务信息化规划》，目前全国法治信息化工程分为最高人民法院建设部分、最高人民检察院建设部分、司法部建设部分三项，旨在通过该工程建设提升智慧法院、智慧检务、智慧司法（行政）应用水平和协同能力。科技部的国家重点研发计划"公共安全风险防控与应急技术装备"重点专项司法专题任务，也主要由最高人民法院、最高人民检察院、司法部三个单位共同推荐产生。

④ 《全国司法行政系统信息化建设规划》，司发通〔2001〕95 号。

务；"十二五"时期，司法部成立科技和信息化领导小组，投入建设资金105.4亿元（同比增长3.6倍）。"十三五"时期，司法部启动司法行政"一站式"综合平台建设、12348中国法网建设，在当前"十四五"时期已经实现从跟跑到并跑。对智慧司法行政的研究，既往主要聚焦在智慧监狱，比较有代表性的有《智慧监狱》《监狱信息化导论》《监狱信息化技术与应用》等专著，但对智慧司法行政的基础理论和其他领域（如智慧援助、智慧公证、智慧矫正、智慧辩护等）的研究较为薄弱，存在结构失衡问题。因此，亦有学者指出，"相较于法检系统面对这场时代潮流所进行的主动、全面的自我革新"，智慧辩护等智能司法行政研究"总体上仍停留在初级发展阶段"①，亟待加强研究弥补短板，并利用后发优势提供理论供给和政策建议。

（二）分环节的智慧司法建设管理研究（智慧司法管理研究方向）

智慧司法从理论蓝图变为现实，需要司法与科技的"+"耦合过程，防止出现技术与业务的"两张皮"问题。在实务中，具体而言需要司法科技条线工作人员将智慧司法理论设想逐步转化为政策规划、工程项目，并最终变为司法信息应用的实际运行。而学界长期以来认为这属于"术"的层面，且缺乏对智慧司法项目建设管理的了解，导致相关研究十分匮乏。但智慧司法建设管理实际上处于承上启下的关键环节。试想，如果缺乏高效的智慧司法建设，理论就只能于"纸上谈兵"而无法转化为现实成果；缺乏良好的智慧司法建设和应用，智慧司法建设就可能蕴含诸多内生性风险，最终无法解决"案多人少"的实务困境。因此，有必要对智慧司法规划、建设、应用等环节的关键工作展开研究，将其细分为三个具体研究领域：

1.智慧司法规划管理研究。智慧司法规划是司法信息化建设中国际通行的战略管理策略。如根据《美国法典》第28编第612条的规定，美国法院

---

① 李奋飞、朱梦妮：《大数据时代的智慧辩护》，载《浙江工商大学学报》2018年第3期。

行政办公室主任负责编制并每年修订美国联邦司法系统的信息技术长期规划。美国司法会议信息技术委员会为每年规划的更新提供指导，呈请司法会议批准该更新。经批准后，美国法院行政办公室主任将该规划的年度更新提交国会。[①] 我国智慧司法规划体系亦可以分为三个层级，分别是顶层设计、中期规划和工程规划。顶层设计是最高司法机关或相关部委对智慧司法的宏观指导意见，比如，《最高人民法院关于加快建设智慧法院的意见》《最高人民检察院关于深化智慧检务建设的意见》《司法部关于进一步加强司法行政信息化建设的意见》等。中期规划通常以五年为一个周期，根据这一阶段国家政务信息化规划和司法改革需要，将智慧司法顶层设计的目标分解，比如《最高人民法院信息化建设五年发展规划（2016—2020）》《"十四五"时期科技强检规划纲要》。工程规划则负责将顶层设计和中期规划转化为组织的自顶向下的 EA 总体架构（Enterprise Architecture），确定可交付工程实施的智慧司法业务架构、应用架构、数据架构和技术架构，[②] 为司法机关数字化转型进行总体设计，在规划环节研究解决宏观层面"司法＋科技"的战略耦合问题。

2. 智慧司法建设管理研究。智慧司法规划确定后，需要依据《国家政务信息化项目建设管理办法》（2020 年之前为《国家电子政务工程建设项目管理暂行办法》）向发展改革委等项目审批部门报批。在司法信息化建设初期，由于司法机关缺乏政务信息化项目建设经验，项目进度往往因智慧司法的项目建设书、可行性研究报告、初步设计方案和投资概算报告规范性不足而耽搁，严重影响项目审批进度，无论是人民法院的天平工程还是人民检察院的电子检务工程，在项目审批环节的用时均超过 5 年，而整个项

---

① 陈志宏：《美国法院的信息化现状与发展》，载《中国审判》2020 年第 4 期。

② 赖茂生等：《EA 与政府信息资源管理的创新研究》，载《图书情报工作》2014 年第 6 期。

目建设实施时间才 3 年。① 因此，为避免"闭门造车、出门合辙"。在项目实施阶段，还应当遵循电子政务项目管理规定，对智慧司法建设全过程进行项目管理。例如，需求管理的重要性很容易在实践中被忽略，但实证研究表明，需求分析不足占项目失败原因的 45% 以上。② 司法信息化人员需要准确完备地将司法业务需求和用户需求转换为功能需求。否则，如果需求问题在软件部署后还需纠错，所需成本是需求检查环节的数倍以上，甚至会导致项目推倒重来。又如，智慧司法项目风险管理既往缺乏充分重视，但智慧司法属于风险承受程度较低的信息化工程，一旦项目失败或是运行过程中发生重大问题，其后果难以估量，极有可能直接影响司法机关的工作秩序，造成恶劣影响，因此需要在项目建设全生命周期强化风险控制。③通过对智慧司法建设管理环节的科学探讨与改进完善，以便在建设环节研究解决中观层面的"司法 + 科技"的工程耦合问题。

3. 智慧司法应用管理研究。智慧司法项目建设成功后，就进入了实践应用环节。对司法业务部门而言，需要在诉讼法和诉讼规则的基础上，根据智慧司法应用需要，建立配套的使用规范（如《全国检察机关统一业务应用系统使用管理办法（试行）》《全国法院执行案件信息管理系统运行管理办法（试行）》），同时完成司法业务数字流程再造的规范化过程。值得注意的是，这些使用规范通常均带有"试行"字样，以便在实际运转一段时

---

① 以电子检务工程为例，2010 年 5 月，最高人民检察院编制完成《电子检务工程需求分析报告》。国家发展改革委于 2013 年 8 月正式批复《电子检务工程项目建议书》，2015 年 4 月、10 月分别批复《电子检务工程可行性研究报告》《电子检务工程（中央本级建设部分）初步设计方案和投资概算报告》，2015 年 10 月才进入项目建设阶段。天平工程亦如此，2007 年，最高人民法院向国家发改委报送了《"国家司法审判信息系统工程"天平工程项目建议书》，2012 年 6 月，国家发展改革委批复了最高人民法院的《国家司法审判信息系统工程（"天平工程"）项目建议书》，审批用时也超过 5 年。

② 明真、黄文兰:《软件可靠性在软件战略中的地位研究》，载《计算机安全》2009 年第 8 期。

③ 金鸿浩等:《电子政务项目风险评估与治理研究——基于电子检务工程的案例分析》，载《电子政务》2017 年第 10 期。

间后根据一线人员反映的问题进行修改完善。对技术部门而言，则需要完成信息系统的升级完善和日常运维两项工作。以检察机关统一业务应用系统为例，仅 2017 年，在最高人民检察院组织下，统一业务应用系统累计进行 18 次较大更新，共解决修正或优化统一业务系统问题 394 项，解决统计系统问题 185 项。[①] 同时，技术部门还需要根据最高人民法院《质效型运维服务规范》(FYB/T 59003) 等国家标准或行业标准，为智慧司法的安全可靠运行提供基础设施运维、安全运维、应用运维和数据运维，解决在实际运行过程中所出现的各类技术故障。从而在应用环节研究解决微观层面的"司法 + 科技"的工作耦合问题。

（三）分技术的智慧司法技术融合研究（智慧司法科技研究方向）

智慧司法的"司法 + 科技"模式的融合过程中经常会遇到合理性、合法性、合规律性与合目的性等结构耦合难题需要解决与调试，同时亦需要为司法科技创新设定基本原则与边界"止境"，以防止技术膨胀失控导致技术权过度侵蚀司法权。[②] 这一方向属于当前智慧司法学研究的重点内容，而由于不同科技手段在技术功能、技术路径以及技术成熟度的显著差异不能也不应混为一谈，因此智慧司法技术融合研究可以细分为三个具体研究领域。

1.司法信息化融合研究。尽管新一代信息技术如火如荼，但市场上主流的司法科技产品仍然以传统信息技术为主，[③] 许多名为智慧司法的产品只是其中部分模块调用了通用智能技术（如智能语音）并进行了所谓智能化的商业包装。就技术成熟度而言，软件工程、数据库、互联网通信技术等科技已经非常成熟，技术可靠性较强、实现难度较低、成本相对较小，仍应

---

① 参见拙著《智慧检务概论：检察机关法律监督的科技智慧》，中国检察出版社 2018 年版，第 51 页。

② 孙笑侠：《论司法信息化的人文"止境"》，载《法学评论》2021 年第 1 期。

③ 郑戈：《司法科技的协调与整合》，载《法律适用》2020 年第 1 期。

当作为当前司法现代化建设的主要路径。因此在司法信息化的融合过程中，实践中遇到的主要问题不是技术问题。譬如，在线下司法向线上司法的转轨过程中，原有理论、制度、机制都需要进行系统调试。但由于实务部门"先建平台、再树规则"的路径考虑和技术原理与诉讼法理的冲突，此项工作虽有明显进展，但困难仍然较大，电子诉讼规则尚未形成体系，实际效果利弊兼具。[①] 理论上，在电子诉讼相关立法不足的前提下，司法机关可以通过司法解释方式将部分线下规则扩大解释以适用于线上诉讼。但部分解释较为牵强，比如《人民法院在线诉讼规则》第13条明确了电子化材料"视同原件"效力及审核规则，但将非原件的电子化材料效力视同原件有违背文义解释之嫌，合法性自然也饱受争议。[②] 因此，司法信息化融合研究需要在数字法治视角下对电子诉讼制度进行系统性的理论修正和立法准备，从而突破当前司法信息化发展的制度瓶颈，研究解决智慧司法的制度耦合问题。

2. 司法数据化融合研究。大数据时代，数据已成为司法工作现代化的战略性资源。在司法数据化建设中，大数据技术较为成熟，并已经于司法业务态势分析、法院执行案件网络查控、检察机关法律监督、大数据案件偏离度分析等领域取得了显著成效。[③] 但"司法＋大数据"模式的探索也有许多深层次问题亟待解决，其首要问题就是司法数据权运行机制的缺失，限制了司法大数据实效的发挥。一是在横向维度上，由于缺乏法律法规层面具有可操作性、可问责性的硬性要求，司法数据共享的权利义务关系不明晰，受部门保护主义的数据观影响，以及担心数据共享后可能存在的伴生性风险，审判机关、检察机关和其他执法机关之间"数据孤岛""以邻为

---

① 高翔：《民事电子诉讼规则构建论》，载《比较法研究》2020 年第 3 期。

② 刘峥、何帆、李承运：《〈人民法院在线诉讼规则〉的理解与适用》，载《人民司法（应用）》2021 年第 19 期。

③ 孙晓勇：《司法大数据在中国法院的应用与前景展望》，载《中国法学》2021 年第 4 期；刘品新：《大数据司法的学术观察》，载《人民检察》2017 年第 23 期。

垫"现象客观存在。二是在纵向维度上，司法数据权的高度集中化和权利义务非均衡化，导致在司法数据权配置中，司法数据权利集中在上级司法机关（特别是最高司法机关和省级司法机关），司法数据义务多数由基层和地市级司法机关承担，基层不得不填录各种数据，致使司法一线缺乏参与热情。三是在内向维度上，司法大数据缺乏统一标准、数据质量参差不齐、数据安全风险较高等问题也严重制约司法大数据的实战化，[①] 因为缺乏充分的数据治理，部分司法数据都属于"死数据"的司法数据资源，而非"活数据"的司法数据资产。四是在外向维度上，司法机关信息系统和数据中心多委托技术公司建设维护，技术公司利用技术优势和工作便利将大量非密的司法数据资源作为该技术公司的核心数据资产，司法机关有时甚至不得不依赖项目建设单位获取司法数据服务，存在"绑定"问题和隐性的数据安全风险。司法大数据战略的深化，必须加强司法数据权运行机制的理论探讨和整体设计，进而才可能研究破解当前智慧司法的数据耦合问题。

3. 司法智能化融合研究。与前两种相对成熟的技术手段不同，"司法 + 人工智能"的建构在很大程度上首先受限于技术成熟度问题。尽管在个别领域（如 ChatGPT）人工智能技术有了重大突破，但在人工智能的绝大多数领域，当前和未来较长一个阶段尚属于弱人工智能，处于有多少人工就有多少智能的阶段。[②] 因此就技术可靠性而言，对司法智能化应用总体上应采取审慎态度，警惕虚假包装或夸大宣传。

许多市面上的司法智能化产品只能称为模型或原型，离实用尚有较长距离。如果说一项智能技术准确率80%就可以作为实验室原型产品，90%—95% 就可以作为通用商业产品，作为保护社会公正最后一道防线的司法领域对产品准确率的要求还应当更高，但从目前已经掌握的数据而言

---

① 徐骏：《智慧法院的法理审思》，载《法学》2017 年第 3 期。
② 熊秋红：《刑事司法中的人工智能应用探究》，载《上海政法学院学报》2022 年第 6 期。

不尽如人意。以感知智能中的 OCR 技术为例，实验场景的准确率在 98% 以上，但在司法实践中的如上海 206 系统试点时，规范复杂卷宗识别率约为 92%。[①] 以认知智能中的智能量刑为例，实验室环境中的准确率达到 95% 以上，但在实践中量刑预测准确率不足 70%，远达不到投入实际运用的程度。[②] 此外，算法黑箱问题、算法歧视问题、算法过拟合问题等也需要逐步解决。[③] 这也是法学研究者在缺乏计算机专业知识和智慧司法产品实际应用体验时，只根据文献资料和新闻报道，无法客观评估和预测智慧司法前景的重要原因。

同时，司法智能化还必须处理结构耦合带来的一系列法律问题和法理问题。比如，虽然智能算法所得出的参考意见名为参考，但往往会影响司法官的自由心证，进而对裁判产生实质影响，事实上导致技术权对司法权的侵蚀。为了防止"想控制却难以控制"的科林格里奇困境（Collingridge Dilemma）的发生，[④] 理论界与实务界需要携手对司法人工智能的基本原则进行深入研究，[⑤] 推动司法智能化应用的审核机制和管理体系的建立，进而研究解决智慧司法的智能耦合问题。

目前，智慧司法学在上述智慧司法基础研究、智慧司法管理研究、智慧司法科技研究 3 个研究方向的 9 个细分领域，均有学者进行研究并取得了

[①] 崔亚东：《人工智能与司法现代化》，上海人民出版社 2019 年版，第 147 页。

[②] 胡铭等：《数字法治：实践与变革》，浙江大学出版社 2022 年版，第 37 页。

[③] 徐娟、杜家明：《智慧司法实施的风险及其法律规制》，载《河北法学》2020 年第 8 期；魏斌：《司法人工智能融入司法改革的难题与路径》，载《现代法学》2021 年第 3 期；王竹：《司法人工智能推理辅助的"准三段论"实现路径》，载《政法论坛》2022 年第 5 期；

[④] 赵毅宇：《检察监督智能化的发展隐忧及应对逻辑》，载《法制与社会发展》2023 年第 2 期。

[⑤] 近期，最高人民法院发布《关于规范和加强人工智能司法应用的意见》，提出了人工智能司法应用需遵循的五项基本原则（安全合法原则、公平公正原则、辅助审判原则、透明可信原则、公序良俗原则），但具体判定标准为何，如何进行审核文件并未指明，尚有待理论研究和实践探索。参见《最高人民法院关于规范和加强人工智能司法应用的意见》，载《人民法院报》2022 年 12 月 10 日，第 4 版。

初步成果。据统计，发表在核心期刊的相关研究数量已达到291篇，有学者通过文献计量统计发现，如图5所示相关研究关注点按照数量排序依次是"人工智能""大数据""智慧法院""智慧司法""信息化""智能化""算法""司法改革""区块链""智慧检务"。① 但是，从学科建设的角度审视，由于缺乏统一集中的理论范式或问题意识，现有研究分散化、问题对象化、缺乏持续性等现象比较突出。② 对智慧司法学的学科关照不足，亟待根据智慧司法领域的内在规律进行整体设计，推动各研究领域之间的有机整合和相互衔接，以破解智慧司法建设中法治要素与科技元素的功能耦合、制度耦合、结构耦合等核心问题。

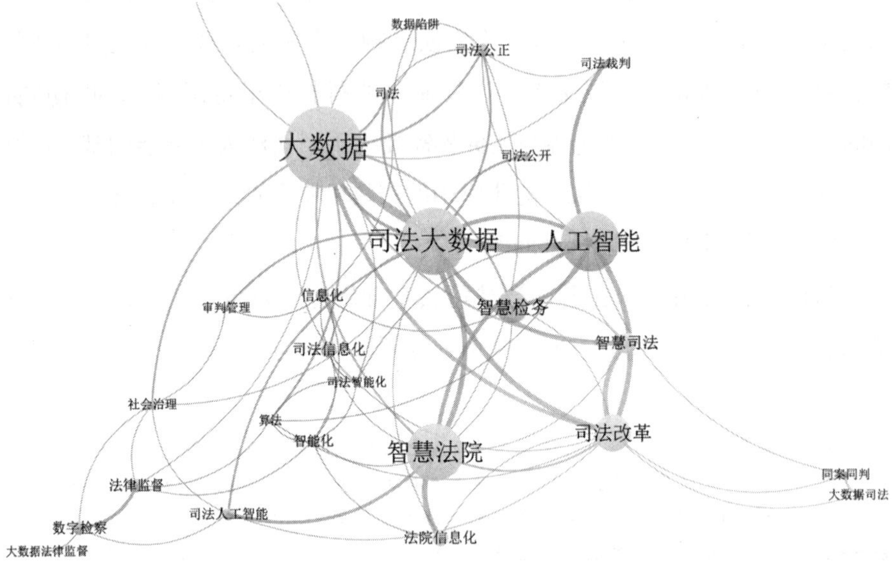

图3　我国智慧司法研究文献关键词共现图谱（来源：笔者自制）

---

① 付凤、陈泓昊：《我国智慧司法研究的科学知识图谱分析》，载《浙江警察学院学报》2022年第5期。

② 郭栋：《法律社会科学的研究范式、问题与出路》，载《人大法律评论》2019年第1期。

二、智慧司法学的研究方法

作为前沿交叉学科，智慧司法学的研究范式既需要继承和发扬传统的法学研究方法，也应当广泛汲取其他人文社会科学、自然科学的研究方法，在研究范式上进行必要的拓展和突破。[①] 为智慧司法学科建设提供方法论支撑。

1. 智慧司法学应当高度重视规范法学的研究方法，提升智慧司法实践的法治化水平。当前智慧司法学遇到的很多问题主要是制度问题而非技术问题，应当应用规范法学研究方法，加强对智慧司法实践合法性的分析与反思，以使智慧司法改革于法有据。比如，在线审判是智慧司法的重要内容，互联网法院探索的异步审理将在线审判从突破空间制约扩大到突破时间限制，当事人可利用空余时间，不同时、不同地、不同步参与诉讼活动。但异步审理方式是否于法有据仍需探讨，应用法解释学原理对《民事诉讼法》第 16 条的"经当事人同意，民事诉讼活动可以通过信息网络平台在线进行"进行解释，并结合诉讼法基本原则进行审查，最终得出法解释学上的合理结论。

需要注意的是，在对智慧司法的规范法学研究过程中，并不是以传统法学理论刻板地规制智慧司法，否则如果研究者将线下面对面作为亲历性的必要条件，那么线上诉讼无论如何都不符合法律规范，这种僵化的思考对日新月异的智慧司法而言并无多大意义；而应当以法理为基础，以开放的心态，重新理解互联网背景下司法亲历性原则、直接言词原则等新的内涵，进而健全完善贯穿从起诉到执行的全流程在线程序规则。[②] 规范法学的研究方法具有双重意义，既为智慧司法实践提供解释依据，又起到对智慧司法实践的规范作用，以确保智慧司法建设始终在法治轨道上运行。

---

① 马长山:《数字法学的理论表达》，载《中国法学》2022 年第 3 期。
② 刘峥:《奋力推进互联网司法行稳致远》，载《人民司法（应用）》2021 年第 13 期。

2.智慧司法学应当充分借鉴技术伦理学研究方法，提升智慧司法研发的合理化水平。过去大众普遍持"技术中立论"的观点，认为只有科学技术进入社会应用环节才存在道德问题，技术研发不属于道德评价的范畴。但是近来，伦理学界已逐渐认识到人们对技术所做的决定具有道德含义，应当成为伦理学反思的对象。为了能重建和分析规范标准的不明确性，"技术伦理学必须获取关于技术这个主题和它的社会关联因素的特殊知识"，"从社会的需求中获取自己的讨论对象，用自己的观念对之加以重构，并将自己反思的结果馈于实践"。① 从这个角度，智慧司法的技术伦理学进路存在广阔的研究空间，需要从智慧司法领域司法与技术的复杂综合关系中"抽绎出技术的道德成分"，以强化智慧司法共同体的社会责任与伦理责任，防止受功利主义的影响导致技术在司法领域的滥用。② 诚如有的学者所说的"令人遗憾的是，现有通用领域的技术伦理对司法大数据与人工智能技术应用失去规制能力"。③ 如何在智慧司法建设中嵌入技术伦理价值，明确伦理标准等问题仍属学术"处女地"有待挖掘，并在坚守司法伦理、科技伦理规范的前提下完成智慧司法实践的应用伦理调试。

3.智慧司法学应当重点参考电子政务学、软件工程学研究范式，提升智慧司法建设的规范化水平。在宏观管理上，智慧司法建设属于国家电子政务的重要组成部分，电子政务学研究对智慧司法具有重要参考价值，应当将电子政务学的共性理论与智慧司法学的个性知识相结合，无须另起炉灶。譬如，电子政务学中的业务流程再造理论、新公共服务理论、关系管理理论等支撑理论，④ 对智慧司法办案、智慧司法管理和智慧司法服务同样

① ［德］阿明·格伦瓦尔德：《技术伦理学手册》，吴宁译，社会科学文献出版社2017年版，第2页、第6—7页。

② 王学川：《现代科技伦理学》，清华大学出版社2009年版，第49—51页。

③ 王禄生：《司法大数据与人工智能技术应用的风险及伦理规制》，载《法商研究》2019年第2期。

④ 陈德权、柳春清：《电子政务：基础、框架与趋向》，清华大学出版社2016年版，第23—27页。

具有很强的借鉴作用。在技术研发上，智慧司法学应当遵循软件工程学的研究范式。软件工程学认为，"各种形式、各个应用领域的软件都需要工程化"①，软件工程是将系统化的、规范的、可量化的工程化方法应用于软件的开发、运行和维护。如何确立智慧司法的"合理工程原则"？既需要探讨智慧司法在需求分析、设计建模、编程、软件测试和技术支持等软件工程方法的特殊性，还需要有针对性地围绕 PMBOK 十大知识领域，开展智慧司法项目整合管理、范围管理、时间管理、成本管理、质量管理、人力资源管理、沟通管理、风险管理、采购管理、干系人管理等管理方法研究，② 及时将实践经验总结提炼为领域知识，在共性理论基础上建立有智慧司法特色的信息化项目实施方法和管理标准体系。

4.智慧司法学应当深度应用法律实证主义研究方法，提升智慧司法管理的精准化水平。"有理无数慎谈学术"③，智慧司法研究采取法律实证主义研究范式具有双重面向。一方面，智慧司法提供了大数据法律实证研究的工具，使实务决策者和法学研究者的视野超越了小数据量化研究的局限，为法学知识体系的建构和法律现象的洞见提供了一种全新的科学化路径。④当前以裁判文书公开系统为代表的智慧司法应用，所积累的存量司法数据资源超过 PB 级，增量司法数据资源也超过了 1TB/ 日，为数据法律实证研究提供了充分的数据支撑。现有的大数据法律实证研究已经由过去小数据的百十件案例，上升为以万为单位的公开文书分析，目前研究中最多的分

① ［美］罗杰，S.普莱斯曼：《软件工程：实践者的研究方法》（原书第 9 版），王林章等译，机电出版社 2021 年版，第 6 页。
② ［英］伊恩·萨默维尔：《软件工程》（原书第 10 版），彭鑫等译，机械工业出版社 2018 年版，第 428—487 页。
③ 白建军：《法律实证研究方法》，北京大学出版社 2014 年版，第 13 页。
④ 程金华：《科学化与法学知识体系——兼议大数据实证研究超越"规范 vs. 事实"鸿沟的可能》，载《中国法律评论》2020 年第 4 期。

析样本超过了303万份判决书。[①] 通过大数据的洞察分析和法学研究的数智转型，部分解决既往法学研究抽象化、主观化的问题。[②] 另一方面，智慧司法建设成效本身也需要经过实证检验。既往单纯依靠自下而上报告方式很容易导致"报喜不报忧"的信息过滤问题，应当采取大数据法律实证研究方法，以描述性分析和时间序列分析全面认识智慧司法的建设效果，并通过相关分析、回归分析发现锁定智慧司法建设的问题来源，[③] 从而为下一阶段的数字赋能司法改革提供数据支撑和理论指引，最大限度地发挥司法改革的"双轮驱动"效应。比如，左卫民教授的实证研究表明，57.14%参加过在线诉讼的受访者认为新模式的时长更长，尤其是线上诉讼的庭前准备时间更长，对电子诉讼相比传统诉讼模式会大幅节省时间的一般假设产生较大冲击。[④]

5.智慧司法学应当探索创新实验研究方法，提升智慧司法应用的科学化水平。智慧司法的科技研究的重点不是基础技术创新，更不是造概念的虚假创新，而是应用技术创新，以缩短基础技术在司法领域应用的孵化周期为目标。比如，2018年最高人民检察院建设智慧检务研创新研究院，围绕前沿技术领域在检察系统进行产品预研、测试评估等科技孵化任务，在全国设立了检察人工智能、检察大数据、检察区块链等15个联合实验室，旨在通过联合实验室提升模型准确率。例如，其中的智能语音与人工智能联合实验室，经过对检务智能语音相关模型的不断优化，使检务智能语音的准确率从最初的70%左右上升到90%，加速智能语音技术在检察行业的应用。同时，在新文科建设中，还应当探索高校智慧司法学相关的文科实验

---

① 王禄生：《论刑事诉讼的象征性立法及其后果——基于303万元判决书大数据的自然语义挖掘》，载《清华法学》2018年第6期。

② 左卫民：《大数据时代法学研究的谱系面向：自科法学？》，载《政法论坛》2022年第6期。

③ 周翔：《作为法学研究方法的大数据技术》，载《法学家》2021年第6期。

④ 左卫民：《中国在线诉讼：实证研究与发展展望》，载《比较法研究》2020年第4期。

室建设，提供"理论—实践—理论"循证社会科学的仿真模拟实验研究环境，并以司法数据塑造"现实情境空间"探索智慧司法的实践教学方法。[①]例如，浙江大学数字法治实验室（文科实验室）的探索，在完成标准化的司法数据标注和法学知识图谱的基础上，可以模拟数字法治场景进行司法决策管理和智能化会商，检测智慧司法模型的效度、信度和可行性等，为智慧司法知识生产提供了一种全新模式。[②]

---

① 解志镝：《高校文科实验室的功能定位、逻辑机理与建设路径——基于"新文科"发展的交叉科学视角》，载《南京社会科学》2022年第5期。

② 胡铭：《数字法学研究的实验方法与风险防控》，载《华东政法大学学报》2023年第1期。

第二章　智慧司法基础研究

（分部门的智慧司法发展规律研究）

第一节　智慧法院发展规律研究

　　智慧法院是近年来我国智慧司法的工作亮点之一，是人民法院推进审判体系和审判能力现代化的重要方式。原最高人民法院院长周强曾多次指出，"面对科技革命和经济社会发展对审判工作带来的机遇和挑战，建设智慧法院是确保司法公开透明、公正高效，促进审判体系和审判能力现代化的必然要求"。"中国法院将坚定不移走科技创新之路，在智慧法院初步形成的基础上，全面推进智慧审判、智慧执行、智慧服务、智慧管理，开创具有中国特色的智慧审判运行模式，建立健全符合时代要求的执行工作模式。"[①]

　　回顾中国法院信息化发展史对于把握智慧法院的迭代演化规律，研究信息技术和司法工作的融合方式，对当前和今后一个阶段智慧法院研究乃至智慧司法学研究均有重要意义。近年来，法院信息化建设突飞猛进，迭代周期明显缩短，结合最高人民法院顶层设计，中国法院信息化演化历史可以划分为四个阶段，即以夯实基础设施为重心的人民法院信息化1.0阶段（20世纪80年代至2005年），以天平工程为重点的人民法院信息化2.0阶段（2007—2015年），以智慧法院为目标的人民法院信息化3.0阶段（2016—2020年），以知识为中心的人民法院信息化4.0阶段（2021年至今），下文将分别论述。

---

　　① 周强：《坚持公正司法 努力让人民群众在每一个司法案件中感受到公平正义》，载《人民司法》2018年第16期。

一、人民法院信息化 1.0 版的基础建设

人民法院信息化 1.0 版阶段以 20 世纪 80 年代最高人民法院成立专门处室主管信息化建设为起点，涵盖"七五""八五""九五""十五"近 20 年时间，主要任务是推进法院信息化基础设施、网络体系建设。

20 世纪 80 年代，最高人民法院党组就把办公自动化列为法院工作整改项目之一，并决定成立专门机构——最高人民法院司法行政厅三处，负责对法院系统计算机应用、信息传输处理、法院管理现代化等问题进行规划和管理。"七五"期间（1986—1990 年），最高人民法院组织购置了第一批微型电子计算机和传真机等装备，并启动司法统计报表、机关工资管理和业务档案管理等三个软件的开发工作。[①]

"八五"期间（1991—1995 年），最高人民法院成立技术局，内设通信处、计算机处、法医处等部门，负责法院系统信息技术工作的组织、协调等行政管理工作，同时指导人民法院信息技术服务中心（事业单位）工作。截至 1995 年年底，全国法院系统已有计算机 1200 台，平均每千人拥有计算机 4 台，共有 1105 个法院采用计算机完成统计工作。司法文件数据库、法院综合管理软件包（包括案件管理、来信管理、来访管理、文档管理）和人事工作管理系统已在部分法院内进行试点推广。

"九五"期间（1996—2000 年），最高人民法院首次召开全国法院通信及计算机工作会议。1996 年 6 月，最高人民法院发布首个法院信息化规划《全国法院计算机工作"九五"计划纲要及 2010 年远景目标设想》，提出"到本世纪末，使人民法院应用计算机的先进性和广泛性，达到世界上发达国家法院八十年代应用水平，到 2010 年时，实现法院全面工作计算机化，从而使人民法院的计算机应用工作在国内居于先进水平"。1996 年 6 月，

---

① 最高人民法院司法行政厅三处：《努力实现法院办公自动化》，载《人民司法》1985 年第 12 期。

最高人民法院印发《全国法院计算机信息网络建设规划》《全国法院计算机信息网络建设管理暂行规定（试行）》，要求在"九五"期间，法院系统计算机拥有量达到 4000 台以上，平均每千人拥有计算机 8 台。建成以最高人民法院为核心，覆盖全国 31 个省、自治区、直辖市高级人民法院以及大部分中级人民法院的全国法院计算机信息网络系统。[①]

"十五"期间（2001—2005 年），2000 年，最高人民法院撤销技术局、计划财务装备局和机关事务管理局，设立司法行政装备管理局。全国法院信息化和技术工作转由新成立的最高人民法院司法行政装备管理局负责。2002 年 1 月，最高人民法院印发《人民法院计算机信息网络系统建设规划》，要求到 2003 年年初，最高人民法院至高级人民法院开通 2M 数据专线，在数据专线上具备专线电话、无线通信指挥调度、计算机联网、图像传输等功能，实现"三网合一"；要求到 2005 年，基层人民法院基本完成计算机局域网建设，通过验收并与最高人民法院广域网互联。同时，最高人民法院每季度下发《人民法院计算机信息网络系统建设情况通报》，加强对下级法院计算机网络建设工作的指导。经过五年的不断努力，到 2005 年年底，21 个省（直辖市、自治区）法院基本完成二级专网建设，实现了高级法院和辖区中级法院间专线通信、视频会议、网站互联、公文传输等功能；全国近 300 个中院和约 1400 个基层法院已经完成局域网的建设或改造；一些法院还开展了"科技法庭"建设改造。[②]

二、人民法院信息化 2.0 版的"天平工程"

人民法院信息化 2.0 版阶段的起点是 2007 年，其标志是当年最高人民法院印发《关于全面加强人民法院信息化工作的决定》，启动"天平

---

① 陈健:《司法公正与法院信息化》，载《中国计算机用户》1999 年第 22 期。
② 王世民:《稳步推进信息化在审判工作中的全面应用》，载《人民司法》2007 年第 17 期。

工程"立项准备工作。终点是 2015 年 7 月 1 日，时任最高人民法院院长周强在全国高级法院院长座谈会上宣布，"目前已建成人民法院信息化 2.0 版"，实现了网上立案、办案、执行和网上办公。2.0 阶段基本对应"十一五""十二五"的大部分时期。

此前，时任最高人民法院院长肖扬提出了"依法建院、从严治院、人才兴院、科技强院"的发展思路，要求"紧紧围绕公正与效率主题，努力推进人民法院信息化建设"，"按照国家确定的标准，合理地确定建设规模和水平"。[①] 最高人民法院印发的《国家"十一五"规划期间人民法院物质建设规划》，明确了"十一五"期间法院信息化建设的总体目标是：以司法改革实践需求和审判工作需要为导向，以司法审判信息资源管理为核心，建设覆盖全国高级、中级人民法院和有条件的基层人民法院的司法审判信息系统，实现案件管理类、司法统计类、法官管理类、案例管理类等业务的规范化、电子化、网络化。

根据这一建设思路，人民法院信息化 2.0 阶段在 1.0 阶段基础设施和网络体系的基础上，主要定位在信息系统研发部署工作。2007 年 8 月，最高人民法院在黑龙江召开的全国法院信息化工作会议进一步明确了这一思路，要求"坚持'边建设、边应用、边改进、边完善'的原则。以案件为管理对象，以提高应用水平为重点，以信息资源开发应用为主线，积极推进人民法院信息化应用工作，为司法审判管理、司法政务管理、司法人事管理提供技术支持和保障"。[②] 同年，作为当时"为数不多的全国法院统一的信息化应用软件"，全国法院执行案件信息管理系统开始运行，各级法院将执行案件从立案、审查、执行到终结的所有相关信息均需及时录入系统数据库中，进行统一管理和维护。2009 年 3 月，最高人民法院出台了《人民法

---

① 姜兴长：《加强人民法院信息化工作 为社会主义司法制度提供坚强保障》，载《人民司法》2007 年第 17 期。

② 杜中杰：《全国法院信息化工作会议召开》，载《人民法院报》2007 年 8 月 3 日，第 1 版。

院第三个五年改革纲要（2009—2013年）》，要求尽快"研究开发全国法院统一适用的案件管理流程软件和司法政务管理软件"，"构建全国法院案件信息数据库，加快案件信息查询系统建设"。

"天平工程"建设是人民法院信息化2.0阶段建设的重点。2007年，最高人民法院向国家发改委报送了《"国家司法审判信息系统工程"天平工程项目建议书》，2007年9月至2009年7月，最高人民法院用近两年时间开展了"天平工程"项目需求分析工作。2012年6月，国家发展改革委批复了最高人民法院的《国家司法审判信息系统工程（"天平工程"）项目建议书》（发改高技〔2012〕1897号），主要建设任务包括制定规范化标准，开发应用软件，完善网络和存储环境，提供庭审支持、门户监管、系统安全等保障措施，建设全国统一的司法数据库等。

2013年3月，最高人民法院周强院长履新以后，人民法院信息化建设进入"提速期"。在推进完成"天平工程"建设任务的同时，重点对法院信息化的机构设置、数据管理、司法公开三个领域实现重大突破。

一是重新组建最高人民法院信息化领导机构。最高人民法院院长兼任最高人民法院信息化建设领导小组组长（现更名为最高人民法院网络安全和信息化领导小组），统一管理法院信息化建设的重大规划、建设应用。周强多次指出，"司法改革和信息化建设是人民司法事业发展的车之两轮、鸟之两翼"，"信息化建设是人民法院工作的重中之重，要加强全国法院信息的统一管理"。2013年10月15日，最高人民法院信息技术服务中心成立，为独立法人的事业单位，下设办公室、规划管理处、系统研发处、运维保障处、信息安全处、数据管理处、基础设施处等部门。引进原中国电子科技集团公司副总工程师、发展战略研究中心主任许建峰任信息中心负责人。2013年10月9日，全国法院第一次信息化工作会议召开，之后每年召开一次全国法院信息化工作会议，最高人民法院院长均出席会议并作重要讲话，各省高院主要负责同志参会。

二是着力加强人民法院"数据资源"统筹管理。2013年年底，最高人民法院启动大数据管理和服务平台建设工作，希望实现全国法院司法信息资源统一管理和信息共享，以及与社会相关单位的共享协同。2014年7月1日，人民法院大数据管理和服务平台正式上线，2015年6月，实现了全国四级审判机关3512个法院、万余个派出法庭向平台汇聚案件数据。面对案件信息漏传漏报、部分信息逻辑错误、数据汇聚不及时等突出问题，最高人民法院信息中心发布数据集中管理、案件数据动态更新等制度规范和技术标准，在最高人民法院与各高级法院之间成功建立了每5分钟和每日案件数据动态更新机制，并开发了一套涵盖93项质检规则的质量检查和监控软件，2015年10月成功实现全国法院"案件数据全覆盖"。当前，平

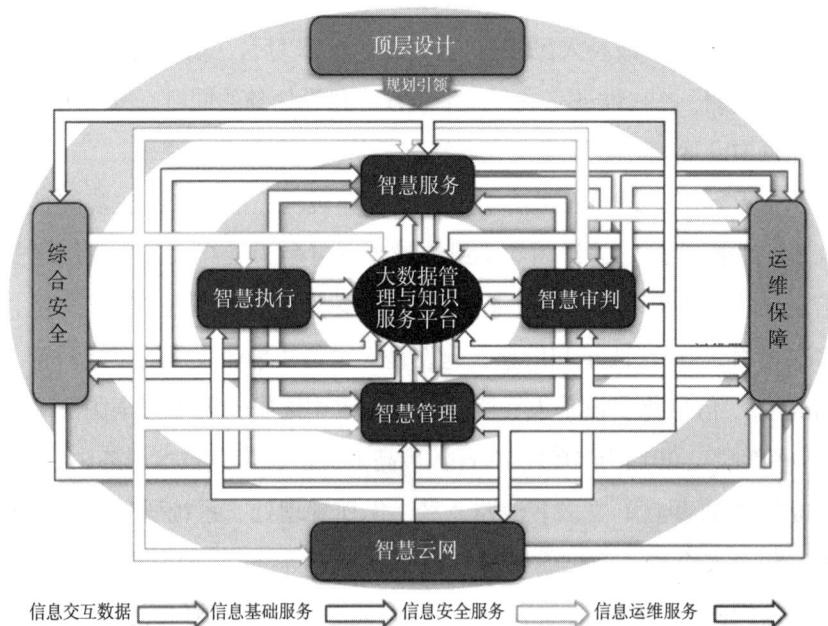

图4　数据为中心的智慧法院体系模型（来源：最高人民法院）①

① 许建峰、孙福辉、陈奇伟等:《我国智慧法院体系工程的模式框架和创新实践》，载《中国工程科学》2022年第4期。

台每 5 分钟动态更新全国 3525 家法院的案件信息，每日新增 7 万至 8 万件案件，已累计汇聚全国法院 1.4 亿件案件信息，基本实现了人民法院信息化建设"以数据为中心"的转型升级，"整体规划、合理分配、灵活调度人民法院信息系统中的各类数据资源"。[①]

三是全面创新人民法院"司法公开"深度应用。2014 年 8 月 22 日，全国法院第二次信息化工作会议指出："当前和今后一个时期，人民法院信息化建设的主要任务是，适应信息时代要求，坚持服务人民群众、服务审判执行、服务司法管理，加快建设审判流程公开、裁判文书公开、执行信息公开三大平台。"以裁判文书公开为例，2012 年 2 月，最高人民法院启动裁判文书数据统一管理及公布等工作。2013 年 7 月 1 日，中国裁判文书网开通，同日《最高人民法院裁判文书上网公布暂行办法》正式实施，除法律规定的特殊情形外，最高法发生法律效力的判决书、裁定书、决定书一般均应在互联网公布。2015 年 6 月，全国四级法院已全部实现生效裁判文书上网公布，实现案件类型全覆盖、法院全覆盖。截至 2017 年 8 月底，中国裁判文书网累计公开裁判文书超过 3247 万篇，总访问量突破 100 亿次，日均访问量达 1729 万人次。[②] 其他司法公开应用，如中国审判流程公开网、中国执行信息公开网也于 2014 年启动建设并发挥实效。

表1　人民法院司法公开网站建设情况 [②]

建设任务	建设时间	建设目的	主要功能	实际效果（截至 2018 年）
中国裁判文书公开网	2013.11.27	推动裁判文书公开透明	裁判文书公开、文书检索	累计公开裁判文书总量 4472 万篇，总访问量达 148 亿余次

---

① 许建峰：《推进转型升级　构建以数据为中心的人民法院信息系统"》，载《中国审判》2015 年第 12 期。

② 罗书臻：《中国裁判文书网总访问量突破百亿》，载《人民法院报》2017 年 8 月 25 日，第 1 版。

③ 乔文心：《智慧路上"从头越"——人民法院加强信息化建设综述》，载《人民法院报》2018 年 4 月 27 日，第 1 版。

续表

建设任务	建设时间	建设目的	主要功能	实际效果（截至 2018 年）
中国审判流程公开网	2014.8.1	推动诉讼环节全程透明	案件查询、文书签收、联系法官	累计公开审判信息项目 106 万余个，总访问量达 259 万余次
中国执行信息公开网	2014.11.1	破解执行难，完善国家征信体系	查询被执行人，公开失信被执行人和限制消费人员名单	累计公布执行案件 3706 万件，被执行人信息 5365 万条，失信被执行人 1048 万人次
中国庭审公开网	2016.9.27	推动庭审公开透明	庭审直播、庭审预告、庭审回看	累计直播庭审 81 万余次，点击率超过 58 亿人次

截至 2015 年年底，法院核心应用系统日益成熟，司法信息资源的收集整合及管理使用初见成效，信息化保障体系不断完善，最高人民法院、高级法院主要业务信息化覆盖率达到 100%，中级法院主要业务信息化覆盖率达到 95%，基层法院主要业务信息化覆盖率达到 85% 以上。因此，2015 年 7 月 1 日，时任最高人民法院院长周强在全国高级法院院长座谈会上宣布，"目前已建成人民法院信息化 2.0 版，网上立案、办案、执行，实现了网上办公，实现了数据的实时统计、实时更新和互联互通"。[1]

三、人民法院信息化 3.0 版的体系建设

人民法院信息化 3.0 版基本对应"十三五"时期（2016—2020 年）。起点是 2015 年 11 月全国法院第三次信息化工作会议，首次正式提出"人民

---

[1] 李阳：《周强在全国高级法院院长座谈会上强调 以习近平总书记系列重要讲话指导司法改革和司法实践》，载《人民法院报》2015 年 7 月 3 日，第 1 版。

法院信息化 3.0 版"的建设任务和"智慧法院"概念。[①]

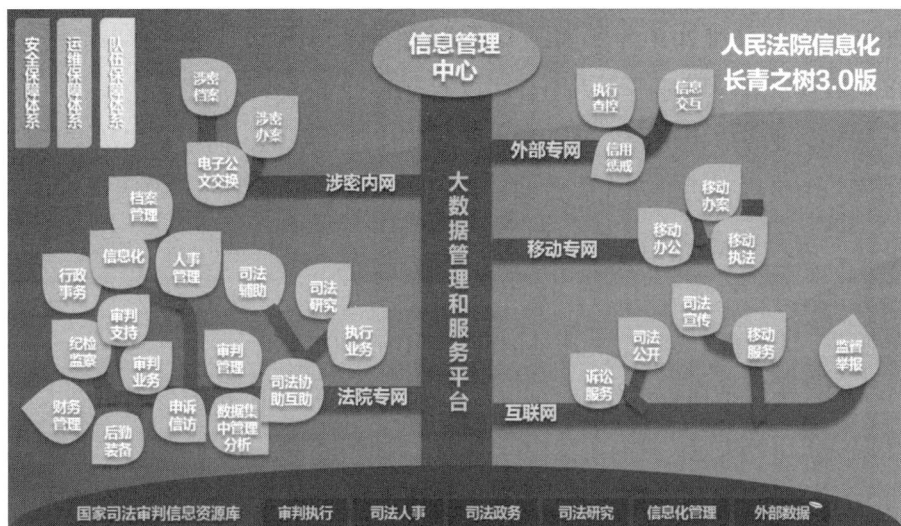

图 5　人民法院信息化 3.0 版"常青之树"顶层设计（来源：最高人民法院）

最高人民法院高度重视"智慧法院"的顶层设计工作。2016 年 2 月，时任最高人民法院院长周强主持召开专题会议，研究通过了《最高人民法院信息化建设五年发展规划（2016—2020）》和《人民法院信息化建设五年发展规划（2016—2020）》两个文件。确定了顶层设计、系统建设、保障体系、应用成效四个方面 55 项重点建设任务，提出要在 2017 年年底总体建成人民法院信息化 3.0 版，2020 年年底实现人民法院信息化 3.0 版在全国的深化完善。[②] 2017 年 4 月，最高人民法院印发《最高人民法院关于加快建设智慧法院的意见》，明确了"智慧法院"的定义，指出"智慧法院是人民法院充分利用先进信息化系统，支持全业务网上办理、全流程依法公开、全

---

① 任勇：《加快建设人民法院信息化 3.0 版　促进审判体系和审判能力现代化》，载《中国审判》2015 年第 21 期。

② 宁杰：《加强法院信息化建设规划　全面提升信息化水平》，载《人民法院报》2016 年 2 月 24 日，第 1 版。

方位智能服务，实现公正司法、司法为民的组织、建设和运行形态"。2017年5月，最高人民法院又发布《人民法院信息化建设五年发展规划（2017—2021）》，要求到2020年年底，人民法院信息化顶层设计进一步丰富完善；以大数据管理与服务平台为中心、以专有云、开放云和涉密云为支撑、以全流程全业务应用平台为重点的人民法院信息化系统，向中基层法院延伸拓展；中级以上法院及大多数基层法院主要业务信息化覆盖率达到100%；国家司法审判信息资源库的审判执行、司法人事、司法政务、司法研究、信息化管理信息覆盖率达到100%；通过移动互联能够为各类用户提供全方位服务；人民群众对信息化服务的满意度达到90%以上。

司法大数据研究工作有了明显突破。2016年11月10日，经最高人民法院党组研究决定，联合筹建中国司法大数据研究院，注册资金为1.668亿元，定位为"智慧法院"研究中心、司法大数据统计分析中心、司法人工智能研发中心、社会治理研究中心、经济社会司法大数据服务中心、法院信息化集成评估中心、司法信息安全中心和司法大数据人才培养中心等八项任务。2017年11月30日，中国司法大数据服务网上线，基于最高人民法院已累计汇聚的1.3亿件案件信息，从事专题深度研究和司法知识服务。截至2018年8月15日，已发布离婚纠纷、赡养纠纷、环境污染责任纠纷、知识产权侵权、信用卡诈骗等司法大数据报告21个。①

我国上下级法院之间是指导与被指导关系，因此"智慧法院"建设过程中很多项目由最高法和各省高级法院分别建设。为了实现不同法院信息系统的互联互通，最高人民法院高度重视"智慧法院"信息化标准规范建设工作。2015年，最高人民法院启动编制15版人民法院信息化标准的研究工作，标准体系由基础标准、技术标准和管理标准3个大类10小类组成。2016年8月，最高人民法院首次以行业标准的体例格式印发了30项标准，

---

① 刘婧：《做全球最大的司法信息资源库——中国司法大数据服务网上线记》，载《人民法院报》2017年12月1日，第1版。

包括《人民法院信息化标准体系表》、24 项数据技术标准、5 项应用技术标准。2017 年至今，最高人民法院又先后印发了《法院信息化标准的结构和编写规则》《诉讼服务大厅信息化建设指南》《法院电子卷宗数据汇聚技术规范》等标准，并且仍在持续组织相关标准的编制和修订工作。最高人民法院信息中心强调，"除数据交换格式标准需严格遵守外，标准中规定的相关技术指标多为最低要求，在信息化建设工作中，实际指标要求应不低于标准中的规定"，同时各地"应注重关联标准的配合使用"。

为了解决"案多人少""执行难"等突出问题，"十三五"时期的"智慧法院"核心建设任务是实现对法院立案工作、审判工作、执行工作的智能化改造。

一是适应"立案登记制改革"，提升立案业务智能化水平。立案登记制改革后，人民法院立案数量显著增加。地方各级人民法院受理案件数量由 2014 年的 1565.1 万件、2015 年的 1951.1 万件上升到 2016 年的 2303 万件。2015 年 4 月，中央全面深化改革领导小组通过的《关于人民法院推行立案登记制改革的意见》，明确提出"加强人民法院诉讼服务中心和信息化建设，实现公开、便捷立案。推行网上立案"。最高人民法院积极推动全国法院部署网上立案标准模块，率先在全国 14 个省市法院试点推行跨域诉讼服务模式，解决"异地诉讼难"问题。例如，自 2016 年 1 月起，北京高级法院、中级法院管辖的一审民商事案件和知产、执行案件可以按照《北京法院网上直接立案工作办法（试行）》在网上直接立案。杭州互联网法院 2017 年 5 月 1 日至 2018 年 4 月 15 日正式立案 7372 件，审结 4532 件，通过智能立案系统，网上立案率高达 96%。根据最高人民法院《建设智慧法院促进绿色发展成效分析报告》介绍，在网上立案方面，截至 2020 年，全国法院接收网上立案 1080 万件，占一审立案量的 54%，理想状态下，当事人 20 分钟即可通过网上诉讼服务平台完成立案申请，节约诉讼参与人出行成本约 15.9 亿元。[①]

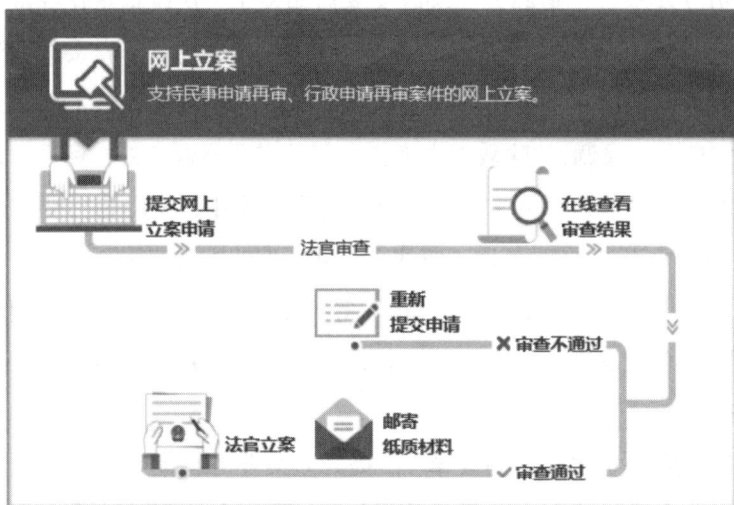

图 6　最高人民法院诉讼服务网当事人"网上立案"流程（来源：最高人民法院）

二是解决"案多人少"难题，提升审判业务智能化水平。最高人民法院以电子卷宗深度应用为主线，以智慧审判系统、远程开庭系统等建设为重点，应用人工智能、大数据等技术，在该领域进行了有益尝试。在最高人民法院指导下，多个省市法院均自主或委托研发了智能辅助审判系统。其中，河北法院研发的"智审 1.0"审判辅助系统，已于 2016 年 7 月在全省178 个基层法院上线，可以智能推送辅助信息；自动生成与辅助制作，各类文书 80% 裁判文书内容能够一键生成；智能分析裁量标准，实时展示同类案件裁判情况。江苏法院研发同案不同判预警系统，自动分析公诉书和庭审记录，支持法官上传判决书自动预测判决结果、计算偏离度并自动进行预警，为法官提供量刑参考，试点地区准确率达到 92%。江苏省苏州市中

---

① 赵婕：《智慧法院为推动节能降碳提供有益借鉴——最高法信息中心、国家节能中心相关负责人就〈建设智慧法院促进绿色发展成效分析报告〉答记者问》，载《法治日报》2021 年 8 月 26 日，第 3 版。

级人民法院 2018 年研发电子卷宗智能标注编目系统，可将电子文件自动区分为独立文件并自动生成文件标题与目录，日扫描诉讼材料 1 万多页，编目准确率接近 90%，岗位人力资源耗费缩减一半以上。江西法院建立诉讼材料"收转发 E 中心"，"收案"环节实现统一登记管理、前置集中扫描、智能识别回填；"转递"环节通过智能材料转收柜，实现纸质材料递送、跟踪、签收全程流痕与智能流转；"发出"环节实现集中送法，优先通过网络平台、微信公众号、手机短信、电子邮箱方式送达并辅助电话语音提醒。

三是解决"案多人少"难题，提升执行业务智能化水平。最高人民法院通过建立网络执行查控系统（"总对总"平台），以全国法院执行案件信息管理系统的数据库为网络基础，将全国上下四级法院之间的执行网络纵向互联，与各中央国家机关、商业银行总行网络横向对接。经过 4 年的升级完善，"总对总"平台查控范围已从当初的 20 家银行发展为 3800 多家银行，联网部门由商业银行扩展到公安部、交通运输部、民政部、银监会 16 家单位，从仅能查询银行存款信息，发展到可以查询被执行人在全国范围内的存款、金融理财产品、船舶、车辆、证券、网络资金等 16 类 25 项信息。截至 2018 年 6 月底，全国法院通过"总对总"网络查控系统，共为 5172.45 万起案件提供了查询冻结服务，共冻结资金 2699.75 亿元，查询到车辆 4031.86 万辆、证券 853.62 亿股、船舶 84.06 万艘、互联网银行存款 80.59 亿元。[①] 同时，为了方便扣押资产的拍卖，2016 年 8 月，最高人民法院发布《关于人民法院网络司法拍卖若干问题的规定》，自 2017 年 1 月 1 日起施行。目前，最高人民法院已建立人民法院诉讼资产网，作为面向全国各级法院、社会辅助机构和广大竞买人的诉讼资产综合信息发布和司法拍卖平台，各级法院不需要单独办理入驻手续，不需要开立网络支付账户，可以直接发布网络司法拍卖/变卖信息。

---

① 靳昊：《最高法网络执行查控系统让"老赖"财产无处可藏》，载《光明日报》2018 年 7 月 21 日，第 3 版。

根据中国社科院法学研究所的第三方评估，截至 2020 年，人民法院信息化 3.0 阶段建设目标基本实现。一方面，法院信息化建设实现全覆盖，"全国中级以上人民法院及大多数基层人民法院主要业务信息化覆盖率达到 100%，国家司法审判信息资源库的审判执行、司法人事、司法政务、司法研究、信息化管理覆盖率达到 100%"。另一方面，司法大数据管理和智能化探索取得长足进步，2020 年，人民法院大数据管理和服务平台汇集案件信息超过 2.18 亿件，完成司法专题分析报告 870 余份；全国法院 74% 的案件实现电子卷宗随案同步生成；全国有 3435 家法院支持裁判文书自动纠错，3325 家支持辅助生成法律文书；"总对总"网络查控系统的银行财产查询覆盖范围扩大至 3961 家。[1] 上海 206 智能辅助审判系统已经全面上线运行，适用于全国 102 个常见罪名，覆盖上海一审案件的 97%，累计录入刑事案件 7.3 万件，提升证据瑕疵 1.1 万个，[2]《人民法院信息化建设五年发展规划（2017—2021）》提出到 2020 年年底完成"两步跃升"的计划目标已经达成。

四、人民法院信息化 4.0 版的智能升级

目前，人民法院信息化建设进入新的历史阶段。最高人民法院张军院长曾多次强调，要以高起点、高速度、高水平加快推进法院信息化建设。[3] 2020 年 12 月 3 日，全国法院第七次网络安全和信息化工作视频会议召开，会议提出要加快推进人民法院信息化 4.0 版建设，确保 2022 年年底基本建成、2025 年年底全面建成以知识为中心的信息化 4.0 版，推动智慧法

---

① 陈甦、田禾主编：《中国法院信息化发展报告（2021）》，社会科学文献出版社 2021 年版，第 4 页、第 45 页、第 76 页。

② 崔亚东主编：《人工智能辅助办案》，上海人民出版社 2021 年版，第 22 页。

③ 何能高、罗书臻：《张军在案件信息管理系统演示会上强调人民法院案件信息管理系统开发要高起点高速度高水平》，载《人民法院报》2010 年 12 月 30 日，第 1 版。

院高质量发展。① 2021 年 5 月，最高人民法院党组审议通过《最高人民法院信息化建设五年发展规划（2021—2025）》，明确"以知识为中心、智慧法院大脑为内核、司法数据中台为驱动"的，加快建设法院信息建设 4.0 版的基本路线。

一是探索司法数据中台，营造良好司法数字生态。当前经过法院信息化 1.0、2.0、3.0 的三十余年建设，审判机关已经产生、存储了大量的数据资源，例如，仅上海市法院系统在"迁网上云"过程中 120 个主要业务系统迁移部署的存量数据资源已经达到了 1397T（1.36PB），② 这意味着省域审判机关的大数据资源已经达到 PB 级，超过了美国国会图书馆的数据存量（235TB）。但同时也应当看到，仅上海法院系统的主要系统就已经超过 120 个，可见系统繁多，以此计算全国法院系统的信息应用规模至少超过 1000 个。管理和应用司法大数据成为新的重点。电子政务建设往往滞后于电子商务建设，因此，对于如何管理司法大数据也应当借鉴电子商务建设的有益经验。2015 年，阿里巴巴公司首次提出"数字中台"概念，后来被各大互联网公司采纳。学界认为，"数据中台的实质是构建全域数据共享的中心，提供数据采集、数据萃取、数据服务等全链路一体化的服务，提供面向业务应用的数据智能平台"，与传统的数据仓促和数据平台的概念有所区别。数据中台需要具备数据资产的获取、存储、规划、治理、共享和协作能力，数据业务价值的探索和分析能力，数据服务的构建、治理、度量和运营能力。③ 在整体架构建设上，数据中台应当包括大数据技术平台、

---

① 孙航：《周强出席全国法院第七次网络安全和信息化工作会议强调 认真学习贯彻习近平法治思想 全面深化智慧法院建设》，载《人民法院报》2020 年 12 月 4 日，第 1 版。

② 崔亚东主编：《人工智能辅助办案》，上海人民出版社 2021 年版，第 23 页。

③ 李巍巍：《数据中台技术在业务系统中的应用研究》，载《现代信息科技》2019 年第 21 期。

数据资产管理平台、数据分析挖掘平台、统一数据服务总线等内容。^① 具体在人民法院如何打造司法数据中台，尚在探索完善过程中。2021 年 3 月，"具备司法数据中台基础能力"已被列入《2021 年人民法院司法改革工作要点》；2022 年 1 月，"人民法院应当建设司法数据中台"成为《人民法院在线运行规则》第 4 条的明确要求和"十四五"智慧法院建设的重点。

二是升级智慧法院大脑，提供审判运行的智能驱动。"智慧大脑"最初是指智慧城市建设中的城市大脑（City Brain），由中枢、系统与平台和应用场景等要素组成的城市治理体系和治理能力现代化的数字基础设施，为城市治理提供智能化、可预见性、自我学习性的整体性方案，最早于 2016 年在浙江省杭州市试点建设。^② 根据《浙江省"城市大脑"建设应用行动方案》（浙数办发〔2019〕13 号），"城市大脑"是包括通用平台建设、支撑体系建设、重点应用建设的系统工程。参照"城市大脑"，智慧法院大脑也需要具备以下能力：（1）计算能力，智慧法院应用提供足够的弹性计算，支持全国四级法院多源异构数据即时连接、调度、处理，通过统一计算平台连接法院的各类系统，实现在线和全局协同。（2）数据资源整合能力，将多源智慧法院应用数据整合成标准、稳定、纯净、高效的高价值密度的司法数据资源，支撑上层数据智能应用。（3）算法服务能力，为智慧法院应用提供人工智能基础，支持多种主流深度学习框架和算法组件及一体化算法管理。（4）网络安全保障能力，为智慧法院应用提供全生命周期的信息化安全保障体系。根据《最高人民法院关于规范和加强人工智能司法应用的意见》（法发〔2022〕33 号），当前和今后一个阶段需要加快智慧法院大脑建设，以便未来面向各类法院业务的人工智能司法应用提供核心驱动。

---

① 数据中台的核心是"抽象、组件化共性的能力，以降低成本、避免重复建设浪费资源"，参见苏萌等：《数据中台技术相关进展及发展趋势》，载《数据与计算发展前沿》2019 年第 5 期。

② 陆军：《城市大脑：城市管理创新的智慧工具》，载《人民论坛·学术前沿》2021 年第 9 期。

三是建设司法区块链平台，为智慧司法提供底层信任。区块链技术对智慧法院的意义逐步加深。在"十三五"时期，杭州互联网法院于2018年首次确认区块链电子存证的法律效力。同年10月，杭州互联网法院司法区块链在全国率先上线运行，用户通过区块链程序可将操作行为全流程记录于区块链，解决互联网上电子数据全生命周期特别是生成端的全流程可信问题，实现电子数据的全流程记录，全链路可信，全节点见证。[1] 2018年12月22日，北京互联网法院"天平链"正式发布，截至2022年6月，"天平链"已采集各方上链电子数据存证数量超过1亿条，案件审理过程中跨链验证数据29412条。上海的206智能辅助办案系统中也加入了五条存取证私有链防止数据篡改。审判机关卷宗私有链只有审判机关内网有写的权利，公安机关、检察机关、司法行政机关、政法委数据中心只有读的权利，而没有写的权利，从而解决业务协同的部门互信问题。[2] 正如有学者提出的："司法区块链所带来的绝非仅仅是电子数据证明流程的优化，而是围绕在线诉讼开展的案牍为基础的诉讼模式转向以数据部署与通信为中心的体制性、组织性结构调整。"[3] 司法区块链作为一种信任机制体现了"人的信任→组织信任→制度信任→机器信任"的转变。[4] 根据《最高人民法院关于加强区块链司法应用的意见》（法发〔2022〕16号）的规划，预计到"十四五"期末的2025年，建成人民法院与社会各行各业互通共享的区块链联盟，未来区块链不仅在法院业务的多元解纷、诉讼服务、审判执行得到全面应用，还有望嵌入经济社会运行体系，通过提供智能合约服务等成为社会信任体

---

① 余建华、吴巍：《杭州互联网法院首次确认区块链电子存证法律效力》，载《人民法院报》2018年6月29日，第3版；余建华、张名扬、吴巍：《杭州互联网法院司法区块链上线》，载《人民法院报》2018年10月10日，第1版。

② 崔亚东主编：《人工智能辅助办案》，上海人民出版社2021年版，第62页。

③ 孙梦龙：《司法区块链的数智逻辑与诉讼规训——以《人民法院在线运行规则》展开》，载《科技与法律》2022年第5期。

④ 韩旭至：《司法区块链的价值目标及其实现路径》，载《上海大学学报（社会科学版）》2022年第2期。

系的重要一环。

五、智慧法院建设的思考与启示

当前，智慧法院建设初见成效，人民法院的网络化、数字化、信息化、智能化水平大幅提升，我国智慧法院建设已经跻身世界前列。[①] 法院信息化建设中的经验教训，对其他机关智慧司法建设也具有重要的参考作用。

一是坚持"党管网信"原则，将智慧司法建设作为一把手工程。习近平总书记在全国网络安全和信息化工作会议上曾专门指出，"我们必须敏锐抓住信息化发展的历史机遇"，"加强党中央对网信工作的集中统一领导，确保网信事业始终沿着正确方向前进。各地区各部门要高度重视网信工作，将其纳入重点工作计划和重要议事日程，及时解决新情况新问题"。[②] 随着信息技术的快速发展，信息化建设不仅承担着司法机关的技术保障功能，还承担着业务支撑、创新引领、改革抓手等新的重要功能，其重要性与日俱增。同时，由于智慧司法具有人才密集型、资金密集型、技术密集型的特征，需要协调大量的人财物资源，甚至需要进一步优化现有的管理流程和业务逻辑。因此只有一把手高度重视，亲自抓、亲自管，才能有效推进本部门、本地区的党政信息化建设，解决信息化建设中遇到的难点和困难。

例如，在法院信息化建设中，2005 年 12 月，最高人民法院印发《国家"十一五"规划期间人民法院物质建设规划》，要求在 2007 年年底前建设最高人民法院信息中心。但实际情况是，直到 2013 年最高人民法院院长兼任最高人民法院信息化建设领导小组组长之后，2013 年 10 月 15 日最高人民法院信息技术服务中心才正式成立。最高人民法院党组和主要领导高度重视信息化建设，每年召开一次的全国法院信息化工作会议，不定期召开的

[①] 张明瑛：《中国智慧法院建设跻身世界前列》，载《中国审判》2020 年第 12 期。

[②] 习近平：《敏锐抓住信息化发展历史机遇 自主创新推进网络强国建设》，载《人民日报》2018 年 4 月 22 日，第 1 版。

最高人民法院网络安全和信息化领导小组会议，最高人民法院院长均亲自出席，并多次主动走访国家发展改革委、科技部等单位，为智慧法院建设指明了方向。人民法院信息技术队伍建设也得到空前加强，在各级领导关怀下，全国法院信息技术人员队伍从无到有，规模达到 5000 余人。[1]

二是坚持"标准先行"意识，将智慧司法标准建设作为统筹关键。习近平总书记多次强调"要以信息化推进国家治理体系和治理能力现代化，统筹发展电子政务"，"加强战略、技术、标准、市场等沟通协作，协同创新攻关"。[2] 智慧司法建设的一个难点问题，就是"信息孤岛""信息烟筒"现象，不同部门（地区）的信息化系统，甚至同一部门（地区）的信息化系统之间都无法信息互通、资源共享，不仅影响了信息汇集和大数据分析，也严重影响了管理效率，浪费国家资源。法院信息化建设高度重视"标准先行"工作，通过统一标准建设，要求所有信息化项目均需要符合相关标准，为信息资源共享奠定基础。目前，人民法院信息化标准体系（简称"法标"）已经经历了四个版本，分别为 02 法标、05 法标、09 法标、15 法标，现行标准为 15 法标。02 法标主要由基本功能要求、基本信息规范、信息系统安全技术要求等 3 个部分组成；05 法标在修订 02 法标的基础上增加了数据交换规范；09 法标增加了审判业务逻辑与数据校验规则、法庭信息化建设规范、法院专网总体方案和运行维护管理规范等相关内容，文件数量扩展成 9 个。现行的 15 法标包括《人民法院信息化标准体系表》、24 项数据技术标准和 5 项应用技术标准。在统一的标准规范基础上，各地以省、自治区、直辖市、兵团高级人民法院为中心，结合本地特色需求，借助云计算等分布式处理技术，激活了各地各级审判机关自主建设的活力，形成了统分结合、多元创新的智慧法院生态。而如果没有标准规范，各地法院

---

① 最高人民法院：《人民法院信息化建设五年发展规划（2013—2017）》。

② 习近平：《在网络安全和信息化工作座谈会上的讲话》，载《中国信息安全》2016 年第 5 期。

信息化建设很容易产生"信息孤岛"问题，影响之后的全国法院数据共享。

三是坚持"项目管理"方法，将智慧司法工程作为工作抓手。一方面，要积极推进工程项目申报和项目管理工作。此前，政法机关中，公安信息化建设明显领先，主要得益于 2002 年公安"金盾工程"纳入国家电子政务十二个重要业务系统建设任务（简称"十二金"）中，从此公安信息化建设得到中央财政和地方财政充分的经费支持。2012 年 5 月，人民法院信息化建设纳入《"十二五"国家政务信息化工程建设规划》中，国家发改委明确将"加快推进法院系统信息化，建设完善法院案件管理及决策支持系统"纳入"民主法治信息化工程"建设任务；之后批复了"天平工程"，从此法院信息化纳入国家电子政务"大盘子"统筹考虑。根据《人民法院信息化建设五年发展规划（2019—2023）》，规划期间五年全国法院信息化建设总投资估算约 216 亿元，信息化建设经费得到充足保障。

另一方面，要积极推进科研项目申报和项目管理工作。科研创新和信息化工程建设相辅相成，法院信息化建设中，科技部《"公共安全风险防控与应急技术装备"重点专项（司法专题任务）2018 年度第一批项目申报指南》（国科发资〔2018〕9 号）正式发布，其中包括"面向诉讼全流程的一体化便民服务技术及装备研究""高质高效的审判支撑关键技术及装备研究""智慧法院综合示范及效能评价研究"等多项智慧法院核心业务运行的关键技术与装备研究课题。吸引了清华大学等高等院校、科研院所的广泛参与，为攻克智慧法院建设中的技术难题提供了重要帮助，有效提升了审判机关智能化建设质效。实践证明，在当前的体制机制约束下，通过工程、项目方式，吸引社会力量广泛参与，迭代推进司法科技的整体跃升已经成为智慧司法建设的必由之路。①

---

① 金鸿浩：《智慧法院的迭代升级：中国法院 35 年信息化发展史研究》，载《党政信息化参考》2021 年第 2 期。

第二节　智慧检务发展规律研究

"以铜为鉴，可以正衣冠；以人为鉴，可以明得失；以史为鉴，可以知兴替"。检察信息化建设已有 30 余年历史。经过多年的梳理，笔者于 2017 年 5 月起草了《关于智能语音与人工智能应用的报告》，同年 5 月 22 日经最高人民检察院党组会审议通过，正式提出了检察信息化发展史的四个阶段划分，即从"数字检务 1.0""网络检务 2.0""应用检务 3.0"，到现在正在推进的"智慧检务 4.0"。

一、检察信息化 1.0 版的数字检务

"数字检务"是检察信息化 1.0 版的简称，时间跨度从 20 世纪 80 年代末到 1999 年，基本对应"八五""九五"时期。主要任务是实现检察数字化，购置计算机设备和办公自动化应用，初步完成信息由纸质手写向数字化录入的重要转变。

早在 20 世纪 80 年代，最高人民检察院就认识到科技手段对检察工作发展的重要意义。1987 年 4 月 6 日，时任最高人民检察院检察长杨易辰同志在第六届全国人民代表大会第五次会议上报告时首次提出"要逐步实现检察技术装备的现代化"。1989 年 3 月、1993 年 3 月，时任最高人民检察院检察长刘复之在做《最高人民检察院工作报告》时两次提到"通讯等技术装备落后，也影响了及时取证和结案"，要"重视现代科学技术手段在办案中的应用"，均高度重视司法科技的工具价值。

在 20 世纪 90 年代初，最高人民检察院设立了早期的信息化机构。1991

年 4 月 11 日，最高人民检察院办公厅成立自动化办公室，由原统计处计算机专业技术人员和总值班室通信人员组成，负责最高人民检察院信息化工作。1994 年 3 月，最高人民检察院办公厅原自动化办公室划归检察技术局（所）管理，更名为信息技术室。1995 年，最高人民检察院成立编码委员会，时任最高人民检察院副检察长赵登举兼任主任。1999 年，最高人民检察院成立信息化领导小组，时任最高人民检察院副检察长梁国庆任组长。同一时期，地方检察机关也开始探索建立检察技术信息化管理机构。1996 年 7 月 4 日，最高人民检察院印发《关于地方各级人民检察院机构改革意见的实施意见》，要求检察技术处作为省级人民检察院 11 个必设机构之一，负责管理本地区检察技术和信息化工作。例如，20 世纪 90 年代末期，上海市检察院设立技术处，下设罪证检验、视听技术、计算机管理三个中心，开始探索地方检察信息化建设。

计算机设备是检察信息化的基础，当时计算机设备较为昂贵，地方检察机关采取多种途径克服困难，购置计算机设备。例如，1989 年，河南省郑州市人民检察院以分期付款方式在全省地市级检察机关中首家购买了一台计算机，服务检察统计工作。1993 年，北京市顺义区人民检察院荣获北京市档案管理奖项，奖品是计算机一台。1997 年，辽宁省沈阳市人民检察院购置一批计算机用于举报线索管理。同期上海市浦东新区检察院成立计算机领导小组，会同新成立的浦东软件园共同投资上百万元，购置了一台小型机和 15 台微机。20 世纪 90 年代末，广西壮族自治区人民检察院曾专门下文要求广西三级检察机关每院配备五台以上计算机；到 2000 年广西壮族自治区检察机关共有计算机 883 台，平均每个单位 6.7 台。

在加大力度购置计算机设备的同时，检察局域网络建设和应用研发也开始探索。最高人民检察院于 1994 年 5 月召开"全国检察信息系统建设试点单位座谈会"，并分别于 1993 年、1996 年、1997 年组织研发了"基层检察机关检察信息系统""分州市级检察信息系统""高检院机关管理信息系统"等应用软件。1997 年，最高人民检察院启动机关局域网一期工程建设，投资 500 万余元，采用 ATM 网络结构、Oracle 数据库和 TRS 搜索引擎，每年需处理的数据量约 2.6GB，并以 20% 左右的速度增长。1999 年 5 月 28 日，最高人民检察院作为"政府上网工程"发起单位之一，开通高检院互联网门户网站。

经过 10 余年的发展，到 1999 年年底，检察信息化的雏形已经初步形成，信息化基础设施、通信网路、应用软件等均开始了早期探索并形成应用性成果。检察人员的办公办案方式也在潜移默化中开始发生转变。这一阶段，是检察信息化从无到有的质变，早期检察信息化的探索所积累的经验、制度、设备为后期检察机关信息化良好发展奠定了坚实基础。

二、检察信息化 2.0 版的网络检务

"网络检务"是检察信息化 2.0 版的简称，时间跨度从 2000 年到 2008 年，基本对应"十五"时期和"十一五"前期，主要任务是实现检察网络化，建设全国检察机关专线网、局域网，基本实现全国四级检察机关互联互通。

2000 年 1 月 10 日，最高人民检察院印发《关于在大中城市加快科技强检步伐的决定》，正式提出"科技强检"战略，指出"科学技术是第一生产力。向科技要战斗力，依靠检察科技进步和提高检察干警素质，是今后检察工作的重要发展方向"，要求"各省级检察院、地市级检察院和有条件的市辖区检察院都要大力加快科技强检步伐"。同时要求，"最高人民检察院已经成立信息化领导小组，各省级检察院也要成立相应的领导机构，以加强对本地区检察科技工作的宏观管理和综合协调"。此后，连续多年的《最高人民检察院工作报告》均提及"科技强检"，2000 年指出要"加快科技强检步伐"，2001 年指出要"加快大中城市检察院科技强检步伐，逐步推广举报电话自动受理系统、网上举报和多媒体法庭示证系统，提高运用科学技术揭露犯罪、证实犯罪的能力"。2002 年指出要"大力推进科技强检，

加强信息技术在检察工作中的应用，提高办公、办案信息化水平"。

在具体工作推进中，检察机关相继启动了 2001 年的一级专线网数字化改造工程，2002 年的"213 工程"、2003 年的"151 工程"、2004 年的"1521工程"。

2001 年一级专线网数字化改造工程　截至 2001 年年底，检察机关一级专线网数字化改造工程完成，最高人民检察院和 32 个省级检察机关（包括各省、自治区、直辖市人民检察院，新疆生产建设兵团人民检察院）建成了基于 512K 帧中继线路资源的检察一级专线网，实现了专线电话、视频会议和数据传输功能。

2002 年"213 工程"　根据全国检察长工作会议部署，最高人民检察院下发的《2002 年全国检察机关信息化建设与应用实施意见》（简称"213 工程"），要求当年要在全国 200 个大中城市完成检察专线网、计算机局域网的建设；全国 1000 个以上检察机关建成三级专线网络或局域网；超过 3 万名检察人员通过国家计算机等级一级考试。截至 2002 年年末，在专线网建设方面：检察一级专线网全部联通，北京、吉林等 16 个省级检察院已建成或正在组织实施二级专线网建设，全国大中城市已经和正在联入专线网的检察院达到 239 个。在局域网建设方面：北京等 24 个省级检察机关建成了局域网，山西、江西等 6 个省级检察机关正在建设局域网，全国检察机关已建成局域网的单位共有 1168 个。在教育培训方面：全国各级检察机关通过国家计算机一级考试的检察干警有 19780 人，通过省人事部门组织的类似国家计算机一级考试的检察干警有 33271 人。

2003 年"151 工程"　最高人民检察院制定下发了《2003 年全国检察机关信息化建设与培训任务》（简称"151 工程"）。（1）151 工程的第一个"1"是指积极推动专线网建设，年内全国联入检察机关专线网的检察院，要在 2002 年完成"213 工程"建设任务的基础上增加 100 个。（2）151 工程的"5"是指努力完成局域网建设，年内全国各级检察机关的局域网建设总数，要在 2002 年完成"213 工程"建设任务的基础上增加 500 个。（3）151 工程的最后一个"1"是指继续加强检察干警的计算机技术培训，年内全国各级检察机关通过国家计算机等级考试的人员数量要在 2002 年基础上增加 1 万名。三项任务要求在 213 工程基础上约分别提升 50%、50%、33.3%。到 2003 年年底，全国已有 23 个省级检察机关建设了二级专线网，254 个地市级检察机关联入专线网，建成三级专线网并联入全国检察专线网的县级院 491 个；所有省级检察机关、287 个地市级检察机关和 1648 个县级院建成了计算机局域网；通过国家计算机等级考试和各省人事部门计算机考试的检察人员 65418 人。两网建设与信息化培训取得初步成功。

2004 年"1521 工程"　2004 年 10 月 19 日，全国检察机关信息化工作会议决定，今后三年，全国检察机关信息化建设将重点抓好"一网五库两类应用和一个门户"，简称为"1521 工程"。"一网"是指加强基础网路建设；"五库"是指要建成检察机关的职务犯罪信息库、诉讼监督信息库、队伍管理信息库、电子学习数据库、综合信息数据库；"两类应用"是指检察专线网的应用和计算机数据的应用；"一个门户"是指建设检察机关的互联网门户网站。

2004 年下半年，《2003—2007 年检察信息化建设与发展规划》经过多次征求意见正式下发。要求 2004 年完成检察一级专线网扩容提速工程；2005 年全面完成二级专线网建设，95% 的地市级检察机关和 70% 的县级院建成计算机局域网；2006 年基本完成检察机关三级专线网建设，未建设的基层院通过加密远程拨号方式联入专线网，所有地市级检察机关和 85% 的县级检察机关建成计算机局域网；2007 年要求 90% 的基层检察机关建成计算机局域网，最高人民检察院和省级院在岗检察人员通过国家计算机等级考试（一级）的比例达到 90%，地市级和县级院通过国家计算机等级考试（一级）人员的比例应分别达到 80% 和 70%。

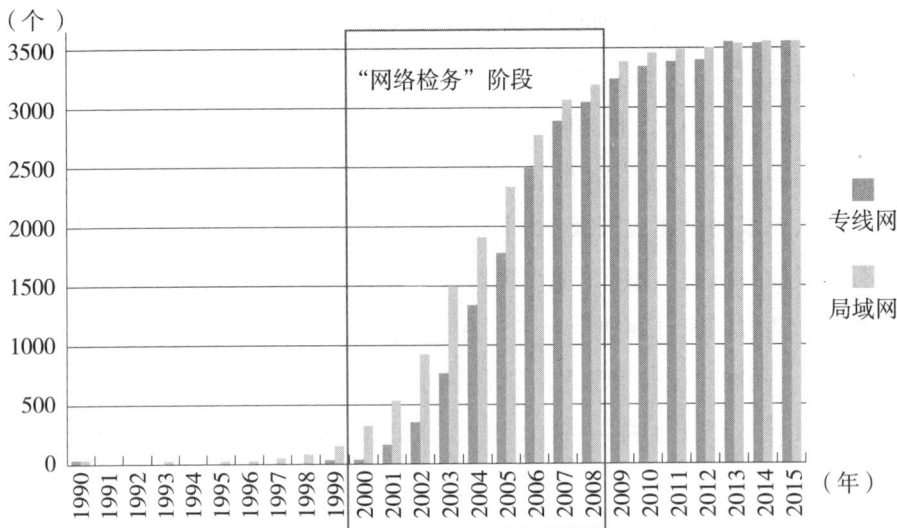

图 7　全国检察机关专线网和局域网建设情况（来源：笔者自制）

实际情况是到 2007 年年末，全国 83.69% 的检察机关联入专线网，86.89% 的检察机关建成计算机局域网，基本实现了预期目标。一份统计报告显示，到 2007 年，共有 1991 个检察院利用信息发布系统建立了专网网站，2029 个检察院建立了电子邮件服务系统，专网电子邮件用户总数达 9.3万余个，每年全国各级检察院利用视频会议系统召开各类会议达 1000 余次，检察网络建设效果显著。到 2009 年年初，全国检察机关检察专线网、局域网和电视电话会议网络"三网"联通比例分别为 91.1%、93.2%、96.6%，基本实现全国检察机关网络层面的互联互通。①

三、检察信息化 3.0 版的应用检务

"应用检务"是检察信息化 3.0 版的简称，时间跨度从 2009 年到 2017年年初，以 2009 年 8 月《2009—2013 年全国检察信息化发展规划纲要》要

---

① 参见笔者所著的《智慧检务初论》，中国检察出版社 2017 年版，第 1—14 页。

求"全力推进检察信息化应用"为起点，以 2017 年电子检务工程"六大平台"研发工作基本完成为结点。主要任务是实现检察机关司法办案、检察办公、队伍管理、检务保障等领域的信息化应用全覆盖，形成检察机关网上办公办案新模式。总体上可以分为三项任务：

（一）推动全国检察机关统一业务应用系统研发应用

2010 年 7 月 13 日，最高人民检察院印发《全国检察机关信息化应用软件统一实施方案》，实行"一点建设、全面应用"工作模式，以避免各地重复投资、重复建设，计划将十个业务条线的信息化应用软件分两批进入统一进程。2012 年 8 月，最高人民检察院信息化领导小组决定成立统一业务软件开发小组，采用全脱产、全封闭的方式集中攻关，对统一业务软件在四级检察机关的需求进行论证，形成 160 余万字的系统需求分析报告，并启动软件研发。其间，最高人民检察院先后印发《全国检察机关统一业务应用软件总体方案》《全国检察机关统一业务应用软件首批试点工作方案》《全国检察机关统一业务应用软件平台建设指导方案》《全国检察机关统一业务应用系统使用管理办法》加强宏观管理。①

2013 年 10 月 31 日，全国检察机关统一业务应用系统部署工作会议在山东省济南市召开，正式启动全国检察机关统一业务应用系统部署工作，并于 2014 年 5 月完成全国部署。2014 年起，全国四级检察机关已实现各类案件一个平台、一个标准、一个程序，所有办案信息网上录入、办案流程网上管理、办案活动网上监督、办案数据网上生成。2014 年以来，统一业务应用系统与时俱进，紧密结合中央和高检院重大决策部署升级完善。陆续建成了统一业务应用系统统计子系统、电子卷宗子系统，实现信息互通关联，人、案、数一体。全国每个周期生成的数据量达到 165 亿项，是原检

---

① 《全国检察机关统一业务应用系统使用指引手册》编写委员会：《系统概论》，中国检察出版社 2013 年版，第 26 页。

察统计数据量的 35 倍。^① 到 2014 年年底，全国检察机关统一业务应用系统已有各类案件 300 余万件在系统内运行；而到 2017 年 9 月，已经积累 1740 余万件案件数据，为后续的检察大数据分析提供了数据支撑。^②

图 8 全国检察机关统一业务应用系统示意图（来源：最高人民检察院）

2017 年 5 月，根据司法体制改革最新要求，"统一业务应用系统（司改版）"做出重大结构性和功能性调整，将系统现有的"承办人一人一案"操作模式调整为"办案组多人一案"操作模式，并将"随机分案为主，指定分案为辅"要求固化于系统中。同年，贵州省检察机关在全国率先上线运行司改版统一业务应用系统，全面梳理了检察机关统一业务应用系统中的 1606 项权限配置，以正面清单的方式列举了检察长行使或委托行使的 12 个业务类别 127 项权力，其余未明确的 1000 余项审批权，采取一般性授权的方式授权给检察官，形成了权责明确、关系清晰、授权合理的权力分配体系。通过改革，检察官的主体地位和司法办案的亲历性得到凸显，贵州省 9 个试点检察院 93.4% 的批捕案件和 95.12% 的起诉案件由检察官独立作出处理决定，提交检委会审议案件减少 16.8%，批捕案件办案时间缩短 20.16%，起诉案件办案时间缩短 27.05%，民事行政案件的办案时间缩短 32%，执行

---

① 于潇、安伟光：《强化职能履行促进司法规范 最高检案管办主任许山松做客高检网正义网接受访谈》，载《检察日报》2017 年 2 月 24 日。

② 丁国锋：《我国智慧检务有望领先全球》，载《法制日报》2017 年 9 月 28 日，第 3 版。

案件的办案时间缩短 18.17%。①

（二）推动检察案件信息公开平台建设

2014 年 4 月，最高人民检察院决定启动案件信息公开系统开发工作，具备案件流程信息互联网查询、终结性法律文书网上公开、重大案件信息网上发布、辩护与代理网上预约申请 4 项功能。技术部门仅用 2 个月在 2014 年 6 月底完成系统研发工作。2014 年 7 月开始在山东、四川等地检察机关投入试运行。2014 年 8 月，最高人民检察院印发《人民检察院案件信息公开工作规定（试行）》（高检发办字〔2014〕68 号），明确规定"最高人民检察院依托国家电子政务网络建立统一的人民检察院案件信息公开系统，各级人民检察院依照本规定，在该系统办理案件信息公开的有关工作"。

2014 年 10 月 1 日，案件信息公开系统在全国正式上线运行，距离决定研发不到半年时间，是检察机关全国统一部署的信息系统中建设周期最短，成效转化最快的项目之一。截至 2017 年 11 月，全国检察机关通过案件信息公开系统共发布 190.2 万件案件程序性信息、12.8 万条重要案件信息、81.7 万份法律文书，接受 6.5 万件辩护与代理预约申请，有效地发挥了深化检务公开的龙头作用。② "互联网＋检察工作"模式的探索与完善是"十三五"时期检察工作的重要任务之一，也是检察机关推动建设合法合理、高效便民、阳光透明的司法文明的全新尝试，更是以公开促公正倒逼检察机关规范管理的深刻变革。③

---

① 李中迪：《数据提供"芯"动力》，载《贵州日报》2017 年 7 月 11 日，第 5 版。
② 郭洪平：《强化诉讼监督 促进公平正义》，载《检察日报》2018 年 3 月 9 日，第 2 版。
③ 金鸿浩等：《"互联网＋检察工作"模式的建设环境与路径》，载《电子政务》2017 年第 3 期。

图 9　人民检察院案件信息公开网（来源：最高人民检察院）

同一时期，最高人民检察院也加强了网络传播工作。2014 年，最高人民检察院成立新闻办公室，下设新闻宣传处、网络宣传监管处、综合协调处。2014 年 3 月 3 日，最高人民检察院官方微博在新浪网、腾讯网和正义网的三个微博平台同时开通上线，截至 2018 年 8 月，官方微博已发布博文 18370 条，粉丝数达 1103 万。2014 年 4 月 15 日，最高人民检察院官方微信开通，2014 年 11 月 27 日，最高检入驻"今日头条"客户端。到 2016 年 6 月 13 日，全国四级检察机关实现"两微一端"全覆盖，在全国政法系统中率先建成四级新媒体矩阵。据统计，截至 2016 年 8 月，全国检察新媒体已开通官方账号 11710 个，共发布信息 500 余万条，总粉丝数达 9000 多万。

（三）推动电子检务工程建设

2013 年 8 月 27 日，国家发展改革委正式批复最高人民检察院申报的《电子检务工程项目建议书》，2015 年 4 月、10 月，《电子检务工程（中央本级建设部分）可行性研究报告》和《初步设计方案和投资概算报告》也分别获得国家发展改革委批复。到 2015 年 11 月，电子检务工程正式进入实施阶段。2015 年 11 月 19 日，全国检察机关电子检务工程工作会议指出"各级检察机关要把电子检务工程作为检察信息化建设乃至推动检察工作长远发展的'龙头'来抓，以信息化助推检察工作现代化"。[①]

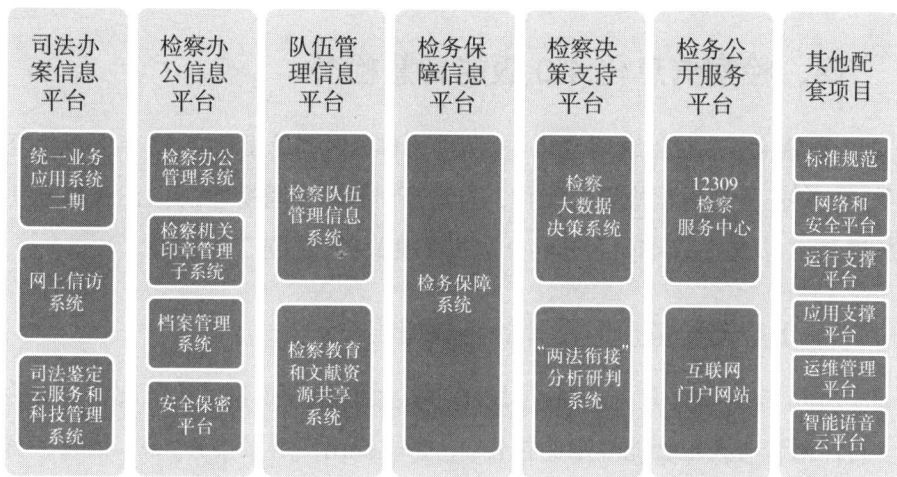

图 10　电子检务工程六大平台的主要系统（来源：笔者自制）

电子检务工程包括司法办案、检察办公、队伍管理、检务保障、检察决策支持、检务公开服务等"六大平台"，陆续启动招标、研发、部署工作。目前，主要项目已完成验收工作并投入使用。根据最高人民检察院《电子检务工程（中央本级建设部分）管理办法》，最高人民检察院本级电子检务工程"六大平台"分为 20 个项目，将分四批完成建设任务。第一批是检察办公信息系统、互联网门户网站、检察科技管理信息系统、国家检察官学院检察教育和文献资源共享系统 5 个项目，计划于 2016 年 12 月前完工；第二批是"两法衔接"分析研判系统等项目，计划在 2017 年 6 月前完

①　王地：《全国检察机关电子检务工程工作会议召开》，载《检察日报》2015 年 11 月 20 日，第 1 版。

工；第三批是运行支撑平台、应用支撑平台建设两个项目，计划于 2017 年
9 月前完工；第四批是标准规范建设、安全保密平台、运维管理平台、基础
网络平台、检务数据中心、基于大数据的检务分析决策系统等 7 个项目，计
划于 2017 年 12 月前完工。实际情况是，在 2017 年年底，"六大平台"全面
建成；2019 年 1 月，电子检务工程（中央本级建设部分）通过初步验收。[①]

四、检察信息化 4.0 版的智慧检务

"智慧检务"是检察信息化 4.0 版的简称，时间跨度从 2017 年下半年至
今，主要任务是深化检察智能化，打造新时代智慧检务生态。正式起点是
2017 年 9 月 26 日在苏州召开的全国检察机关智慧检务工作会议。

（一）智慧检务顶层设计的正式提出

2017 年 5 月 22 日，最高人民检察院党组会审议通过了笔者起草的《关
于智能语音与人工智能应用的报告》，正式提出"智慧检务 4.0"概念，明
确"智慧检务 4.0"是人民检察院落实国家创新驱动发展战略，深化"科技
强检"，推动检察机关由传统信息化向智慧检务迈进的战略选择，包括"智
慧、融合、创新"三个特征。（1）"智慧"是"智慧检务 4.0"的根本特征，
其核心任务是在检察机关数字化、网络化、信息化基础上，实现检察工作
的全面智慧化。（2）"融合"是"智慧检务 4.0"的重要途径，其核心任务是
适应当今社会从 IT 时代走向 DT 时代，最终迈向 AI 时代的大变革。（3）"创
新"是"智慧检务 4.0"基本方法，其核心任务是通过科技创新和司法体制
改革"双轮驱动"，带动检察工作创新，从根本上解决传统司法粗放、司法
低效、司法僵化等问题，突破检察事业的发展瓶颈。

为了将上述原则变为顶层设计，2017 年 7 月至 8 月，笔者带队在青岛、

[①] 史兆琨：《电子检务工程再上新台阶》，载《检察日报》2019 年 1 月 30 日，
第 1 版。

杭州完成智慧检务规划的撰写工作。后经多次征求意见，并经最高人民检察院检察委员会审议通过，于 2017 年 12 月 22 日正式印发《最高人民检察院关于深化智慧检务建设的意见》（高检发〔2017〕15 号）。该文件是近十余年首个以高检院发文形式印发的检察信息化文件，明确提出深化智慧检务的建设目标是加强智慧检务理论体系、规划体系、应用体系"三大体系"建设，形成"全业务智慧办案、全要素智慧管理、全方位智慧服务、全领域智慧支撑"的智慧检务总体架构。要求全国检察机关到 2020 年年底，充分运用新一代信息技术，推进检察工作由信息化向智能化跃升，研发智慧检务的重点应用；到 2025 年年底，全面实现智慧检务的发展目标，以机器换人力，以智能增效能，打造新型检察工作方式和管理方式。[①]

图 11　"智慧检务"的"四梁八柱"架构（来源：笔者自制）

[①] 郭洪平:《最高检印发意见深化智慧检务建设》，载《检察日报》2018 年 1 月 4 日，第 1 版。

　　2017年9月26日，全国检察机关智慧检务工作会议在苏州召开，曹建明检察长正式提出智慧检务战略。"智慧检务，是依托大数据、人工智能等技术手段，进一步发展检察信息化建设的更高形态；是遵循司法工作规律和检察权运行规律，从科技保障到科技支撑到进一步上升为科技引领，实现检察工作全局性变革的战略转型；也是影响深远的检察工作方式和管理方式的重大革命。当前和今后一个时期，智慧检务工作的主要目标是加强智慧检务理论体系、规划体系、应用体系'三大体系'建设，形成'全业务智慧办案、全要素智慧管理、全方位智慧服务、全领域智慧支撑'的智慧检务总体架构"。①

　　具体而言，"全业务智慧办案"的核心任务是推进司法办案大数据在"智慧办案"中的应用，加强人机结合，生成新的核心要素。探索司法办案领域人工智能和人类智能的人机结合，是智慧检务的未来发展趋势之一。"全要素智慧管理"的核心任务是推进管理决策大数据在检察机关"智慧管理"中的应用，统筹管理对象，创新组织管理运行机制。把信息技术与队伍管理、检察办公、检务保障、检察决策结合起来，集成优化检察机关"人、事、财、物、策"内部管理对象要素。"全方位智慧服务"的核心任务是推进服务为民大数据在检察机关"智慧服务"中的应用，拓宽公开渠道，构建新型检察公共关系。"全领域智慧支撑"的核心任务是推进科技强检大数据在检察机关"智慧支撑"中的应用，夯实基础设施建设，提升科技强检智能化检察运维新模式。②

　　为了推进智慧检务规划体系、理论体系建设，2017年9月21日，最高人民检察院发起成立智慧检务创新研究院，航天科工集团、中国人民大学等共同参与。这是近年来最高人民检察院首次与产、学、研单位合作成立

---

　　① 王治国：《全国检察机关智慧检务工作会议在苏州召开》，载《检察日报》2017年9月27日，第1版、第3版。
　　② 参见笔者《传统检察信息化迈向智慧检务的必由之路——兼论智慧检务的认知导向、问题导向、实践导向》，载《人民检察》2017年第12期。

科技创新组织。最高人民检察院党组对智慧检务创新研究院的建立非常重视，将其定位为国家级"检察科技智库"、开放性"产学研用联合创新平台"和行业性"应用实验孵化中心"。以智慧检务创新研究院为平台，智慧检务理论研究迈上新的台阶。2017 年笔者出版了《智慧检务初论：从理论建构到实践方法的科学思维》专著，该书系统总结了智慧检务建设的历史思维、理论思维、系统思维、管理思维、创新思维、发展思维 6 种思维，讨论了电子检务工程项目的管理方法，从技术和制度层面分析了未来"互联网＋检察工作"的变革方向。2018 年笔者出版了该书的姊妹篇《智慧检务概论：检察机关法律监督的科技智慧》，以智慧检务规划体系为纲，重点梳理了 32 个省、直辖市、自治区检察机关围绕"全业务智慧办案、全要素智慧管理、全方位智慧服务、全领域智慧支撑"智慧检务总体架构的数百项应用成果，全面勾勒出了我国当代智慧检务应用生态的"全貌"。此外，这一时期还出版了检察技术与信息化系列教材，包括《智慧检务言与思》《科技强检人才讲演录》《检察信息化应知应会手册》等系列书籍，智慧检务理论研究成果初具规模。

（二）检察机关统一业务应用系统 2.0 版的部署研发

为落实习近平总书记"深化政法智能化建设"的重要指示精神和中央政法委"大力加强智能化建设，形成信息动态感知、知识深度学习、数据精准分析、业务智能辅助、网络安全可控的科技应用新格局"要求，2018 年 7 月 9 日，最高人民检察院制定《全国检察机关智慧检务行动指南（2018—2020 年）》，明确提出，"以需求为导向，统筹研发智能辅助办案系统，推进大数据、人工智能等前沿科技在刑事、民事、行政、公益诉讼等检察工作中的应用，持续提升检察办案质效"，"切实加强工具辅助、指引辅助、知识辅助、共享辅助等方面应用，初步实现为检察办案提供辅助阅卷、辅助文书生成、辅助出庭、辅助填写案卡信息、文书纠错等功能"。

2018 年 7 月 12 日，时任最高人民检察院检察长张军主持召开专门会议，听取最高人民检察院案件管理办公室、技术信息中心《关于统一业务应用系统工作情况的报告》，决定启动统一业务应用系统 2.0 版建设。2.0 版将采取"两步走"完成"三项任务"：第一步是在 2018 年年底前完成统一业务应用系统工作网版部署工作。2018 年 8 月，最高人民检察院研发完成统一业务应用系统工作网版软件，并于 2018 年 9 月中旬在上海、贵州两地工作网上开展试运行。同步完成适应内设机构改革版开发任务。第二步为实现智能化迭代，强化成统一业务应用系统办案辅助实效，对参与 2.0 版项目的核心研发人员，拟采取集中会战形式，全力搞好项目研发，争取在 2019 年完成研发工作，2020 年在试运行后向全国检察机关统一部署。

全国检察业务应用系统 2.0 版是适应新时代检察工作新要求，运用现代信息技术新成果，以人为中心、面向办案场景化的开放平台，系统由流程办案、辅助办案、知识服务、数据应用四部分组成。2020 年 1 月 1 日，全国检察业务应用系统 2.0（以下简称系统 2.0）正式在贵州全省试点上线。试点期间投入 2000 名业务人员对 2.6 万余个案件深入开展业务测试，向最高人民检察院反馈系统问题 877 个，提出优化建议 348 个，完成系统迭代升级 63 次。各类工具辅助办案 120120 件次，帮助卷宗编目 120473 册，帮助填写案卡信息 32625792 项，帮助制作法律文书 592004 份，智能辅助作用效果明显。[①] 受疫情影响，实际情况是在 2021 年年底，统一业务应用系统 2.0 实现了在全国检察机关的全面部署应用。全国检察业务应用系统 2.0 在开放性和智能化方面做了许多积极探索，特别是除非涉密案件外均在工作网运行，从而打破了过去检察机关由于统一业务应用系统在专线网运行，而与其他司法机关、行政执法机关之间形成的"数据壁垒"，实现了与外部门的数据互通、业务协同；系统运行速度亦有很大提升。[②]

---

① 贵州省人民检察院：《办案体验更好质效更高》，载《检察日报》2021 年 11 月 27 日，第 3 版。

② 史兆琨：《检察业务应用系统 2.0：让机器做"加法"，人工做"减法"》，载《检察日报》2021 年 11 月 4 日，第 1 版。

（三）"大数据法律赋能"的数字检察革命正当其时

检察大数据的战略规划始于 2017 年 5 月印发《检察大数据行动指南（2017—2020 年）》，最高人民检察院提出了检察大数据的"一中心四体系"建设任务，即建设国家检察大数据中心（分中心），完善检察大数据的标准体系、应用体系、管理体系、科技支撑体系。检察大数据战略既是国家大数据战略的重要组成部分，也是大数据时代科技强检战略与时俱进的必然要求。以"检察大数据战略"赋能新时代检察工作高质量发展，是检察机关适应信息化时代新趋势的重要举措，将为新时代检察工作提质增效注入强劲动能。①

2017 年至 2021 年，检察大数据应用主要侧重于检察大数据决策辅助、知识辅助等领域。比如，"浙检云图"大数据可视化应用平台，总屏展示 6 大业务条线共 27 个核心指标项，各业务分屏展示 19 项侦监指标，22 项公诉指标，19 项未检指标执检指标和 14 项控申指标，可以实现数据分析结果的随需查询、随需分析、随需展现和随需发布。山东省检察机关的"检度"智能搜索平台，整合了人民检察院案件信息公开网、中国裁判文书网等相关外部信息和内网及各应用系统等内部信息，信息总量超过 2 亿条，可以提供统一的智能检索、多维分类统计、图表化分析结果展示等服务。北京市检察院建立"检立方 C—139"大数据辅助决策平台，截至 2017 年年初，"检立方"已经采集案件信息 60 万件，业务数据 1.1 亿项，整合四大资源数据库和 160 个系统功能，整合三级检察院案件信息和文书，形成一案一表和文书链，通过梳理比对案件和流程的关系、信息项和文书之间的对应关系，形成检察数据质量检查体系。②

---

① 金鸿浩:《持续推进检察大数据深度应用》，载《检察日报》2022 年 5 月 16 日，第 3 版。
② 智慧检务创新研究院:《检察智能化建设的战略转型和发展趋势》，载《中国法律评论》2018 年第 2 期。

2022年6月29日，全国检察机关数字检察工作会议在浙江召开，时任最高人民检察院检察长张军正式提出了"推进数字检察建设"任务，指出"业务数据化"只是数字检察建设万里长征的第一步，更重要的是实现"数据业务化"。"要充分运用大数据实现智慧监督，充分运用大数据推进法律监督全面深化变革"，补足法律监督短板，以"数字革命"驱动新时代检察工作高质量发展。[①]

在最高人民检察院的号召下，全国检察机关开启了数字检察建设，这是大数据时代检察权行使公正性的必然要求。[②] 例如，浙江省杭州市检察院设立全域数字法治监督总数据仓，实现了数据共享和实时有效。目前，该数据仓已归集政务、政法数据源信息4000余万条，对接接口数据信息7.2亿条，涵盖公安、交警、交通运输、城管、市场监管、教育等20个部门77类信息。归集的数据源中，已经在各类场景分析及监督办案中应用数据源72类，应用率达93.2%，实时率达93%。[③] 北京市检察院研发了"虚假诉讼套取住房公积金法律监督模型"，以北京住房公积金管理中心共享数据为基础，开展数据碰撞与分析研判。目前已依托该模型筛查近25万项数据，排查出691件案件线索。[④] 为了加快推进大数据法律监督模型研究，2022年，最高人民检察院组织开展了全国检察机关大数据法律监督模型竞赛，全国共报送参赛作品574个，为法律监督线索发现难找到了"破解之道"。[⑤]

---

① 邱春艳：《全国检察机关数字检察工作会议召开　张军要求 深入贯彻习近平法治思想　以"数字革命"驱动新时代检察工作高质量发展》，载《检察日报》2022年6月30日，第3版。

② 白建军：《以检察大数据精准提升法律监督质效》，载《检察日报》2022年6月21日，第3版。

③ 叶伟忠：《以数字检察推进检察工作高质量发展》，载《检察日报》2022年7月8日，第3版。

④ 田野、张玮：《抓好数字检察"关键变量"　实现高质量发展"最大增量"》，载《检察日报》2022年11月20日，第2版。

⑤ 史兆琨、范跃红：《数字检察一场法律监督模式的重塑变革》，载《检察日报》2022年6月30日，第4版。

五、智慧检务建设的思考与启示

智慧检务理论体系、应用体系、管理体系"三大体系"建设过程中的部分经验，对智慧司法学研究具有一定的启发意义。

（一）智慧检务理论体系的创新发展，是检察信息化与时俱进的思想基础

新世纪以来，最高人民检察院历届领导均高度重视检察信息化建设，先后提出"科技强检"战略、"三位一体"思想、"四统一"思想、智慧检务"三化"思想和"数字检察"新战略，在加强重视、凝聚共识、统一思想方面发挥了重要作用。

2000 年，韩杼滨检察长提出了"科技强检"思想，是检察机关积极落实党中央"科教兴国"战略的重要举措和检察工作现代化建设的一步"先手旗"，在当时为检察科技信息化工作注入一剂强心剂。韩杼滨检察长多次强调，当时装备落后、检察工作科技含量低的问题突出，要"加强检察科技工作，增加广大检察工作的科技含量，大力推进科技强检，加强信息技术在检察工作中的应用，提高办公、办案信息化水平"。早期的"科技强检"思想已经覆盖检察工作的方方面面，既包括办案信息化，也包括办公信息化、服务信息化；既包括"省级检察院、地市级检察院和有条件的市辖区检察院要大力加快科技强检步伐"，鼓励先进地区先走一步，也包括帮助解决"边远贫困地区"检察科技发展难题，对后期检察信息化均衡发展产生了深远影响。

2005 年，贾春旺检察长提出了检察业务、队伍建设和信息化管理"三位一体"的科学管理机制构想。他指出："我们之所以要强调加强检察机关的'三位一体'建设，是因为检察机关是法律监督机关，要监督整个诉讼活动，不能仅靠嘴说、手记，应该有网络化、多媒体的现代信息技术来支撑，以不断加强规范化建设；'三位一体'建设特别是信息化建设，不仅会

提高效率，而且可以解决许多用传统工作方式方法解决不了的问题。"① "三位一体"思想从检察信息化的功能作用出发，指明了检察科技工作在检察全局中的地位、作用，以及和其他检察工作的相互关系。强调"工欲善其事，必先利其器"，认为信息化建设对检察机关职务犯罪侦查、法律监督、内部规范性建设具有极其重要的工具价值，既能够提升效率，也能够提升质量，甚至孕育产生新的检察业务模式。"三位一体"思想的提出，极大提升了检察信息化工作的地位和重要性，为检察工作创新发展指出了一条崭新的科技路径。

2009年，曹建明检察长提出检察信息化工作的"四统一"原则，即统一规划、统一标准、统一设计、统一实施。统一规划，即按照信息化建设的总体要求，根据东中西部地区经济水平、信息化发展类型和发展程度的不同，分类明确省、市、县三级检察院的信息化工作任务、阶段性目标与工作重点，充分调动各地积极性，促进区域协调发展。统一标准，即加强信息化规范和标准化建设，建立健全统一的检察业务流程体系、检察信息化标准规范体系和管理体系。统一设计，即信息系统和应用软件开发要以检察业务、队伍管理和检务保障的需求为导向，从执法办案和领导决策的实际需要出发进行设计。统一实施，即制订统一的工程方案和项目管理方案，明确工程任务、工程进度、责任分工、绩效考核等要求，并严格按照实施方案执行。"四统一"原则，避免了检察信息化建设各自为战、重复建设、"信息孤岛"等问题，为之后检察信息化建设"横到边、竖到底"的全覆盖、一体化建设指明了方向，成为检察信息化的一张亮丽名片。②

2018年，张军检察长提出了智慧检务"三化"原则，要求智慧检务建设要聚焦科学化、智能化、人性化，强调科学化是智慧检务的基础，最终

---

① 刘世天：《加强"三位一体"建设势在必行》，载《检察日报》2005年9月11日，第1版。

② 金鸿浩：《智慧检务理论体系的建构探索》，载《检察风云》2020年第12期。

要体现在办案质量效率提高、办案能力提升上。智慧检务是要用好智能手段，而不是依赖智能手段。智能化是智慧检务的核心，智能化离不开对科学规律的运用和延伸，要把自然科学的形式逻辑和社会科学辩证逻辑结合起来，把办案人员的需求、经验与软件程序设计深度融合起来，把各地已经开发出的工具模式整合起来，发挥出加倍、多倍的效果。人性化是智慧检务的关键，智慧检务平台界面要友好，要让全体检察官会用、喜欢用；要寓监督于服务，贯彻"我为你提供帮助、我为你服务"的理念，监督也要友好，要成为开放、可持续发展的系统。[①] 智慧检务"三化"思想是落实中央政法智能化战略的检察理念创新，同时也回答了《全国检察机关智慧检务行动指南》指出的当前检察科技信息化工作统筹管理不足、供需结合不紧、共享开放不够、人才队伍不强等问题，是当前和今后一个阶段智慧检务建设的重要原则，为新时代智慧检务生态建设提供了充分的思想指引。

2023 年，应勇检察长提出了数字检察的工作机制，特别强调"数字检察战略是提高法律监督能力的重要依托"，要坚持"业务主导、数据整合、技术支撑、重在应用"的数字检察工作机制。[②] 数字检察战略是数字中国战略的重要组成部分，更是以法律监督能力现代化推进检察工作现代化、以检察工作现代化服务中国式现代化的重要基础。"业务主导"是数字检察的认识论基础，要从"四大检察"的需求侧出发，从检察权运行的全过程思考，推进数字检察的"数据业务化"建设，防止业务技术两张皮问题。"数据整合、技术支撑"是数字检察的方法论内核，从供给侧角度出发，检察信息化要"通过分层解耦，把纵向的应用分割变成横向的资源分层"，"逐渐实现平台融合、

① 姜洪：《智慧检务建设要聚焦科学化智能化人性化》，载《检察日报》2018 年 6 月 5 日，第 1 版。

② 巩宸宇、邓铁军：《最高检调研组深入广西三级检察院调研　应勇强调不断完善案件质量评价指标体系　努力提升以检察工作现代化服务中国式现代化质效》，载《检察日报》2023 年 2 月 17 日，第 1 版。

数据融合、应用融合，最后到模型的融合"，① 统筹技术资源和数据资源，满足业务需要。"重在应用"是数字检察的实践论关键，数字检察是检察机关基层基础建设的重要方面，关键在于通过科技手段破解检察一线实务难题，补足法律监督短板，发挥数字检察应用实效。

在检察信息化建设历程中，"科技强检"战略"一张蓝图绘到底""一棒接着一棒跑"，不同时期检察工作重点和信息科技发展趋势的变化又赋予了信息化建设新的内涵。这些指导思想很多是由首席大检察官亲自提出并部署的，通过检察机关各级领导干部对现代信息技术的学习运用，最终要实现"努力把互联网这个'最大变数'变成可知可控的'常量'，变成改进和创新检察工作的新平台"的战略目标。②

但是，智慧检务理论体系也存在不足。比如，智慧检务理论研究"内强外弱"结构的尚未改变。目前，智慧检务研究专著均由实务部门领导干部或技术专家撰写完成，如时任浙江省人民检察院贾宇检察长主编的《大数据法律监督办案指引》、贵州省人民检察院杨承志副检察长撰写的《检察办案中的智能辅助应用》、河北省人民检察院案管办唐会峰撰写的《大数据与检察业务决策》、河南省人民检察院技术处马建刚撰写的《检察实务中的大数据》、泰山检察信息技术研究所所长公维剑撰写的《智慧检务建设模式探析》，以及笔者在最高人民检察院信息中心工作时撰写的《智慧检务初论》《智慧检务概论》等，鲜见系统外的专家学者关于本研究领域的专著，与智慧法院研究形成鲜明的对比，目前发表在 CLSCI 刊物的高质量智慧检务研究文献也只有个位数，在智慧司法学九个研究领域中处于相对滞后的位次。为了解决这一问题，2023 年 3 月，中国政法大学与最高人民检察院共建了数字检察研究基地，以期改变现象，为智慧检务建设提供外部的"智库"支撑。

---

① 刘喆:《转变观念用好数字检察的"道"与"器"》，载《检察日报》2022 年 12 月 19 日，第 3 版。

② 曹建明:《做好互联网时代的检察工作"+"法》，载《中国法律评论》2015 年第 3 期。

（二）智慧检务应用体系的全面建设，是检察信息化发挥实效的重中之重

智慧检务应用体系建设过程中，在统筹解决三个矛盾方面，总结形成了智慧司法建设的若干有益经验。

第一，统筹解决"先"与"后"的问题。信息化建设任务繁多，但因为资源的有限性，建设亦有先后顺序之分。一是就建设领域而言，需要"以点带线——连线成面——面动成体"，即先配置齐备作为计算节点的计算机硬件设备，然后"以点带线"建设计算机局域网络，接着"连线成面"将局域网络通过路由器、交换机连接为城域网、广域网，最后研发信息应用系统，积累形成检察数据资源池，研发智能化应用，"面动成体"形成智慧检务应用体系，以信息化助力检察工作现代化。① 二是就建设区域而言，需要"先建带后建，最后实现共同发展"，经济条件较好、信息化基础较好的东部城市可以发挥"先发优势"，进行多元化的检察科技探索，积累实践经验；经济条件一般、信息化基础较弱的中西部地区可以发挥"后发优势"，借鉴前者经验，探索"高起点""集约型"的信息化建设。三是就技术路线而言，在同等情况下，应当优先考虑高可靠、低成本的信息技术供应，坚持"改进型创新为主，基础创新为辅"的策略，而非为了创新而创新。

第二，统筹解决"统"与"分"的问题。检察信息化建设的最大特色是"大统一"，通过统一规划、统一标准、统一设计、统一实施，不仅大幅节省了大量的财政资金和运维成本，而且发挥了集聚效应、规模效应、溢出效应，这是智慧检务的优势所在、信心所在、底气所在，不应当自我怀疑、自我否定。虽然智慧检务所遇到的问题，有的属于"大统一"的副作用，比如，基层参与度不高、协同创新不足等，但这需要有针对性地改进相关工作，找准"统分结合"的动态平衡点，而非完全放弃"大统一"，

---

① 参见笔者所著的《智慧检务的演化与变迁：顶层设计与实践探索》，载《中国应用法学》2017 年第 2 期。

否则很难避免"一统就死，一放就乱"现象。当前智慧检务建设"统分结合"，应当准确把握《全国检察机关智慧检务行动指南》的基本原则，在传统信息化建设项目继续以统为主，坚持检察信息化应用"六大平台"和检察大数据中心（分中心）等项目后续二期工程的统建统管；在具有探索性质的智慧检务创新项目则以分为主，鼓励各地对检察大数据法律监督模型、智能辅助办案工具在统一标准、统一接口的前提下自主探索。最高人民检察院应当颁布指引，由各地备案"四大检察十大业务"数据化、智能化建设的主攻方向，每个方向不超过三家单位，防止重复投资、重复建设，并能够保证在试点研发成果后集成到"六大平台"统建项目中，从而形成智慧检务应用生态。

第三，统筹解决"建"与"用"的问题。2015年全国电子检务工程会议上，最高人民检察院就提出了"坚持建用并举、更加突出应用"的原则。检察信息化建设属于资金密集型工作，需要熟悉国家政务信息化项目的审批、建设、验收规律，才能得到充分的财政资金保障和政策支持。电子检务工程的立项，使检察信息化迅速进入了一个高速发展期，但随着电子检务工程的全面验收和法治信息化工程的加速推进，检察信息化应用全覆盖的目标已经基本实现，并在"十四五"时期有望全部完成。未来检察信息化的建设可能将进入"精装修"阶段，在"硬装"层面以对现有应用的升级改造、优化效能为主，在"软装"层面可能由软件应用转变为数据应用，从"业务数字化"建设转变为"数据业务化"的探索，建设思路可能会发生较大的变化，检察科技人员的思维也需及时调整优化。同时，随着信息应用的增多，既往一个软件一个办法的应用管理思路（如《全国检察机关统一业务应用系统使用管理办法（试行）》《检答网使用管理办法》）可能无法适应智慧检务应用生态下诸多系统的规范管理，需要提炼出共性规则（如《检察信息化应用管理规则》）以便全面规范，解决从电子检务"大一统"到智慧检务生态建设的结构性调整中的应用管理难题。

（三）智慧检务管理体系的优化完善，是检察信息化可持续发展的重要保障

智慧检务管理体系的重要性不亚于智慧检务规划体系和应用体系。没有科学的信息化规划，智慧检务建设会成为一盘散沙；没有科学的信息化应用，智慧检务建设会成为无本之木；而没有科学的管理，智慧检务建设无法转化为实效，且影响可持续发展。当前，智慧检务建设面临几个制度性障碍问题有待破解。

一是机构专门化管理问题需要明确。在最高检察机关的组织机构中，最高人民检察院检察技术信息研究中心是最高人民检察院直属的参照公务员法管理事业单位，下设电子证据一处、电子证据二处、数据分析一处、数据分析二处、数据分析三处、检务指挥通信技术处、检察科研处等12个处室，履行最高人民检察院网络安全和信息化领导小组办公室日常职能，负责检察机关信息化规划、统筹建设和指导，承担网络安全和检务通信指挥技术工作，组织开展检察办案线索数据分析。[①]

但是，参公单位本身就具有过渡性的性质，其所承担的职能与机关存在同质性，根据中共中央、国务院《关于分类推进事业单位改革的指导意见》："对承担行政职能的，逐步将其行政职能划归行政机构或转为行政机构；对从事生产经营活动的，逐步将其转为企业；对从事公益服务的，继续将其保留在事业单位序列、强化其公益属性。"参公单位涉及行政管理的职能应当转化为行政机关，建立内设机构，涉及技术保障、技术服务的职能应当转化为公益一类或二类事业单位。[②] 在地方检察机关的内设机构改革中，有些地方将检察技术信息化部门与案管办合并，有的与办公室合并，

---

① 参见最高人民检察院官方网站，https://www.spp.gov.cn/spp/gjyjg/zssydw/202111/t20211130_404125.shtml。

② 刘太刚、邓婷婷：《参照公务员法管理事业单位将何去何从——对参公事业单位产生的原因及改革趋势分析》，载《北京行政学院学报》2013年第2期。

有的与法警合并，有的与行政装备、后勤保障部门合并，改革后条线工作统一管理、沟通协调难度大幅增加，上述问题有待解决。

二是人员专业化管理问题需要细化。受监察体制改革、司法体制改革的政策影响，近年来检察信息化人才流失问题较为突出。司法体制改革后，许多具有法律资格的检察技术人员转岗到刑检等业务部门办案，进入检察官员额序列；监察体制改革中，由于地方纪检监察机关相对缺乏技术干部，检察机关的许多技术信息化骨干转隶至监察委工作；同时由于信息化、司法鉴定等行业体制内外的待遇差距较大，也有部分技术专家提前退休、青年技术骨干辞职到高等院校、司法鉴定机构、科技公司工作。未来需要加强相关顶层设计，畅通检察信息化人才发展通道问题。对于公务员编制、参公编制的检察信息化干警，最高人民检察院应当在国家公务员局的支持下，在《专业技术类公务员管理规定（试行）》的基础上，制定《检察机关专业技术类公务员管理实施细则》，进一步细化相关检察信息化专业技术任职资格评定、职务职级晋升的配套政策。对于事业编制的检察信息化干部，应当独立或联合建立职称评审委员会，解决一直困扰检察机关事业编制干部的职称晋升问题，通过制度建设解决检察科技人才专业化管理问题。

三是智慧检务标准体系建设需要强化。相比智慧法院标准体系、智慧警务标准体系建设，检察机关相关工作相对滞后。智慧检务标准体系在大类上包括技术标准、管理标准两类。在技术标准方面，电子检务工程标准体系已经形成了总体标准、应用系统标准、应用支撑技术标准、数据交换标准、信息资源标准、信息安全标准、运行维护标准等 7 大类 37 项标准。但是随着信息技术的快速发展，相关标准体系还需不断完善，一方面提高其可操作性；另一方面提升其规范性，建议参照公安部的做法，最高人民检察院向有关行政主管部门提出申请报告，在国家标准化管理委员会的支持下，将检察信息化标准明确为行业标准。在管理标准方面，最高检察机关需要根据自身行业特征，充分考虑三级检察机关的职能差异与各地的地域差异，制定相关推荐性标准，以便对下指导、管理和监督。2014 年最高人民检察院制定了《科技强检示范院创建办法（试行）》（高检发办字〔2014〕52号），按照"可量化、易评价，有重点、顾一般"的原则，确定了省级院、地市级院、基层院的科技强检示范院的创建标准，将科技强检工作的组织领导、工作规划、机制建设、日常管理、教育培训等纳入创建评价体系。① 在实践中，这些做法需要由专项创建标准转化为日常管理标准，从而提升智慧检务管理的标准化水平。

---

① 王治国、许一航：《以创建示范院为抓手 加快推进科技强检步伐》，载《检察日报》2014年8月18日，第2版。

第三节　智慧司法行政发展规律研究

司法行政信息化建设主要经历了早期建设阶段、全面发展阶段和智慧司法行政探索阶段三个时期，实现了由"跟跑"到"并跑"，再到部分领域取得突破性发展的过程。

一、司法行政信息化的早期建设

司法行政信息化起步于 20 世纪 90 年代末，相对公安、检察院、法院信息化建设起步较晚。但是当时新建成的司法部大楼已形成由 200 台计算机和服务器组成的司法部机关局域网，每年信息化建设投入近 200 万元。[①]司法部律师公证司开通了全国律师事务所查询系统，实现了律师事务所远程登记注册；法制宣传司建立中国普法网面向社会提供法律服务，并推出法律帮助系统，建立了针对企业用户的法律服务数据库。[②]

2000 年国务院办公厅下发了《关于进一步推进全国政府系统办公自动化建设和应用工作的通知》。为了落实国务院要求，解决司法行政信息化缺少统一规划和指导、信息资源管理体系尚未建立和发展不平衡等问题，2001年 9 月，司法部印发《全国司法行政系统信息化建设规划》（司发通〔2001〕95 号），计划用三年的时间，逐步建成以司法部为中心节点，以各省（区、

---

① 秦涛：《法"网"恢恢——我国司法系统信息化建设扫描》，载《电脑报》1997年第 48 期。

② 田建设：《简述我国法律文献数据库现状》，载《法律文献信息与研究》1997年第 2 期。

市）司法厅（局）、监狱管理局、劳教局及副省级市为中继枢纽节点，以各地市县司法局、监狱、劳教场所为最终节点的自上而下的三级计算机远程信息网络系统，逐步建成比较完善的司法行政系统信息化体系。具体计划在2001年完成总体规划，2002年完成节点系统局域网建设，开发部分管理应用软件，2003年全面完成各节点系统局域网间互联，2004—2005年建立完善司法行政系统共建共享的电子信息资源库。

在司法部的号召下，地方司法行政机关也开始探索信息化建设。例如，2002年，北京市第二监狱完成了监狱信息管理系统，可以对罪犯信息进行管理维护，同时对监舍、禁闭室、走廊、围墙和公共活动场所进行实时远程视音频监控，门禁控制和应急报警调度。[①] 2003年，天津市司法局组建了办公室信息化管理科，之后部署自动化办公系统、组建天津司法行政系统政务专网、并开通了"天津司法行政网"互联网门户网站。2005年，北京、上海、重庆、沈阳、南京等10个城市司法行政机关、公证员协会联合发出《利用信息化平台手段加强公证行业自律监督的倡议书》，建立本市辖区内管理机关与公证处之间、各公证处之间的网络连接，承诺做到"六公开"（公开办证程序、收费标准、办证信息、投诉举报渠道、违规违纪记录、诚信档案），实现"三规范"（规范公证业务操作流程、信息上报机制、信息查询机制）。[②]

二、司法行政信息化的全面覆盖

2006年，《全国司法行政工作"十一五"时期规划纲要》明确将"全系统信息化网络基本建成，司法行政工作信息化、自动化水平明显提高"作

[①] 《关于推广监狱智能化网络化系统工程及实施办法》，载《犯罪与改造研究》2002年第10期。
[②] 《十城市联合倡议利用信息化平台 实现公证行业自律监督九项承诺》，载《中国公证》2005年第8期。

为"十一五"时期司法行政工作的发展目标之一。要求"争取尽早建成以现代计算机技术和通信技术为主要手段的比较完善的司法行政信息系统","研究制定加强监狱劳教系统信息化建设的整体规划","建立针对突发事件的应急指挥系统视频会议、视频监控和影像资料信息管理的多媒体信息管理系统。加强司法行政系统门户网站建设,面向社会提供政务信息和法律服务"。[①]

2008 年,司法部筹备建立信息中心,作为正厅级事业单位。司法部信息化管理实现行政职能与事业职能分离:司法部办公厅网络处承担行政职能,负责指导全国司法行政通信信息技术网络建设和科技项目开发的协调、申报工作,司法部信息中心承担事业职能,履行司法行政信息化规划、项目建设、业务培训、组织实施等职能,现设办公室、规划处、大数据与系统研发处、运行管理处、网络安全处、应急指挥处等部门。

2010 年,全国司法行政信息化建设工作会议在安徽召开,指出当前和今后一个阶段,司法行政信息化建设的主要任务是大力推进司法行政信息化"六项建设"(即司法行政信息网络平台建设、信息资源库建设、应用系统建设、标准规范和安全体系建设、应急指挥中心和信息中心建设、全国监狱信息化一期工程建设)。[②] 这一期间,司法部成立了科技和信息化领导小组,加强统筹协调,并在部分司法行政的部分领域重点进行了信息化建设。

(一)大力推进监狱信息化建设

2007 年 5 月 29 日,司法部在南京召开全国监狱信息化建设工作会议,正式发布《全国监狱信息化建设规划》。明确监狱信息化建设的总体目标是构建覆盖全国监狱系统的网络互联互通、信息资源共享、标准规范统一、

[①] 《全国司法行政工作"十一五"时期规划纲要》,载《中国司法》2006 年第 7 期。

[②] 曹显钰:《全国司法行政信息化建设会议在肥召开》,载《安徽日报》2010 年 10 月 26 日,第 1 版。

应用功能完备的信息化体系，明显提高监狱信息资源综合开发利用水平，显著提高监狱执法、安全防范、罪犯改造等工作的信息技术应用能力。具体任务是建设一个基础平台、一个标准体系、三个信息资源库、十个应用系统。到 2007 年年末，全国 21 个省级监狱管理局机关和 2/3 的监狱已经建成局域网，多数监狱建成了视频监控系统；北京、江苏、上海等十几个省份建立了本地区监狱系统网站，并与所辖监狱实现联网；约 60% 的监狱开发了以服刑人员数据库为主的应用系统。[1]

表2　监狱信息化建设的具体任务（来源：司法部）

建设类型	具体任务
基础平台（1个）	监狱网络和硬件平台
标准体系（1个）	监狱信息化标准体系
信息资源库（3个）	监狱管理信息库、罪犯信息库、警察信息库
应用系统（10个）	监狱安全防范和应急指挥系统、监管及执法管理系统、教育改造系统、生活保障及医疗卫生系统、警察管理系统、生产管理与劳动改造系统、监狱建设与保障系统、狱务公开系统、办公自动化和决策支持系统

2010 年 7 月，国家发展改革委批准了全国监狱信息化一期工程立项，各地成立了监狱信息化建设领导小组，制定建设规划和实施方案。以湖北省为例，湖北省监狱信息化一期工程项目总投资达 1.47 亿元。截至 2012 年 6 月，湖北全省监狱广域网络已搭建成功，湖北省监狱局与 31 个单位实现了互联互通，建成了视频会议和 IP 应急指挥电话等系统；10 多所监狱建成了狱情预警分析系统。全省监狱基本实现了重要部位视频监控全覆盖，共安装摄像头 7715 个，设置分控室 317 个，其中有 21 个监狱建成了监控指挥中心和 AB 门门禁系统，14 个监狱建成了监舍对讲，13 个监狱建成了围

---

① 袁定波：《全国罪犯数据库正在建设》，载《法制日报》2007 年 12 月 21 日，第 2 版。

墙周界报警系统,12 个监狱建成民警随身无线报警系统。^① 到 2012 年年底,全国 28 个省（区、市）监狱管理局完成了省级网络联通,全国 70% 以上的监狱建立了应急指挥中心、智能报警系统和综合门禁系统,80% 以上的监狱建立了视频监控系统,全国监狱信息化水平明显提高。^②

（二）积极探索公证信息化建设

中国公证制度自恢复重建以来发展迅速,到 2010 年年底,全国公证机构已达 3007 家,公证从业人员队伍达到 2 万多人、年办理公证量 1000 多万件,分别比 1980 年相比增长 5 倍、15 倍、110 倍。为了解决公证工作管理难题,安徽省司法厅于 2007 年 7 月试点开通公证管理系统,制定 12 个业务操作规范标准和 7 个管理规范标准,运行 4 年来网上办证 161.6 万余件,实现了"办证信息网上录入、办证流程网上规范、办证质量网上监控"目标。^③ 2013 年,北京市司法局和北京市公证协会研发了"北京市公证管理信息平台",包括"一个基础网络"（北京市公证行业 VPN 信息网络）、"两级数据中心"（协会数据中心和公证处应用分数据中心）、"五套功能系统"（公证处、公证协会、公证行政管理、公证外网服务、公证内网协同办公子系统）,全面覆盖北京市司法行政机关、公证协会、公证处等 40 余家单位。^④ 基层探索最后转化为顶层设计,到"十二五"期末,司法部《关于进一步加强公证工作的意见》（司发〔2014〕12 号）明确要求推进公证执业信息化,"建立完善公证综合管理信息系统,积极推广应用信息化手段,逐

---

① 刘中南、左运国:《"科技兴监"之下监狱信息化建设分析》,载《中国安防》2012 年第 9 期。

② 司法部:《国务院关于监狱法实施和监狱工作情况的报告》,载《全国人民代表大会常务委员会公报》2012 年第 3 期。

③ 安徽省司法厅:《全面推进公证信息化规范化标准化建设 实现安徽公证事业科学发展》,载《中国公证》2014 年第 8 期。

④ 刘建立:《北京市公证管理信息平台建设推进会成功举办》,载《中国公证》2013 年第 9 期。

步实现办证信息录入、办证流程控制、办证质量监管等在公证信息平台上统一操作、规范运行，对办证全过程进行跟踪监督，不断提高公证质量和工作效率"。

（三）深入推进社区矫正信息化

《关于在全国试行社区矫正工作的意见》（司发通〔2009〕169 号）指出"探索运用信息通讯等技术手段，创新对社区服刑人员的监督管理方法，提高矫正工作的科技含量"。2008 年起，江苏南京、泰州等市、浙江杭州、温州等地陆续开通"社区矫正信息化管理平台"，实现了"区域监管、信息交互、警示告知、考核管理"等四大功能，可以随时随地了解矫正对象的位置，进行高效信息交互和实时监管。部分地方试点探索社区服刑人员"人机分离"监管工作，对社区服刑人员进行声纹采集，建立声纹数据库；定期或不定期，让重点社区服刑人员拨打固定电话回答问题，系统抽查核实是否为真人，准确知晓社区服刑人员位置。同时设立"电子围墙"，利用GPS 定位技术准确定位，擅自出界平台自动提醒警告，及时告知司法行政工作人员。[1] 截至 2012 年 4 月，全国已有 30 个省（自治区、直辖市），160个地市和 1248 个县区开展社区矫正工作信息化建设，对 8.4 万名社区矫正人员实行手机定位管理，社区矫正信息化工作初见成效。[2] 到"十二五"期末，全国社区矫正电子定位管控系统基本建立，对近 50 万名社区服刑人员应用电子定位系统，开展移动执法，矫正对象脱管率得到有效降低。

（四）试点探索司法鉴定信息化

早在 2004 年，全国司法鉴定机构已有 1400 个，鉴定人近 2 万名，全国

---

[1] 金世来：《努力实现社区矫正工作信息化、智能化和规范化》，载《人民调解》2010 年第 4 期。

[2] 赵阳：《手机定位管理 8.4 万名社区矫正人员》，载《法制日报》2012 年 4 月25 日，第 5 版。

司法鉴定案件 22 万多件。当时已有专家指出,"没有现代信息技术的支撑,(司法鉴定)全行业、全过程和动态化的管理难以实现",并倡议"构建司法鉴定管理信息系统,实现全国范围的数据共享、互联互通,并制定相适应的信息化工作规范"。[①] 2010 年,推动司法鉴定信息化建设成为司法部司法鉴定管理局年度八项重要工作任务之一,并开始在地方进行试点。2011年 9 月,安徽省司法鉴定综合管理系统正式上线运行,2011 年年底前全省103 家司法鉴定机构全部完成了基础信息录入,录入司法鉴定案件 14580 件,省、市管理部门实现对各鉴定机构的办案同步监控。[②] 2013 年 1 月,广东省广州市建成"司法鉴定案件信息管理系统",要求广州市内所有的司法鉴定机构和司法鉴定人都必须通过管理系统打印《司法鉴定意见书》,并使用管理系统自动编排的案件编号。案号一旦生成便无法更改,同时需要上传《司法鉴定协议书》、录入司法鉴定人姓名、司法鉴定案件收费项目和收费数额,防止虚假鉴定、阴阳合同、私自违规收费等问题,以信息化促进司法鉴定行业的良性发展。

(五)全面开展普法宣传信息化

2011 年 3 月 23 日,《中央宣传部、司法部关于在公民中开展法制宣传教育的第六个五年规划(2011—2015 年)》明确提出,"探索利用互联网、手机等新兴媒体开展法制宣传教育,办好普法网站,推动政府网及门户网站加大法制宣传力度"。特别是要"重视运用互联网等传播手段丰富青少年法制宣传教育的途径和形式"。2013 年 7 月 1 日,中国普法网官方微博正式开通,到 2016 年年初,"中国普法"两微一端粉丝数已达 500 余万,其中微信客户端累计发布 1900 余篇稿件,总阅读量已达 1300 万人次,取

---

① 刘少文:《浅议司法鉴定管理工作信息化》,载《中国司法鉴定》2006 年第 2 期。
② 李光明:《创建诚信体系力撑司法鉴定正义天平》,载《法制日报》2012 年 1 月 16 日,第 2 版。

得了良好的普法成效。①2013 年 5 月，全国普法办委托中国民主法制出版社启动"法宣在线"无纸化学法用法及考试系统平台，面向领导干部、公务员、企业经营管理人员开展在线学法及网络考试。

"十二五"期间，全国司法行政信息化建设累计投入资金达 105.4 亿元，是"十一五"的 3.6 倍。基本实现司法部、省级司法厅、地市司法局三级司法行政网络及监狱、戒毒系统的联通，地市司法局、监狱系统联通率达到 93% 以上；超过 30% 的省（区、市）建设了公共法律服务平台。信息化制度规范体系从无到有，逐步健全，完成了"跟跑"任务。②

三、智慧司法行政的全面探索

在司法部的推动下，司法行政信息化建设逐步从"十一五""十二五"时期的"跟跑"到"十三五""十四五"时期的"并跑"转变，发挥后发优势，探索推进高起点建设。

（一）加强信息化顶层设计

"十三五"期间，司法行政信息化规划体系建设明显加速，"一年一个小台阶，三年一个大台阶"。

2016 年 12 月，司法部印发《关于进一步加强司法行政信息化建设的意见》，指出"司法行政工作职能不断增多，任务日益繁重，以信息化提升工作效能和科学决策水平尤为迫切"。"但全国司法行政信息化发展还很不平衡，信息化在司法行政系统的覆盖面、融合深度和应用程度有待进一步拓展，信息化建设整体水平还不能完全适应司法行政事业发展需求"。因此提出，要牢固树立全国司法行政信息化建设"一盘棋"思想，坚持统一规划，

---

① 倪弋：《司法行政开启"升级版"》，载《人民日报》2016 年 9 月 21 日，第 18 版。
② 司法部：《"十三五"全国司法行政信息化发展规划》，载《中国司法》2017 年第 9 期。

统一标准，统一管理；分级负责，分步实施，整体推进。

2017 年 7 月，司法部印发《"十三五"全国司法行政信息化发展规划》，指出全国司法行政信息化发展还存在一些困难和问题，主要是全国统筹不足、基础支撑不足、创新应用不足、专业人才不足。部级信息化系统建设滞后，缺乏顶层设计，不能发挥向下辐射作用。各地分散建设，发展不均衡，带来重复浪费、兼容困难等问题。各区县和乡镇政务网络建设尚未全面贯通，各地信息化系统不能互联互通，资源难以共享。

计划到 2020 年，全面建成纵横贯通、全面覆盖、融合共享、智能高效、安全可控的司法行政信息化体系，将云计算、物联网、大数据、人工智能

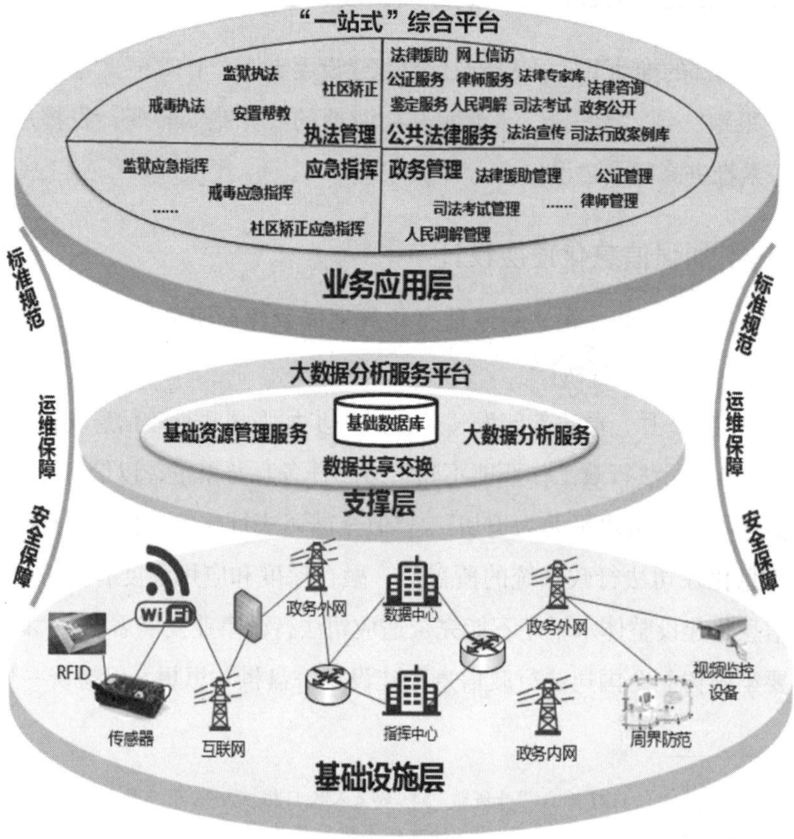

图 12　司法行政信息化"十三五"建设设计思路图（来源：司法部）

等技术与司法行政工作高度融合，信息化在司法保障和法律服务的应用水平大幅度提升，有力地促进司法行政管理服务现代化，开创司法行政工作的新局面。具体建设任务包括司法行政信息支撑体系、应用平台体系、数据治理应用体系"三大体系"14个建设任务。

2018年9月、10月，司法部印发《"数字法治 智慧司法"信息化体系建设指导意见》（司发通〔2018〕100号）和《"数字法治 智慧司法"信息化体系建设实施方案》（司办通〔2018〕135号）。根据学者的解读，数字法治是指所有司法行政领域工作都以数字化形式呈现，代替传统的线下办案办公模式；智慧司法（行政）是指在各业务的数字化状态基础上，利用新一代信息技术辅助提升司法行政各领域的工作效能。[1] 文件明确了全国司法信息化体系架构的"一朵云""两平台""三入口""六系统"特征，"一朵云"即统一建设全国"司法公有云"，构建覆盖司法系统标准统一的云架构体系。"两平台"是指基于"一朵云"建设司法数据资源平台和司法共享服务平台，形成业务大数据，为各类应用提供服务支撑。"三入口"是指建设和完善司法统一地图服务入口、全国统一公共法律服务入口（含PC端和移动端）和司法统一移动办公入口。广泛引入多种互联网应用，拓展公民触达法律服务的渠道。"六系统"是指全面依法治国、行政立法、行政执法协调监督、刑事执行与应急指挥、公共法律服务、综合保障与政务管理等六大类业务系统建设。最终实现"大平台共享、大系统共治、大数据慧治"的司法行政信息化新格局。[2]

2021年，司法部印发《"十四五"司法行政事业发展规划》，明确将"智慧法治"信息化工程等重大工程项目建设纳入"十四五"司法行政工作

---

[1] 陈雪松、朱孔凡：《司法行政信息化设计与实践》，华中科技大学出版社2022年版，第1页。

[2] 司法部：《"数字法治、智慧司法"信息化体系建设指导意见》，载《中国司法》2018年第11期。

的重点任务。[①]

（二）建设公共法律服务平台

2017 年 8 月 21 日，司法部印发《关于推进公共法律服务平台建设的意见》（司发〔2017〕9 号）、《12348 中国法网（中国公共法律服务网）建设指南》，要求 2017 年年底前，部级公共法律服务网上平台"12348 中国法网"上线运行；2018 年 6 月底前，各地普遍建成公共法律服务网；2018 年年底前，建成覆盖全国的整体联动、省级统筹、一网办理的"互联网 + 公共法律服务"技术和服务体系。[②] 实际情况是，到 2017 年年底，全国已有 290 个地级市、2089 个县区、24526 个乡镇建立了法律服务实体平台，覆盖率分别达到 87%、73%、62%；各省均建立了热线平台；15 个省级法网已经开通；

图 13　中国法律服务网（12348 中国法网）首页

---

① 张晨：《"十四五"司法行政事业发展规划出台》，载《法治日报》2021 年 9 月 14 日，第 1 版。

② 司法部：《关于推进公共法律服务平台建设的意见》，载《中国司法》2017 年第 10 期。

到 2018 年 3 月，全国省级法网已建立，12 个省份建成移动客户端，18 个省份开通微信公众号，133 个地级市建立了网络平台。[①] 截至 2018 年 8 月 15 日，中国法网开通的"请律师"（已整合律师事务所信息 26590 条、律师信息 304793 条）、"办公证"（已整合公证处信息 2934 条、公证员信息 11166 条）、"求法援"（已整合法律援助中心信息 3225 条）、"找调解"（已整合人民调解组织信息 351666 条）、"寻鉴定"（已整合司法鉴定机构信息 3847 条），已回复咨询问题 11410 个，取得了初步成效。

2018 年 9 月，司法部发布了《关于深入推进公共法律服务平台建设的指导意见》，要求到 2018 年年底前，实现公共法律服务普及化，各省热线平台实现省级统筹，建立一体化呼叫中心系统，部省两级网络平台全面联通，部分地区建成双语公共法律服务网，司法系统行政审批事项全部实现网上办理；2019 年年底前，实现公共法律服务一体化，公共法律服务实体、热线、网络平台基本融合，全部公共法律服务事项可通过网络平台办理，汇聚形成公共法律服务大数据。2020 年年底前，实现公共法律服务精准化；公共法律服务实体、热线、网络平台全面融合，并与国家政务服务平台对接互联，形成覆盖城乡、功能完备、便捷高效的公共法律服务网络体系。[②]

2019 年 9 月，中共中央办公厅、国务院办公厅印发《关于加快推进公共法律服务体系建设的意见》，明确要求推进"互联网 + 公共法律服务"，构建集"12348"电话热线、网站、微信、移动客户端为一体的中国法律服务网，提供覆盖全业务、全时空的高品质公共法律服务。加快推进中国法律服务网同业务系统对接，实现"一网通办"、资源共享。要求到 2022 年实现"服务网络设施全面覆盖、互联互通"。[③] 2021 年 12 月，司法部印

---

① 蔡长春：《司法部召开法律援助工作新闻发布会暨法律援助智能导航服务平台上线仪式》，载《法制日报》2018 年 3 月 10 日，第 3 版。

② 司法部：《关于深入推进公共法律服务平台建设的指导意见》，载《中国司法》2018 年第 10 期。

③ 中共中央办公厅、国务院办公厅：《关于加快推进公共法律服务体系建设的意见》，载《中华人民共和国国务院公报》2019 年第 21 期。

发《全国公共法律服务体系建设规划（2021—2025年）》，明确提出推动"12348"公共法律服务热线与"12345"政务服务热线归并整合，2025年年底实现"7×24小时"服务全覆盖，接通率和满意率均不低于90%。加强法律服务网建设，到2025年，公共法律服务三大平台全面覆盖、互联互通，"一端发起、三台响应"的三台融合建设目标基本实现，并具备智能大数据分析研判等功能。推进智慧法律服务重点实验室建设，探索区块链技术在公共法律服务领域的应用，提高法律服务智能化水平。[①]

（三）司法行政科技创新

2017年7月，司法部、科技部联合发布《"十三五"全国司法行政科技创新规划》（司发通〔2017〕78号），要求到2020年，实现司法行政领域关键技术大幅突破，自主创新能力显著增强，科技创新体制机制更加科学。特别强调发展智能高效监管安防技术，矫正戒治、公共法律服务、法治宣传、法律职业资格考试等科技支撑技术和先进可靠的司法鉴定技术，推进科技成果转化，提高司法行政工作科技含量。[②] 例如，在智能视频监控等领域，监狱管理已经引入了自动目标分类、视频3D矫正、虚拟警戒线识别、区域看防智能识别、人员聚集智能识别、图像骤变智能识别、限制徘徊智能识别、异常行为智能识别等功能，毫秒级响应监狱管理中的可疑行为，变被动监控为主动监控，实现事前预警，变管教巡视监管为计算机实时监视实现事中处理，极大地提升了监狱管理的智能化水平。[③]

---

① 《〈全国公共法律服务体系建设规划（2021—2025年）〉对调解和司法所工作提出要求》，载《人民调解》2022年第2期。
② 刘子阳:《司法部有关负责人就〈"十三五"全国司法行政科技创新规划〉答记者问》，载《法制日报》2017年8月5日，第2版。
③ 陈雪松、朱孔凡:《司法行政信息化设计与实践》，华中科技大学出版社2022年版，第338—343页。

四、智慧司法行政建设的思考与启示

智慧司法行政建设建设虽然起步较晚，但是近年来发展速度较快，也涌现了不少亮点，形成了司法行政特色。

（一）组织保障水平大幅提升是司法行政信息化快速跟进的关键

电子政务项目属于资金密集型项目，没有稳定充分的资金支持，智慧司法建设就无法从理论变为现实。2001 年 9 月，司法部党组就认识到"缺乏资金"是制约司法行政信息化建设的关键问题之一，并主动开展多方工作提升司法行政信息化项目的资金保障力度。"十二五"期间，全国司法行政信息化建设累计投入资金达 105.4 亿元，是"十一五"的 3.6 倍。[①]"十三五"期间，为了增加司法行政信息化运维经费的保障水平，2016 年，司法部提出要积极协调有关部门，修改完善"司法支出"预算科目，按照不低于信息化软件和硬件资产 10% 的标准，把信息化运维经费纳入财政预算和经费保障范围。2019 年，司法部又召开"数字法治 智慧司法"信息化体系建设应用推进会，再次强调"要充分运用政策，将司法行政科技信息化建设纳入当地经济社会发展战略规划和投资计划，积极争取建设资金。各地每年都要从中央政法转移资金中拿出一定比例用于信息化建设"。[②]在地方司法行政信息化建设中，做的较好的地方司法行政系统将本单位相关项目纳入省、市政府信息化建设规划的"大盘子"，以保障信息化资金投入；但相对滞后的地方司法行政系统建设经费 100% 全部依靠中央转移支付的政法装备款，几乎争取不到地方财政支持。[③]

---

① 司法部：《"十三五"全国司法行政信息化发展规划》，载《中国司法》2017 年第 9 期。

② 司法部：《全面深化司法行政科技信息化建设 以"数字法治智慧司法"助推国家治理体系和治理能力现代化》，载《中国司法》2019 年第 12 期。

③ 马龙：《S 市司法行政系统信息化建设问题研究》，河南大学硕士论文，2019 年，第 26 页。

（二）标准规范体系引领是司法行政信息化建设形成合力的亮点

早在 2012 年，司法部监狱管理局制定了《监狱信息化狱政管理业务规范》《监狱信息化软件开发总体技术规范（SF 03003—2012）》《监狱应急指挥联动系统业务与技术规范（SF 03006—2012）》等监狱信息化业务技术标准。截至 2021 年 12 月，在国家标准化管理委员会行业标准信息服务平台备案的司法部行业标准已经达到 116 项，既包括通用性的司法行政信息化标准，如《全国司法行政信息化总体技术规范（SF/T 0008）》《全国司法行政信息资源交换规范（SF/T 0011）》《全国司法行政系统网络平台技术规范（SF/T 0012）》《司法行政信息资源中心建设规范（SF/T 0089）》；也包括不同业务条线专用性的司法行政信息化标准，如《智慧监狱 技术规范（SF/T 0028）》《智慧戒毒 总体技术规范（SF/T 0029）》《智慧矫正 总体技术规范（SF/T 0021）》等。司法行政信息技术标准规范基本形成，信息化基础、技术、管理三大类标准规范不断健全，基本实现了预期的标准引领规范作用。

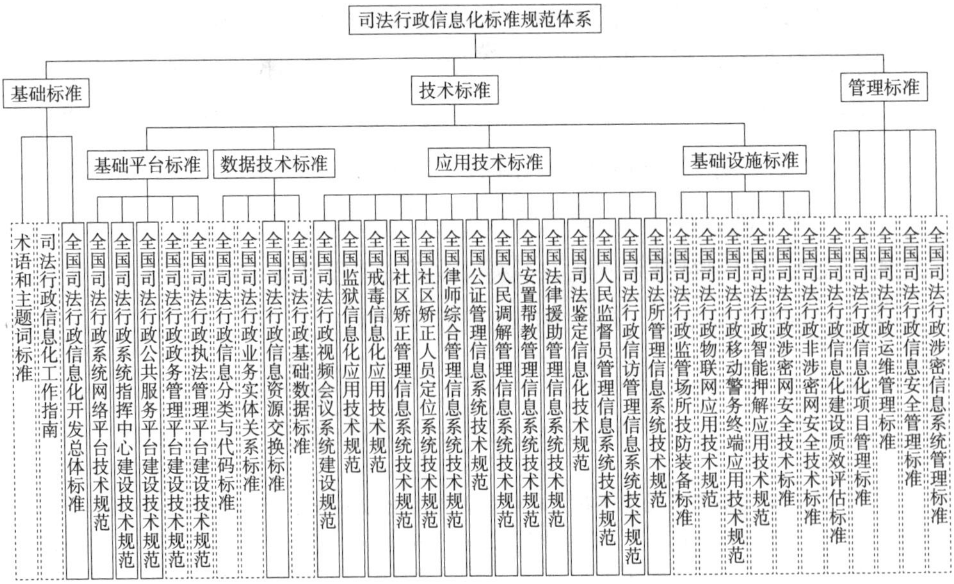

图 14　司法行政信息化标准化规范体系（来源：司法部）

（三）廉政风险防控全面加强是司法行政信息化的重点

2016 年司法部《关于进一步加强司法行政信息化建设的意见》中就特别强调了防控廉政风险。"要建立行之有效的监督检查机制，切实加强信息化建设资金使用情况的监督检查，严格资金监管，保证专款专用。要严格贯彻执行《政府采购法》《招标投标法》等法律法规，严格实行招投标，严禁暗箱操作，严格落实工程监理和审计监督制度，规范信息化工程建设和大宗物资采购活动。对违法违纪行为，要严肃处理，发现一起，查处一起，决不姑息"。① 近年来，配合纪检监察机关，司法行政系统查处了一批司法行政信息化领域的违法违纪问题。未来，智慧司法行政建设中廉政风险防控措施有待全面加强，可以参考最高人民法院设置党务廉政专员的方式，在信息中心等设置廉政专员，同步参与工程建设、招投标等工作，加强监督工作，以确保工程优质、项目廉洁。

---

① 司法部:《"十三五"全国司法行政信息化发展规划》，载《中国司法》2017 年第 9 期。

第三章　智慧司法管理研究

（分环节的智慧司法建设管理研究）

第一节　智慧司法规划管理研究

一、智慧司法的规划方针

智慧司法规划需要贯彻党的历次全会精神和全国人大会议决议，全面落实《国家信息化发展战略纲要》和司法改革任务要求。在指导思想上，以推动司法工作质量变革、效率变革、动力变革，最终实现数字正义为目标。具体而言，上述指导思想对智慧司法规划具有认识论、方法论的双重价值。[①]

（一）政法智能化战略的认识论价值

在马克思主义哲学中，工具被视为人之所以为人的重要标志之一，马克思曾指出"制造和使用工具，就是人最显著的特点"。[②] 生产工具突出体现了生产力水平的变化，从而推动了历史的发展，因为"各种经济时代的区别，不在于生产什么，而在于怎样生产，用什么劳动资料生产"。邓小平同志更是提出了"科学技术是第一生产力"的观点。随着时代的变化，司法工作的工具也在与时俱进。政法智能化战略正是在这样的背景下提出的，旨在将第四次科技革命以来新一代信息技术在政法工作中进行全方位应用。

2018 年 1 月，习近平总书记对政法工作作出重要指示，提出"推进平安中国、法治中国建设，加强过硬队伍建设，深化智能化建设，严格执法、

[①] 金鸿浩、唐万辉：《政法智能化战略的认识论、方法论、实践论探析》，载《网络空间治理研究》（第一卷），法律出版社 2022 年版。

[②] 《马克思恩格斯选集》（第一卷），人民出版社 1995 年版，第 57 页。

公正司法"。智能化建设成为全国政法机关继平安中国建设、法治中国建设、过硬队伍建设后的第四大建设任务，为政法信息化建设提供了根本遵循和实施方向。2021年，中共中央印发《法治中国建设规划（2020—2025年）》，明确提出"加强科技和信息化保障。充分运用大数据、云计算、人工智能等现代科技手段，全面建设'智慧法治'，推进法治中国建设的数据化、网络化、智能化。优化整合法治领域各类信息、数据、网络平台，推进全国法治信息化工程建设。加快公共法律服务实体平台、热线平台、网络平台有机融合，建设覆盖全业务、全时空的公共法律服务网络"的规划任务。①

当前，政法智能化已经上升为全国政法机关的重大战略，凝聚着全国数百万政法干警的政治智慧、法律智慧和科技智慧。如何准确认知理解政法智能化的战略内涵，善于应用政法智能化的手段方法，科学推进政法智能化的工作实践，是关系政法工作现代化水平，乃至全面依法治国成效的关键问题。深化政法智能化建设，实质上是把智能化建设上升为政法工作的现代治理方式——"智治"的必然举措，进而实现政法工作体系架构、运行机制、工作流程的智能化再造。

2018年5月7日，中央政法委对"政法智能化"战略作出专门解释，要求全国政法机关"紧紧抓住科技创新这个第一动力，把智能化建设作为驱动政法工作现代化的大引擎"。一是在政法信息数据共享上求突破。加快推进政法网建设，搭建跨部门政法大数据平台，加快实现设施联通、网络畅通、平台贯通、数据融通，更好发挥其在维护公共安全中的重要作用。二是在破解政法工作难题上求突破。要大力推动大数据合成研判作战中心建设，提高对新型犯罪精准打击能力；善于运用视频分析、语音分析、生物特征识别、态势感知等新技术，最大限度地把公共安全风险发现、消灭于萌芽状态。

---

① 《法治中国建设规划（2020—2025年）》，载《人民日报》2021年1月11日，第1版。

三是在提升政法工作决策管理水平上求突破。要用新科技优化决策，优化执行，优化管理，促进执法司法权运行数据化、智能化、规范化。[①]

（二）贯彻新发展理念的方法论价值

党的十八届五中全会上，党中央正式提出了创新、协调、绿色、开放、共享的新发展理念。2018 年 4 月 22 日，习近平总书记在首届数字中国建设峰会的贺信中再次指出，要全面贯彻新发展理念，以信息化培育新动能，用新动能推动新发展，以新发展创造新辉煌。在智慧司法建设中，同样应当贯彻新发展理念，并推广各地的有益经验做法，具体而言：

1. 推动智慧司法创新发展。积极探索将人工智能、大数据、云计算、区块链等新一代信息技术在司法工作的应用，努力形成司法现代化创新发展的新思路、新应用、新模式。例如，近年来，科技部会同最高人民法院、最高人民检察院、司法部等有关单位，组织专家制订了国家重点研发计划"公共安全风险防控与应急技术装备"，重点专项"公正司法与司法为民关键技术研究与应用示范"专题研究任务实施方案，列为新增任务之一并正式进入实施阶段，大幅推进了司法工作的科技创新水平。同时，最高司法机关也积极完善科技创新机制，在最高人民法院支持下，先后成立了清华大学互联网司法研究院、东南大学人民法院司法大数据基地、中国电子科技集团中国司法大数据研究院等创新平台；在最高人民检察院支持下，先后成立了中国政法大学数字检察研究基地、中国航天科工集团等参与的智慧检务创新研究院等创新平台。

2. 推动智慧司法协调发展。重点解决司法信息化发展不均衡难题。一方面，重点解决不同地域的司法信息化发展不平衡问题，要坚持"全国一盘棋"，协同发展、继续将信息技术援助作为援藏、援疆、援青的重要举措之

---

① 陈一新：《"五治"是推进国家治理现代化的基本方式》，载《求是》2020 年第 3 期。

一，根据受援法院、检察院的需求，选派信息技术专业人员赴西部地区进行工作，参与受援司法机关信息化建设的同时培训信息技术人员，支持西部司法机关选派优秀的信息化业务骨干到内地挂职或者交流任职。逐步形成东部地区探索创新、中部地区均衡发展，西部地区稳步推进的司法精细化建设局面。另一方面，重点解决不同业务的司法信息化发展不平衡问题，例如，天平工程、电子检务工程中会优先对信息化尚未覆盖的司法业务进行项目建设，但随着司法工作的不断发展，新的司法业务需求也需要及时予以信息化保障。并在此基础上逐步解决司法信息化重管理轻服务、重后台轻中台、重内网轻外网、重建设轻升级等问题。

3.推动智慧司法绿色发展。在国家经济形势下行压力较大的背景下，司法信息化建设要秉持绿色节约原则。一方面，在司法信息化项目中要充分考虑节能指标，如吉林省检察院对电子检务工程项目用电量进行估算，发现通信设备用电占总用电量的 40%—50%，机房空调用电超过了总用电量的 40%，因此在采购通信设备和机房空调中特别注重低能耗设备的购置。另一方面，注重发挥信息化节省资源消耗和财政经费。最高人民法院发布的《建设智慧法院促进绿色发展成效分析报告》显示，2020 年，人民法院通过信息化手段服务人民群众、服务审判执行、服务司法管理，相对传统线下方式，节省群众、干警出行约 935 亿千米，相当于节约标准煤 461 万吨、减少二氧化碳排放 941 万吨，节约纸张 145 亿张，相当于保护了 108 万棵树。①

4.推动智慧司法开放发展。人民司法为人民，司法公开应继续加强。截至 2021 年年底，中国审判流程信息公开网已有效公开案件 5326.54 万件，其中 2021 年 1999.73 万件。中国裁判文书网累计公开文书 1.3 亿份，累计总访问量 787.4 亿次。中国庭审公开网累计公开直播 1715.78 万次，累计观看量

① 孙航：《智慧法院建设算出一笔"绿色账"》，载《人民法院报》2021 年 8 月 25 日，第 1 版。

440.05 亿次，2021 年公开直播 624.73 万场，观看量 33.01 亿次。[①] 司法公开取得了令世界瞩目的显著成效，但离"应公开尽公开"的目标还有差距，不少地方裁判文书的上网率在 50% 左右，[②] 还有较大的提升空间。司法公开与"阳光司法"密切相关，审务信息、检务信息公开不全面、信息更新不及时、公开质量不高等问题亦普遍存在，与《最高人民法院关于进一步深化司法公开的意见》《最高人民检察院关于全面推进检务公开工作的意见》的要求尚有差距。[③] 另外，司法大数据建设项目由财政保障，成果亦应当由全民共享，不能成为盈利性业务，应当稳步提升司法大数据服务的公开性、友好性、深度性，更好地服务社会各界的司法数据需求。

5. 推动智慧司法共享发展。2016 年 10 月，习近平总书记在中共中央政治局集体学习时提出要"以数据集中和共享为途径，建设全国一体化的国家大数据中心，推进技术融合、业务融合、数据融合，实现跨层级、跨地域、跨系统、跨部门、跨业务的协同管理和服务"。[④] 智慧司法建设同样如此，要跳出"小而全"的思维定式，防止"信息孤岛"问题。在实践中，一起普通刑事案件往往需经历公安机关、检察机关、审判机关、司法行政机关等部门的侦查、审查批准逮捕、审查提起公诉、审判、执行等多个环节。但是长久以来，由于网络不同、系统不同、数据结构不同，虽然在政法各系统内部已经实现了网络化、信息化，但是跨系统间仍然主要依赖纸质公文案卷的流转，既严重影响工作效率，也影响系统之间的相互配合、相互制约。

经过多年的努力，最高人民法院、最高人民检察院、司法部于 2017 年

① 陈国平、田禾主编：《中国法院信息化发展报告（2022）》，社会科学文献出版社 2022 年版，第 6 页。

② 山东省高级人民法院：《山东智慧法院建设探索与实践》，人民法院出版社 2018 年版，第 18 页。

③ 王祎茗、田禾：《司法公开的现状与完善路径》，载《法律适用》2020 年第 13 期。

④ 中共中央党史和文献研究室编：《习近平关于网络强国论述摘编》，中央文献出版社 2021 年版，第 21—22 页。

建成全国减刑、假释信息化办案平台，成为首个全国范围内的政法协同办案平台。在地方，上海刑事案件智能辅助办案系统（206 系统）、浙江政法一体化办案系统、全国首批政法跨部门大数据办案平台试点等均在刑事案件跨部门协同办案方面取得了初步成效。2021 年，中央政法委印发《关于充分运用智能化手段推进政法系统顽瘴痼疾常治长效的指导意见》，对完善执法政法数据跨部门共享机制作出专门部署，要求强调加快推动跨部门大数据办案平台建设，打破数据壁垒。加强政法部门之间，政法部门与组织、税务、市场监管等部门之间的互联互通和智能化业务协同。① 共享发展既是未来智慧司法的大趋势，也是《政务信息资源共享管理暂行办法》的硬性规定。

二、智慧司法的规划层级

智慧司法规划是国际上在司法信息化建设中普遍采取的一种战略管理策略。例如，早在 2001 年 11 月第 805 号联邦政府令颁布的《2002—2006 年俄罗斯司法制度发展纲要》中，俄罗斯就提出了关于建设电子司法的战略规划，计划投入 448.656 亿卢布提高法院信息化水平，《2020 年前俄罗斯法院信息化概念》文件为在俄罗斯司法程序中使用数字技术提供了重要指导，提出电子司法的目标是"在法院利用信息技术的基础上，以电子（数字）形式开展法律规定的程序行动的方式和形式，包括法院、自然人和法人之间的合作"。②

在美国，根据《美国法典》第 28 编第 612 条的规定，美国法院行政办公室主任负责编制并每年修订联邦司法系统的信息技术长期规划。美国司

---

① 董凡超、鲍静：《中央政法委印发〈关于充分运用智能化手段推进政法系统顽瘴痼疾常治长效的指导意见〉》，载《法治日报》2021 年 12 月 22 日。

② 陈志宏：《俄罗斯联邦法院信息化建设之疫情应对》，载《中国审判》2020 年第 19 期。

法会议信息技术委员会为每年规划的更新提供指导，并建议通过司法会议批准该更新。经批准后，美国法院行政办公室主任将该规划的年度更新提交国会。① 2018 年 9 月，美国联邦法院正式发布了《联邦司法部门信息技术长期规划》，确立了美国联邦司法部门在未来 3—5 年内将重点建立健全应用程序，整合国家信息数据，完善和更新安全措施。②

我国对智慧司法规划更为重视，早在 20 世纪 90 年代就开始探索通过规划手段指导司法信息化建设，目前已经基本形成了智慧司法规划体系，自上而下可以分为三个层级，分别是顶层设计、中期规划和工程规划。

（一）宏观：智慧司法的顶层设计

顶层设计是最高司法机关或相关部委对智慧司法的宏观指导意见和长期战略规划，重点是统一思想、凝聚共识，强调智慧司法建设的重要意义，对相关工作进行宏观的总体部署，通常不涉及具体项目。在程序上，顶层设计通常需要通过最高司法机关或相关部门的党组会审议，并以院发文件形式下发。例如：

《最高人民法院关于加快建设智慧法院的意见》（法发〔2017〕12 号）开篇就提出，要深刻领会建设智慧法院的重大意义。智慧法院是人民法院充分利用先进信息化系统，支持全业务网上办理、全流程依法公开、全方位智能服务，实现公正司法、司法为民的组织、建设和运行形态。加快建设智慧法院是落实"四个全面"战略布局和五大发展理念的必然要求，是国家信息化发展战略的重要内容，是人民法院适应信息化时代新趋势、满足人民群众新期待的重要举措。

《最高人民检察院关于深化智慧检务建设的意见》（高检发〔2017〕15 号）明确提出，智慧检务是一项全局性、战略性、基础性工程，深化智慧

---

① 陈志宏：《美国法院的信息化现状与发展》，载《中国审判》2020 年第 4 期。
② 蒋佳妮等：《智慧法院》，科学技术文献出版社 2020 年版，第 37 页。

检务的建设目标是加强智慧检务理论体系、规划体系、应用体系"三大体系"建设，形成"全业务智慧办案、全要素智慧管理、全方位智慧服务、全领域智慧支撑"的智慧检务总体架构。到 2020 年年底，充分运用新一代信息技术，推进检察工作由信息化向智能化跃升，研发智慧检务的重点应用；到 2025 年年底，全面实现智慧检务的发展目标，以机器换人力，以智能增效能，打造新型检察工作方式和管理方式。

司法部《关于进一步加强司法行政信息化建设的意见》明确提出，加强司法行政信息化建设是顺应信息革命时代发展潮流的战略选择，是提高工作效能、增强社会公信力的必然要求，是实现司法行政工作新发展的迫切需要。总目标是到 2020 年，建立网络纵横贯通、信息及时全面、硬件高效集约、技术成熟先进、标准科学统一的司法行政信息化体系，建成全国统一的司法行政数据库、应急指挥体系，建成涵盖司法行政各项业务的"一站式"司法行政信息化综合管理平台，形成综合集成、业务协同、信息共享的司法行政信息化工作格局。

现有研究认为，良好的顶层设计具有一些共性特征：（1）顶层设计主体的特定性。顶层设计的主体顾名思义是组织的最高层，顶层决定底层，从而快速统筹资源、达到战略意图。因此，顶层设计应与一般的信息化中期规划和项目建设相区别。智慧司法顶层设计的概念使用不应当泛化，实务中偶有某基层司法机关进行顶层设计或重大战略决策的报道，显然与顶层设计的文义解释和实质含义冲突。（2）顶层设计对象的系统性。顶层设计的对象不是最高层对单一工作的部署，而是一个系统工程，元素的缺漏将无法形成完整的系统，各任务要求关系的不明确将导致司法信息化建设中的重复、交叉甚至冲突。（3）顶层设计内容的共识性。顶层设计凝结着公共理性的制度建构与利益整合，需要追求国家利益、社会福利、组织愿景的"最大公约数"，而不是最高层单方面的顶层输入。（4）顶层设计方案的实操性。顶层设计是规划与实践之间的"蓝图"，顶层设计一定要清晰，否则不能称为设计，同时这一设计应当是可以实施的，适应于当时的技术成熟度、整体管理水平、资源供给能力等。[①]

（二）中观：智慧司法的中期规划

中期规划通常以五年为一个周期，根据这一阶段国家信息化规划、国家政务信息化规划和司法改革需要，将智慧司法顶层设计的目标进行分解，并明确中期内的工作重点。

原则上，中期规划基本上以国民经济和社会发展五年规划为时间周期。比如，"十三五"（2016—2020 年）期间，最高人民法院制定了最高法本级的《最高人民法院信息化建设五年发展规划（2016—2020）》和面向全国法院的《人民法院信息化建设五年发展规划（2016—2020）》。最高人民检察院制定了《"十三五"时期科技强检规划纲要》，司法部制定了《"十三五"全国司法行政信息化发展规划》《"十三五"全国司法行政科技创新规划》。

部分单位还会对中期规划进行滚动式修订。例如，最高人民法院于2019 年制定印发《人民法院信息化建设五年发展规划（2019—2023）》。在"十四五"规划出台后，2021 年最高法又印发《人民法院信息化建设五年发展规划（2021—2025）》，平均 2—3 年会进行修订发布新版规划。后期的中期规划，既会对前一阶段工作进行总结评价，也会对下一阶段工作目标进行修正或微调。例如，2015 年版人民法院信息化建设五年规划提出了"尽快建成以大数据分析为核心的人民法院信息化 3.0 版"的建设目标，2019 年版的表述修改为"人民法院信息化 3.0 版的主体框架已然确立，智慧法院已经由初步形成向全面建设迈进"；2021 年版提出了"以知识为中心、智慧法院大脑为内核、司法数据中台为驱动的人民法院信息化 4.0 版"的建设目标，反映了智慧法院建设从 3.0 向 4.0 的规划目标动态调整的全过程。

为了增强可操作性，在中期规划中有时还会增加可量化的评估目标。

[①]　金鸿浩：《电子检务顶层设计的发展目标与总体架构研究》，载《智慧城市评论》2017 年第 2 期。

例如，根据《人民法院信息化建设五年发展规划（2019—2023）》，到2020年年底，中级以上法院及大多数基层法院主要业务信息化覆盖率达到100%，国家司法审判信息资源库的审判执行、司法人事、司法政务、司法研究、信息化管理信息覆盖率达到100%，人民群众对信息化服务的满意度达到90%以上。湖北省司法厅《湖北省公共法律服务体系建设"十四五"规划》中分为预期性和约束性两类量化目标，在"十四五"时期，以公共法律服务网络平台咨询回复时限≤6小时作为约束性考评目标，以公共法律服务热线平台座席接通率≥90%作为预期性考评目标。

（三）微观：智慧司法的工程规划

司法信息化建设包括工程建设和日常建设两种方式，其中重大项目一般依托信息化工程建设。根据国务院办公厅《国家政务信息化项目建设管理办法》（国办发〔2019〕57号）规定，电子政务工程项目需要编报项目可行性研究报告、初步设计方案和投资概算，即工程规划。司法信息化工程的时间周期不同，小的项目可能几个月，大的项目如"天平工程"、电子检务工程等建设周期在三年左右。工程规划多数情况下是对中期规划的细化和明确，两者之间存在紧密的联系。

在工程规划中，最重要的就是将智慧司法顶层设计和中期规划转化为组织的 EA（Enterprise Architecture）总体架构。总体架构的思想渊源来自 IT 战略与业务工作的"战略融合模型"（Strategic Alignment Model，SAM），以保证组织 IT 策略与组织经营战略融合一致，推动组织业务效率和整体效益的提升。美国较早地将总体架构运用于电子政务建设，1996年，美国国会通过《信息技术管理改革法》（Clinger-Cohen Act），要求各个机构开发和维护信息技术架构。1999年9月，美国联邦首席信息官委员会发布了《联邦政府总体架构框架》（Federal Enterprise Architecture Framework，FEAF），后开发了绩效参考模型（PRM）、业务参考模型（BRM）、服务参考模型（SRM）、数据参考模型（DRM）和技术参考模型（TRM）等五大参考模型，以及一系列实施指南和管理工具，详细描述了美国电子政务发展的目标愿景。[①] 此后，各国纷纷效仿构建了本国的总体架构，欧洲建立了政府体系架构（Governance Enterprise Architecture，GEA），包括政府管理系统领域模型、整体对象模型、公共政策描述对象模型、提供服务对象模型和整体过程模型。[②] 2003 年韩国公共管理和安全部颁布 GEAF，2006 年新加坡信息通信

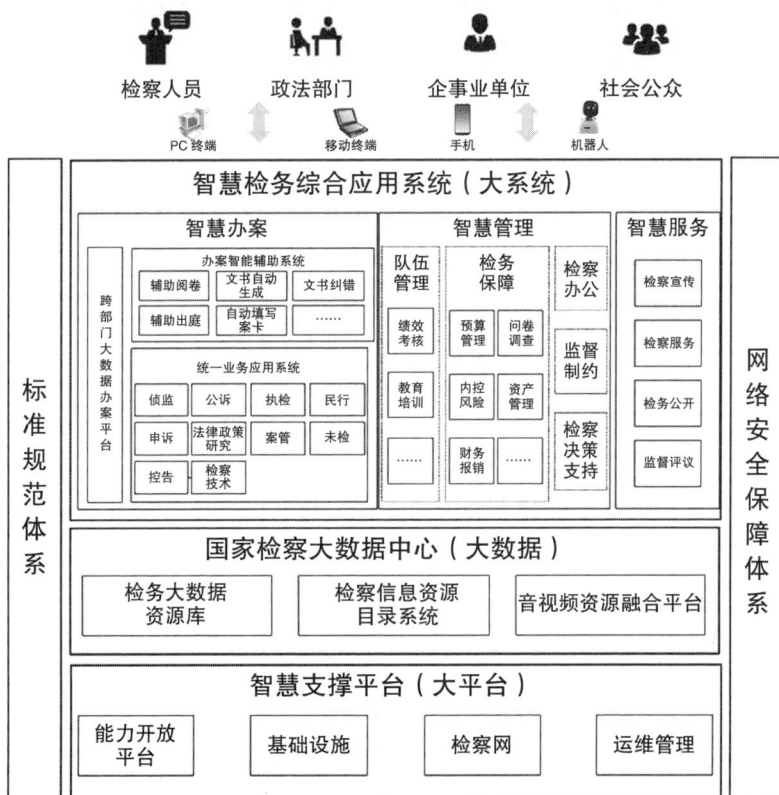

图 15　智慧检务工程总体架构示意图（来源：最高人民检察院）

① Ji W L & Xia A B, *Federal enterprise architecture framework*, Computer Integrated Manufacturing Systems, 2007，57-66.

② Vassilios Peristeras, *The Governance Enterprise Architecture（GEA）: A Blueprint for E-Government Development*, InGreek National Centre for Public Administration and decentralization. Delft，2004.

发展管理局发布 SGEA，2007 年澳大利亚财政和管理部颁布 AGA，2009 年新西兰国家服务委员会颁布 NZPEA。我国于 2006 年印发《国家电子政务总体框架》，包括服务与应用系统、信息资源、基础设施、法律法规与标准化体系、管理体制五部分。

2018 年 6 月，最高人民检察院制定了《智慧检务工程建设指导方案（2018—2020 年）》（高检技〔2018〕59 号），提出了智慧检务工程"大系统、大数据、大平台"的总体架构。（1）"大系统"是指在电子检务工程"六大平台"深化应用的基础上，整合各类应用系统，形成集"智慧办案""智慧管理""智慧服务"于一体的智慧检务综合应用系统，落实《全国检察机关智慧检务行动指南（2018—2020 年）》的全业务智慧办案、全要素智慧管理、全方位智慧服务的中期规划任务。（2）"大数据"是指建设国家检察大数据中心（分中心），建设检务大数据资源库、检察信息资源目录系统、音视频资源融合平台等《检察大数据行动指南（2017—2020 年）》的规划任务。（3）"大平台"是指结合检察机关现有硬件和软件建设的实际情况，构建网络互联互通、基础设施集约统一、数据共享交换、服务开放复用的智慧支撑平台，加强网络安全保障，为大系统、大数据提供技术支撑。

三、智慧司法的规划编制

（一）规划编制的程序规范

根据规划效力不同，智慧司法规划编制的程序也有所差异。比如，最高人民检察院的智慧检务规划按照文件规格不同，可以分为"高检发""高检发技"和"高检技"。

"高检发"是最高人民检察院印发的效力最高，关乎检察工作全局性、长远性的重要文件，比如《最高人民检察院关于深化智慧检务建设的意见》（高检发〔2017〕15 号），需要最高人民检察院党组会或最高人民检察院检察长办公会审议通过，由最高人民检察院主要领导签发。

"高检发技"是最高人民检察院检察技术信息化领域印发的指导性文件，比如《全国检察机关智慧检务行动指南（2018—2020年）》（高检发技字〔2018〕16号），需要最高人民检察院网信领导小组会议审议通过，由最高人民检察院分管技术信息化的副检察长签发。如果是同时涉及多个部门工作的，有时也会以"高检发办字""高检发案管字"的文号印发。

"高检技"是最高人民检察院检察技术信息研究中心印发的日常性指导下级检察机关技术信息化部门工作的指导性文件，比如《智慧检务工程建设指导方案（2018—2020年）》（高检技〔2018〕59号），由最高人民检察院分管领导或信息中心负责人签发。

最高人民法院的智慧法院规划也类似，特别重要的规划采取"法发"文号印发，比如最高人民法院《关于加快建设智慧法院的意见》（法发〔2017〕12号）；重要规划采用"法办"等文号印发，比如《最高人民法院办公厅关于做好2019年智慧法院建设工作的通知》（法办〔2019〕243号），以前也有的采用"法司"等文号印发。

规划起草一般会历时数月，如2018年12月开始，最高人民法院信息中心组织滚动修订人民法院信息化建设五年发展规划，结合最高人民法院司法改革要求和调研发现，历经3个月完成初稿。2019年3月，完成规划征求意见稿，分别面向最高人民法院各单位、各省级高级人民法院信息化部门等征求意见，对征求意见进行妥善处理形成送审稿。2019年3月31日，最高人民法院网络安全和信息化领导小组2019年第一次全体会议审议通过，2019年4月10日，最高人民法院正式印发《人民法院信息化建设五年发展规划（2019—2023）》（法〔2019〕79号）。

（二）司法信息化规划体例格式

通常而言，规划体例一般包括四个部分：

第一部分是形势与背景。主要介绍党中央、国务院对信息化、电子政务和司法工作等方面的重要指示要求，本单位的顶层设计和司法改革任务。有时也会回顾过去一段时间智慧司法建设的成就与短板。本部分主要从多个维度介绍本规划的意义，突出政治价值、法治价值、社会价值和科技价值。

第二部分是指导思想与建设目标。指导思想主要贯彻落实党中央最新会议精神，并结合中央政法委、最高人民法院、最高人民检察院、司法部的相关要求，如"高起点规划、高水平建设、高共享发展"的政法智能化建设思路，"统一规划、统一标准、统一设计、统一实施""科学化、人性化、智能化"的基本原则等。建设目标是规划的重点，既是组织战略目标的具化，又是具体任务的总括。为了使成果可测量、可评估，规划文件中建设目标有时也会选择增加量化目标参数。

第三部分是具体任务。普通规划的具体任务一般是将建设目标拆分为若干二级任务，大的规划还要在二级任务框架内拆分具体的三级任务。比如《人民法院信息化建设五年发展规划（2019—2023）》明确了"加强顶层设计""加快系统建设""强化保障体系""提升应用成效"四类二级任务，并拆分为53个具体的三级任务。有的规划为了增强可操作性，方便督办和汇总，还会在具体任务后标注责任单位与截止时间，有多个责任单位的还会明确牵头单位。比如《全国检察机关智慧检务行动指南（2018—2020年）》中要求"优化检务保障平台，对接财政部门、社会化服务等外部平台系统，组织开展检务保障智能辅助试点应用。（完成时间：2020年年底前；责任部门：计财局、技术信息中心）"，表明优化检务保障平台的任务由最高人民检察院计财局牵头、技术信息中心配合，在2020年年底前完成任务。

第四部分是组织保障。常见的内容包括：统一思想认识，加强组织领导，完善统筹管理机制；加大人财物保障力度，健全综合保障机制；注重科技攻关和产学研用管合作，实现创新驱动；加强项目合规建设和廉洁建设；加强智慧司法宣传和人才教育培训等。

部分规划还会以附件或附表等形式，将涉及的技术参数或具体任务附在文后，便于下级单位部门使用和查阅。

第二节　智慧司法建设管理研究

根据项目管理知识体系指南（PMBOK）所述，智慧司法建设项目管理应当包括整合管理、范围管理、时间管理、成本管理、质量管理、人力资源管理、沟通管理、风险管理、采购管理、干系人管理等十个管理领域。[①]由于篇幅有限，本节着重就范围管理中的需求管理、时间管理、成本管理和质量管理进行探讨。

一、智慧司法的需求管理

软件需求工程是随着信息技术的蓬勃发展而兴起的。在信息技术产业发展的初期，软件规模通常较小，需求分析并不受重视。但随着软件系统规模的不断扩大，需求分析与定义在整个软件开发与维护过程中越来越重要，并直接关系软件的成功。美国管理学家 1995 年对 8000 个软件项目进行跟踪调查，结果表明，有 1/3 的项目没能完成，而在完成的项目中，又有 1/2 的项目没有成功实施。他们仔细分析失败的原因后发现，与需求过程相关的原因占了 45%，亦即，接近一半的问题都是在需求分析阶段埋下"祸根"。[②] 因此，人们逐渐认识到需求分析活动不再仅限于软件开发的最初阶段，它贯穿于系统开发的整个生命周期，于是形成了软件工程的子领域——

---

① ［英］伊恩·萨默维尔：《软件工程》（第 10 版），彭鑫等译，机械工业出版社 2018 年版，第 428—487 页。

② 明真、黄文兰：《软件可靠性在软件战略中的地位研究》，载《计算机安全》2009 年第 8 期。

需求工程（RE，requirements engineering）。

软件开发项目的需求是项目失控的最主要的原因。在智慧司法建设中，一方面，由于司法机关对软件工程的知识储备相对薄弱，对当前的技术现状和自身所要实现的预期效果可能并不准确，因而在软件研发过程中有的会不断提出修改需求，使得实施方一筹莫展或进行返工付出高额成本。另一方面，技术公司由于对司法行业知识的缺乏，以及设计人员水平的参差不齐，不能完全理解司法机关的需求说明，同时又没有加以严格确认，经常是以想当然的方法进行系统设计，结果导致软件被推倒重来或进行大幅改动。在这种背景下，需求工程可以有效减少修复错误的成本。研究表明，在需求阶段检查和修复一个错误所需成本要远小于编码阶段和软件部署后的阶段。①

纵观成功的司法信息化项目，过硬的需求管理往往是其共通部分。智慧司法的建设需求包括宏观需求和微观需求两个方面。宏观需求是针对整个司法信息化工程而言的，比如，在天平工程、电子检务工程中，通过《项目建议书》《项目可行性分析报告》《项目初步设计方案》等形式，需求逐步明晰。可以将智慧司法的《初步设计方案》看作具体项目的项目章程和立项来源；并将《初步设计方案》中的项目概况、项目建设单位概况、需求分析和项目建设的必要性、总体建设方案等，作为编制子项目范围管理计划和需求管理计划的重要依据。微观需求是具体的信息系统建设需求，在法治信息化工程获批后，各子项目分别通过招投标的形式开始进入实施阶段，将对项目进行更细化的项目范围管理和需求管理。本节所称的建设需求主要指的是微观需求。

（一）智慧司法建设的需求收集

需求收集是为实现项目目标而确定、记录并管理干系人的需要和需

---

① 翟毅南:《需求管理过程》，载《计算机系统应用》2000年第10期。

求的过程，为定义和管理项目范围（包括产品范围）奠定基础。通常，需求工程师主要收集软件三个不同层次的需求，即业务需求（Business Requirement）、用户需求（User Requirement）和功能需求（Functional Requirement）。

业务需求一般在项目范围文档中予以说明。主要反映司法机关对软件系统、产品高层次的目标要求。业务需求多来自顶层设计，例如，法院大数据平台建设的业务需求来自《"十四五"推进国家政务信息化规划》中所提出的"提高审判执行、多元解纷、司法公开的智能化水平"，表述较为宏观，以及最高人民法院主要领导所提出的"以数据驱动和在线服务为重点，提升数据驱动、知识生成和智能服务、司法区块链应用水平，面向各类用户提供精准数据分析和实时全程在线服务"。多数情况下，业务需求会指向智慧司法的目的，即借由智慧司法项目为司法工作带来质量变革、效率变革、动力变革，最终实现更高水平的公平正义——数字正义。

用户需求一般在用户需求文档中进行描述。明确用户对产品的共性需求，所有的用户需求必须与业务需求一致，需求分析者从用户需求中总结出功能需求。比如，2019 年 7 月至 8 月，笔者曾向全国四级检察机关发放问卷 794 份，专题调研民事检察信息化需求，共收到有效问卷 777 份，回收率达 97.51%。33.25% 调研对象认为，民事检察智能辅助是下一步的工作重点。其中 37.07% 的调研对象认为重点是加强智能辅助审查功能的探索，主要解决"民事审判监督线索发现难"的问题，希望能实现"案件关联性智慧检索，以避免一案多办。对复查纠正类案件智慧筛选，分类分流，减少上下级院在同一案件上大量重复无效体力性劳动"。24.43% 的调研对象认为重点是加强智能辅助阅卷，进一步优化电子卷宗制作、显示、批注等功能。另有 19.54%、18.97% 的调研对象分别认为应当重点加强智能辅助录入和智能辅助生成功能。[①] 一线检察官、检察官助理对于民事检察信息系统在流程管理、智能辅助、知识服务、共享协同相关的需求虽然较为零散，但直观地反映了一线办案需求，特别是核心痛点，从而将业务需求和基层实践相结合。

功能需求一般在软件需求规格说明书（Software Requirements Specification，SRS）中加以说明。软件需求规格说明书的格式可以参照国家标准《计算机软件需求规格说明规范》（GB/T 9385-2008），在编写时应当关注软件功能（软件将执行什么功能）、软件外部接口（软件如何与人、系统的硬件以及其他软硬件进行交互）、软件性能（软件功能的速度、响应时间、恢复时间）、软件属性（软件的可用性、可靠性、可移植性、准确性、可维护性、安全性等）以及其他影响产品实现的设计约束（编程语言、数据库完整性方针、资源限制、运行环境等）。它重在描述软件系统应具有的外部行为，开发人员将根据功能需求来设计软件以实现必须的功能。软件需求规格说明在开发、测试、质量保证、项目管理以及相关项目功能中都起着重要的作用。软件需求规格说明书应当由司法机关和技术公司共同完成，司法机关业务部门和信息部门工作人员均应派员参与，并且尽最大可能做到正确、无歧义、完备、一致，同时兼顾可验证、可修改、可追踪特性。[②]

收集需求的方法有很多，美国项目管理协会列举的方法包括访谈法、焦点小组法、引导式研讨会、群体创新技术、群体决策技术、问卷调查法、观察、原型法、标杆对照、系统交叉图、文件分析等。其中较为常用的主要是访谈法、焦点小组法、问卷调查法等。（1）访谈法是通过与干系人直接交谈来获取信息，由建设单位向被访者提出问题，并记录他们的回答。访谈法可以通过线下开展，也可以通过线上形式进行。一般主要面向司法

---

① 智慧检务创新研究院：《需求主导型智慧民事检察的供给侧改革初探》，载《人民检察》2020年第12期。

② ［英］伊恩·萨默维尔：《软件工程》（第8版），彭鑫等译，机械工业出版社2007年版，第72—78页。

机关业务部门负责人、技术部分负责人等进行一对一访谈。（2）焦点小组法是把预先选定的干系人和主题专家集中在一起，了解他们对所提议产品、服务或成果的期望和态度。例如，为了借鉴其他单位信息化工作经验，2017年，贵州高级人民法院主办智慧法院建设专家交流会，邀请最高人民法院、北京高级人民法院、重庆高级人民法院的信息化专家和贵州省公、检、法、司、大数据局、监狱管理局等省直机关的信息化部门负责人、高校教授等10余位专家到会提出意见建议。（3）问卷调查法是指设计一系列书面问题，向众多受访者快速收集信息。问卷调查方法非常适用于受众多样化，受访者地理位置分散，需要开展统计分析等情况。为了快速收集反馈信息，还可以建立专门的需求平台，例如，为推进统一软件2.0版建设，最高人民检察院2019年建立了业务需求管理平台。截至当年10月，通过该平台共收集到检察机关15个业务条线的流程管理需求1971项、辅助办案需求143项。

（二）智慧司法建设的需求定义

需求收集只是第一步，重点是需求定义。需求定义的主要作用是，明确所收集的需求哪些包含在建设项目范围内，哪些排除在建设项目范围外，从而明确建设项目、服务或成果的边界。[1]

需求定义的输出物是软件需求报告，作为软件开发的基础性文件，对于做好软件开发工作具有十分重要的意义。在实务中，对于大型司法信息系统而言，软件需求报告的工作量巨大，例如《全国检察机关统一业务应用系统需求报告》共122万多字，涉及11个业务条线、405类代码、98种业务类别，共分为业务线需求、案管需求和综合需求三部分，需要统筹四级检察机关的需求，统筹案件办理、案件管理和统计的关系。力争做到满足最高人民检察院规划要求，吸收各地经验，服务各层次检察院开展检察

---

① 项目管理协会：《项目管理知识体系指南（PMBOK 指南）（第 5 版）》，许江林等译，电子工业出版社 2013 年版。

业务工作要求的需求报告。

根据IEEE指南，需求定义的本质是将尚未被分析并格式化的原始需求，转化为良性需求（well-formed requirements）。良性需求是一个陈述句，叙述可以得到验收的系统功能，功能定义应当是具体且明确的。例如，司法办案信息系统中，经常涉及阅卷需求，但在需求定义中需要将阅卷需求细化为软件设计人员应当完成的具体功能。一般而言，阅卷功能可以分为基础功能和附加功能两类。

表3　司法办案信息系统阅卷模块基础功能定义（来源：最高人民检察院）

功能需求	功能定义
阅卷操作	支持对电子卷宗进行放大、缩小、旋转、拖动等基本操作，系统需根据卷宗进行翻页的功能，使用户能对电子卷宗内容依次进行审阅。
文字复制	提供在电子卷宗材料上直接复制文字的功能，如果有 PDF 文字复制在识别方面有误差或错漏等不便于复制的情况，则需提供电子卷宗直接转文字功能，使用户可以直接针对文字材料进行复制。
对比展示	提供卷宗双页对比展示功能，该功能需支持自由的双页设定，即用户可自行自由设定界面双页需展示的卷宗材料、文书编辑页面或者系统操作区域。
历史展示	标识记录法官、检察官已阅电子卷宗信息，以便法官、检察官能够在审查卷宗时，对未审查卷宗内容有直观的了解。
卷宗检索	提供一键卷宗检索功能，支持通过关键字检索卷宗中出现的文本文字和图片签章等要素的描述性文字内容，检索结果以证据材料形式进行展示，可快速通过检索结果定位到相关证据材料。
卷宗标注	提供标黄、下划线、注释等功能用于材料标注，标注的类型包括但不限于非法证据、瑕疵证据以及可能涉及的量刑情节。

在功能定义中，有的还涉及业务流程，需要根据法律法规、司法解释，对于业务流程进行重新梳理，并绘制流程图。例如，以民事执行活动监督案件为例，人民检察院对人民法院的民事执行活动进行监督。检察院启动民事执行活动监督程序，以当事人申请为主，但对于损害国家利益或者社会公共利益的、执行人员在执行该案时有违法行为且司法机关已经立案的、

造成重大社会影响的、需要跟进监督的四类情形，检察院应当依职权进行监督。在检察院受理案件审查后，需要穷尽所有的处理结果，包括提出检察建议、终结审查、不支持监督申请、转办下级院、交办下级院、移送其他检察院、其他处理7种流程（见图16）。同时应当对流程各环节所需要的文书类型、审查时限等进行统计，以便文书流转和审限预警。

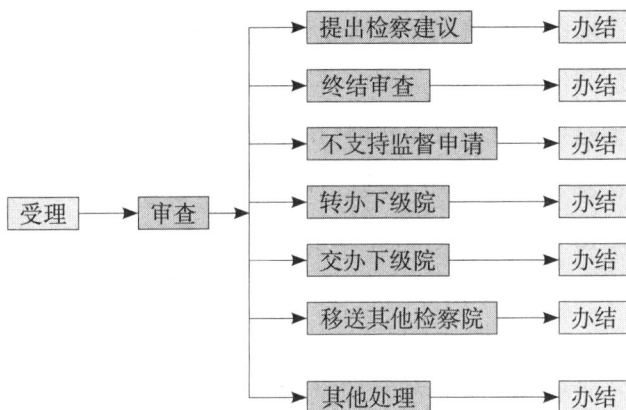

图16　统一业务应用系统中民事检察业务的办案流程逻辑图 [①]

　　对于大型司法信息化项目，可以建立创建工作分解结构（Work Breakdown Structure，WBS），把项目可交付成果和项目工作分解成较小的、更易于管理的组件。其中，工作包（work package）是WBS的最底层元素，一般的工作包是最小的"可交付成果"，这些可交付成果很容易识别出完成它的活动、成本和组织以及资源信息。例如，上海市公安局浦东分局高清图像覆盖项目，按照WBS就可以划分为项目准备、设备采购、外场勘探、软件开发、中心建设、数控点布设、主线路布设、系统联调、系统初验9个部分，数控点布设又可以分为光缆取点铺设、立杆挑臂安装、防雷接地安装、摄

像头调试、云台安装调试 5 个工作包。之后可以对每个工作包进行项目质量、进度、成本管理。

（三）智慧司法建设的需求确认

在需求定义后，为了避免需求不稳定、不完整、不清晰等问题，还应当进行严格的需求确认工作。按照前后顺序，应当进行三轮需求确认。

第一轮需求确认是组织需求或业务需求的确认。对于司法信息化整体项目范围，应当经过司法机关网信领导小组的把关和确认，必要时应当由党组会审议通过。涉及多个司法部门的，如法治信息化工程，应当分别征求最高人民法院、最高人民检察院、司法部主要负责同志的意见建议，司法机关对信息化工程《项目可行性分析报告》《项目初步设计方案》的审核过程，可以看作对项目范围的内部确认。国家发展改革委作为项目审批部门的审批过程，可以看作对项目范围的最终确认。

第二轮需求确认是具体项目的需求分析。软件项目涉及的业务需求、案管需求、技术需求，形成需求文档后，应当充分征求司法机关内设机构中业务部门、案管部门、技术部门的意见建议，并进行充分论证，修改确认后应当由上述部门的负责人签字确认，最后由司法机关信息化管理部门盖章确认，作为软件研发的基础性文档以及软件合同中具有法律效力的附件。譬如，最高人民检察院本级电子检务工程在初步设计中对可行性研究的建设内容进行了部分调整，如网络系统中，根据实际应用需求，对香山办公区检察业务网局域网和互联网局域网的分域进行优化，取消 DMZ 域、网络管理域、安全管理域等，方便服务器之间交互，简化管理；由于内部业务交互量大，服务器之间信息交互频繁，服务器接入交换机的下行口由千兆接口改为万兆接口，根据最新的服务器数量和配置调整情况，按需调整网络设备选型及配置。[①]

---

① 参见拙著《智慧检务初论》，中国检察出版社 2017 年版，第 178 页。

　　第三轮需求确认是在项目全生命周期中进行需求控制。需求跟踪的目的是建立与维护"需求—设计—编程—测试"之间的一致性，确保所有的工作成果符合用户需求。需求跟踪有两种方式，正向跟踪是检查需求文档中的每个需求是否都能在后续工作成果中找到对应点；逆向跟踪是检查设计文档、代码、测试用例等工作成果，是否都能在需求文档中找到出处。正向跟踪和逆向跟踪合称为"双向跟踪"，可以同步建立与维护需求跟踪矩阵，把所有需求与后续工作成果的对应关系罗列出来，以提高需求跟踪的效率。①

二、智慧司法的时间管理

　　德鲁克有一句名言，"时间稍纵即逝，无法储存，时间才是最短缺的东西"。在智慧司法项目中，组织业务需求对建设时间往往有明确需求，有的软件研发需要服务于司法改革和司法政策进程，对项目建设进度的要求更高。

（一）智慧司法建设的进度估算

　　在创建 WBS 后，已经识别出项目中最低层的可交付成果（即工作包）。工作包通常还可以进一步细分为更小的组成部分，即"活动"，"活动"代表为完成工作包所需的工作投入。一般活动管理主要包括以下三个步骤：

　　第一步：定义活动。即把项目的组成要素（工作包）细分为可管理的更小部分，作为对项目工作进行估算、进度规划、执行、监督和控制的基础，以便更好地管理和控制。定义活动的可交付物即"活动清单"，这是一份包含项目所需的全部进度活动的综合清单。活动清单还包括对每个活动的标识及工作范围详述，使项目团队成员知道需要完成什么工作。每个活动都应该有一个独特的名称，用来表示它在进度计划中的位置，如"智能

---

　　① 吴燕、高卓、史家俊：《需求管理中的双向跟踪方法研究》，载《软件和信息服务》2011 年第 5 期。

辅助办案系统 A 模块功能测试活动"。

第二步：排列活动顺序。排列活动顺序是识别和记录项目活动之间关系的过程。本过程的主要作用是定义工作之间的逻辑顺序，以便在既定的所有项目制约因素下获得最高的效率。活动排序过程包括识别活动之间的关联和依赖关系，并据此对项目活动的次序进行安排，形成相应的文档。活动必须被正确地加以排序，以便今后制订可行的进度计划。排序可由计算机执行或手工排序。排序的工具和方法主要有：单代号网络图法（PDM）、双代号网络图法（ADM）、条件箭线图法（CDM）等。确定活动顺序的最终目的是要得到描述项目各工作相互关系的"项目网络图"及工作的"详细关系列表"。例如，一般软件工程活动包括项目设计、需求分析、软件设计、软件编码、系统测试、系统部署、用户培训7个活动，但为了节省进度，用户培训可以提前到系统测试阶段同步并行推进。

第三步：估算活动持续时间。估算活动资源是估算执行各项活动所需的材料、人员、设备或用品的种类和数量的过程。在估算活动资源的基础上，应当进一步估算活动持续时间（工期）。工期通常以小时或天表示，但大型项目也可能用周或者月作为表示工期的单位。工作时间的估算是项目计划制订的一项重要的基础工作，它直接关系各任务网络时间的计算和完成整个项目所需要的总时间。其计算方法有多种，既可以凭以往的经验进行估算，也可以采用专家判断法、类比估计法、单一时间估计法、三个时间估计法等方法。[1] 以三个时间估计法为例，该方法是根据项目经理经验、相似项目的历史数据等实际情况，确定一个活动在乐观情况下、最可能情况下和悲观情况下的不同时间，然后按照公式计算出各个活动的期望时间。例如，某电子政务风险分析信息化项目的软件编码活动，按照乐观情况估计需要22天，悲观情况估计需要46天，正常情况估计需要28天，按照公

---

① ［美］刘易斯:《项目计划、进度与控制》（第三版），赤向东译，清华大学出版社2002年版。

式：期望时间（t）={ 乐观估计时间（a）+4× 正常时间（m）+悲观估计时间（b）}/6，计算可得期望时间为 30 天。

（二）智慧司法建设的进度计划

在活动管理的基础上，可以制订项目进度计划，作为规划、编制、管理、执行和控制项目进度以制定政策、程序和文档的过程。

网络计划技术中应用最广泛和最有代表性的有两种：关键路径法（CPM）和计划评审技术（PERT）。关键路径法是 1957 年由沃尔克提出的，最初用于对化工工厂的维护项目进行日程安排，适用于有很多作业而且必须按时完成的项目。计划评审技术最早是由美国海军在管理北极星潜艇的研制时发展起来的，该技术使原先估计的研制北极星潜艇的时间缩短了两年。[①] 一些国家的实践经验也表明，应用网络计划技术可缩短工期 15%—20%，降低成本 10% 左右。[②]

在智慧司法建设中，网络计划技术已有广泛应用，以 2014 年人民检察院案件公开信息系统为例，该项目包括项目立项、需求分析、软件开发、系统部署、运维管理等几个阶段。因为计划在 2014 年 10 月 1 日前上线运行，所以各项部署工作均需要倒排工期。根据 2014 年 7 月 30 日《人民检察院案件信息公开系统部署应用工作方案》（高检发案管字〔2014〕4 号），支撑平台需要在 2014 年 8 月底前完成正式运行环境搭建；各级人民检察院培训工作应当在 9 月中旬前全部完成；在全国上线前 7 个试点省份的三级检察院都要完成测试工作；2014 年 9 月底，全国四级检察机关全面上线使用案件信息公开系统开展工作。根据相关要求可以绘制得出人民检察院案件信息公开系统部署阶段的网络计划示意图。

---

① ［美］小塞缪尔·曼特尔等：《项目管理：管理新视角》（第四版），电子工业出版社 2003 年版。

② 张侃，陈金花：《网络计划方法在施工管理中的应用问题》，载《中国住宅设施》2011 年第 6 期，第 59—61 页。

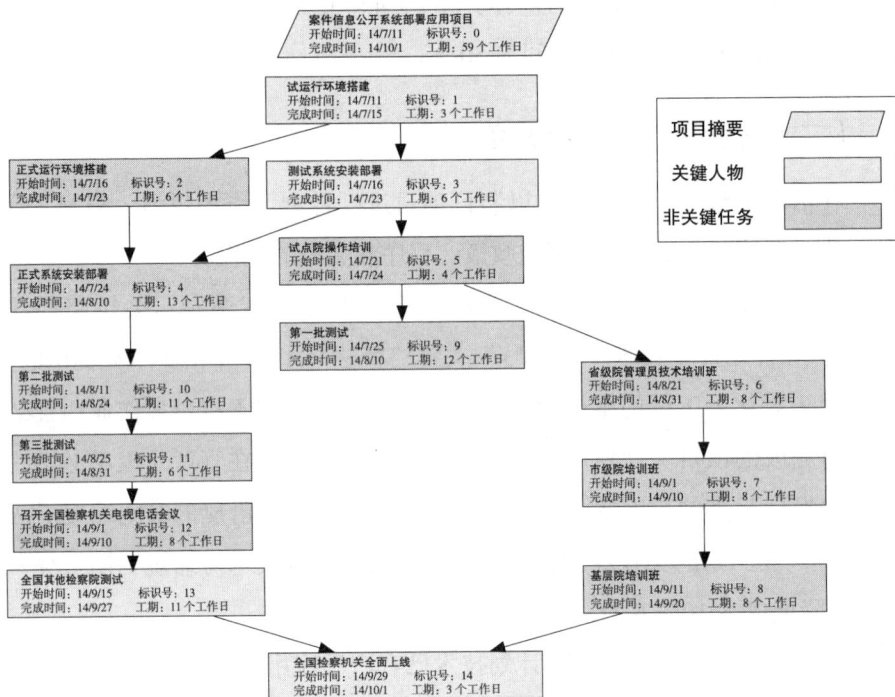

图 17　人民检察院案件信息公开系统部署阶段的网络计划示意图 [1]

　　甘特图是一种用图表示项目各阶段任务的开始时间与结束时间的方法，它是亨利·甘特于20世纪早期发明的，被用于确定项目中各项活动的工期。在甘特图中，横轴线代表时间，线条表示在整个期间上计划和实际的活动完成情况，以直观进行实际进展与计划要求的对比。纵轴表示活动项目，帮助管理者管控项目进度。但是，传统的甘特图也存在一些局限性，例如，不能明显地反映出关键工作和影响工期关键线路。因此，对于复杂的大型项目来说，甘特图主要作为网络计划技术的补充和辅助。以某市人民法院科技法庭庭审系统实施项目为例，该项目需要对中院及基层法院共4个法院、21个固定法庭进行高清科技法庭系统建设，以满足全市法院对科技法

―――――――――
　　① 参见拙著《智慧检务初论》，中国检察出版社2017年版，第190页。

庭庭审过程中采集信息及未来互联网庭审发布的需要。该项目于 2014 年 5 月正式实施启动，预计工期为 218 天，其中项目启动阶段预计工期为 2 天、施工组织阶段为 5 天、设备及材料供货工期为 18 天、项目实施阶段工期为 144 天、项目初步验收阶段工期为 11 天、项目试运行阶段工期为 31 天、项目最终验收阶段工期为 6 天、项目总结与归档阶段工期为 2 天。据此可以绘制如下甘特图。

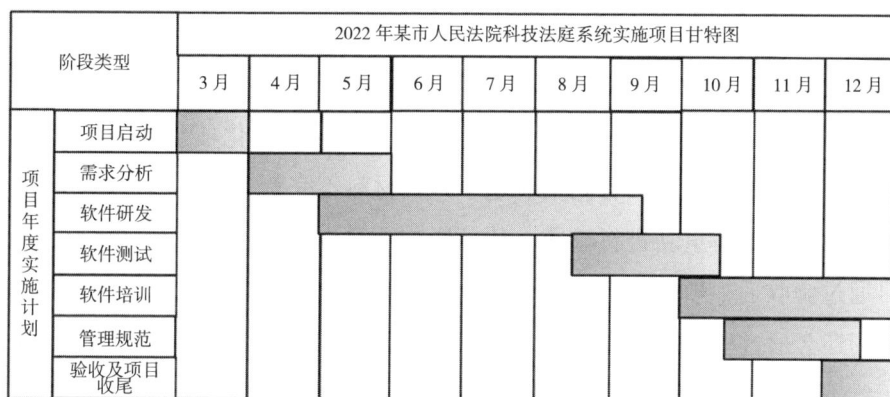

阶段类型		2022 年某市人民法院科技法庭系统实施项目甘特图									
		3 月	4 月	5 月	6 月	7 月	8 月	9 月	10 月	11 月	12 月
项目年度实施计划	项目启动	▰									
	需求分析		▰▰								
	软件研发			▰▰▰▰▰							
	软件测试						▰▰				
	软件培训								▰▰		
	管理规范									▰▰	
	验收及项目收尾										▰

图 18　某市人民法院科技法庭系统实施项目甘特图（来源：笔者自制）

（三）智慧司法建设的进度管控

智慧司法建设前期，预算申报、立项申报阶段是最影响信息化项目进度的因素。一方面，预算申报、立项申报的评审审批等关键环节不受建设单位控制，譬如，在国家级信息化项目中，申报评审周期需要数年时间。无论是人民法院的天平工程还是人民检察院的电子检务工程，在项目审批环节的用时均超过 5 年。另一方面，预算申报、立项申报参与部门多、工作环节多，进度影响因素最为复杂。作为全国性的智慧司法工程，除中央的评审外，各省级司法机关还需要启动本省、直辖市、自治区的立项申报，报经该地区的发改委、财政等部门审批，由于审批事项参与部门多、工作环节多，进度影响因素较为复杂。

智慧司法建设中期的招标采购、项目实施也对信息化项目进度有显著影响。实务中，由于招标采购的问题而出现废标的案例也偶有发生，这将严重影响项目工期。在项目实施阶段，技术公司的胜任力以及司法机关需求的明确性和稳定性也会影响项目进度。也有的是因为司法机关需求变更，临时增加了项目需求，特别是在领导班子换届或者有重大改革措施出台后，因为需求变更而导致项目进度滞后的可能性会大幅增加。有时会直接导致该项目的中止，譬如，国家监察体制改革后，由于职务犯罪侦查职能的主体发生变化，检察机关向项目审批部门提交调整报告，履行报批手续，中止了电子检务工程中的职务犯罪侦查与预防信息平台项目。

智慧司法建设后期的项目验收、运行维护对信息化项目有一定影响。常见的原因如项目未按合同书制定、归档材料不完整等导致项目验收不合格，需要返工后重新进行验收，从而影响项目进度。通常而言，信息化项目通过验收后，项目随即收尾结束，转化为日常运行维护工作，通常技术部门还会通过政府采购选择相应的运维服务商。当司法机关出现新需求时，运维部门对于小的需求进行满足，对于大的需求则可能需要进行二期建设，重新进行预算和立项申请。①

在项目生命周期中，司法机关信息中心应对照项目进度计划进行严格管理与控制。由于项目计划是根据预测对未来做出的安排，因此在计划的执行过程中往往会出现或大或小的偏差，因此应当通过实时监测，检查项目实际进度，消除与计划不符的偏差或对计划做出适当的调整，如此循环直至该项目结束，使预定目标按时实现。如发现项目进度严重偏离计划，应当及时分析原因，要求承建单位及时采取措施，保证合同约定目标的实现。如必须延长工期，承建单位应填报《工程延期申请表》，报司法机关信息化项目的管理部门审核批准，重大项目工期延长的还应当报司法机关信

---

① 罗丹：《公安信息化项目建设管理进度影响因素分析——基于时间管理角度》，北京大学硕士学位论文，2011年。

息化领导小组审议或备案。[①]

三、智慧司法的成本管理

近年来，国家财政对电子政务项目投资持续增加，前瞻产业研究院的数据显示，2020 年我国电子政务市场规模达到 3682 亿元，并仍持上升趋势。[②] 智慧司法项目的财政投入力度也继续增强，根据中央国家机关政府采购中心"中央政府采购网"2022 年 12 月的中标公告，仅最高人民法院法治信息化工程（最高人民法院建设部分）主体部分的中标金额就达到 3.78 亿元。智慧司法建设经费多数由财政投入，因此更应当在项目建设过程中严格进行成本管理。

（一）智慧司法建设的成本估算

成本估算是成本管理的基础，如果预先估计的成本不合理，那么后续的成本控制将失去意义。在智慧司法建设中，项目建议书、可行性研究报告、初步设计和概算都需要对项目成本进行估算。在此过程中，项目成本估算的精度逐步提升，当投资概算批复后，项目预算基本明确，作为财政部门拨付经费的依据。因此，在项目申报阶段，估算成本十分重要，将直接关系项目是否有充足的资金保障实施。

就方法论而言，成本估算可以分为自顶向下法和自底向上法两种，自顶向下法是对整个工程项目的总开发时间和总工作量做出估算，然后将它们按阶段、步骤和任务进行分配。自底向上法则正好相反，先分别估算各个任务所需要的工作量和开发成本，再相加，从而得到总的工作量和总的开发成本。根据 PMBOK[®]，成本估算的主要工具包括专家判断、类比估算、

① 周舟：《项目进度管理在金土工程中的应用》，中国地质大学（北京），2011 年。
② 前瞻产业研究院：《2022 年中国电子政务行业全景图谱》，载前瞻经济学人网站，https://www.qianzhan.com/analyst/detail/220/211009-e7142755.html。

参数估算、自下而上估算、三点估算等。智慧司法成本大致包括硬件购置费、软件购置费和其他费用三大类，具体而言：

1. 硬件购置费的成本估算。常见的硬件设备包括网络设备、计算机设备、存储设备、安全设备、备份设备、大屏显示设备等。购置的硬件设备价格参照厂商报价和有关资料估算，项目团队明确所需设备的参考配置与数量，然后根据该类设备的报价进行汇总，形成网络设备价格估算，再将各类设备估算汇总，就形成了电子检务工程硬件购置成本估算。

2. 软件购置费的成本估算。主要根据是否属于成熟软件产品分为两类：对于成熟软件产品，即市场上已经具备符合需求的软件，成本估算方法与硬件相似，参照厂商报价和有关资料估算（包含部署费用）。对于定制软件，即市场上没有符合司法机关需求的软件，需要定制开发。主要根据研发工作量乘以人工费用估算。

3. 其他费用的成本估算。对于国家有明文规定的，确定参数的，可以采用参数估算法进行成本估算。项目管理费是项目建设单位（如最高人民法院、最高人民检察院、司法部）的建设管理费用，根据财政部《基本建设项目建设成本管理规定》（财建〔2016〕504号），1000万元以下项目的管理费率为2%，1001万元至5000万元为1.5%，5001万元至1亿元为1.2%，1亿元至5亿元为1%，假设某市智慧法院信息化项目概算为1亿元，按照2016年版规定，管理费为140万元。再如，按照《上海市发展和改革委员会委托投资咨询评估管理办法》（沪发改规范〔2019〕13号）规定，1亿元以下智慧司法建设项目的项目建设书的咨询评估费用为8万元、科学性研究报告的咨询评估费用为10万元。地方主管部门有具体规定的，从其规定。

（二）智慧司法建设的成本基准

制定预算是汇总所有单个活动或工作包的估算成本，建立一个经批准的成本基准的过程。本过程的主要作用是确定成本基准，可据此监督和控制项目支出。

以某市智慧监狱项目为例，该项目工程总投资为三千多万元。在智慧司法的预算制定中，主要分为三类费用：第一类是工程建设开发费用，是项目建设的主要费用。包括软硬件设备购置费、软件定制开发及部署费、购买成熟软件产品费、集成费等，占工程总预算的80%以上。第二类是工程建设管理费用，包括前期工程费、初步设计费、监理费、招标代理服务费、培训费等，占工程总预算的8%。第三类是工程建设储备费用，是项目建设的预备费用，占工程总预算的4%。[①] 在明确预算的基础上，应当建立制订年度资金使用计划，作为项目成本基准。

在制定预算中，除了国家政策规定外，有的地方还出台了相应细则。比如，山西省高级人民法院、山西省人民检察院的信息化项目，就应当按照《山西省省直部门信息化建设项目支出预算方案编制规范和预算编制标准》执行，该标准对办公自动化信息系统和政务门户网站建设等成熟产品，根据历年项目经费支出、市场价格变化和专家经验，建立了预算标准。以便精准规范指导预算编制。

表4 山西省省直部门信息化建设项目支出预算方案编制规范和预算编制标准
（来源：山西省财政厅）

类别	预算标准	说明
域名	300元/年	用于在数据传输时标识计算机的电子方位，具有唯一性，也是计算机处理过程中IP地址的助记符。
三大功能板块	30万元	根据国家互联网信息办公室要求，政府网站必须包含信息公开板块、网上办事（公共服务）板块和互动交流板块。

---

① 孙大鹏：《H市标段智慧监狱项目建设成本控制研究》，哈尔滨理工大学硕士毕业论文，2021年，第15页。

续表

类别	预算标准	说明
子站	2 万元 / 个	根据各部门不同需求开发的功能板块。数量根据网站设计数确定。
微站	上述总价的 40%	通过移动客户端对浏览体验与交互性能要求的新一代网站，兼容 iOS、Android、WP 等各大操作系统，可以与微信、微博等应用链接，同时包含手机客户端和 WAP。

（三）智慧司法建设的成本管控

在智慧司法项目中，有必要进行科学合理的成本管控。实务中存在一个误区，认为智慧司法项目的预算充足，成本管理必要性不强。但实际上法治信息化工程项目虽然资金总量较大，分摊到各阶段、各单位、各项目的资金仍然十分紧凑。以某省电子检务工程为例，假设该省电子检务工程总投资额为 1 亿元，项目工期三年，按照各单位、各项目、各经费来源细分，不难发现：一是用户单位多，各单位平均项目经费紧凑；该省三级检察院共 199 个单位，1 亿元经费如果平均投资的话每个单位仅 50.25 万元。如果按照三年期划分的话，每年每个检察机关平均 16.75 万元。二是建设项目多，各项目平均经费紧凑；H 省有检察办案系统、检察办公应用系统、信息共享系统等 10 大项目，假设该省电子检务工程总投资额为 1 亿元，平均每个项目金额不足 1000 万元。三是经费来源多，各项目经费不能交叉。H 省电子检务工程的省、市、县的投资比例大致为 1∶5∶4，各级经费不能相互交叉使用。因此，电子检务工程的成本管理必须精打细算，在项目之初就应当建立好成本管理计划，控制临界值和绩效测量规则。

智慧司法建设的成本控制，应当做到全面成本管理（Total Cost Management，TCM），具体而言，可以分为事前控制、事中控制、事后控制三个阶段。

在电子政务设计阶段，要制定科学合理的项目预算。在智慧司法项目立项评审过程中，项目预算评审是最为重要的环节之一，如果项目预算评估不科学合理，可能会导致无法立项。而根据《国家政务信息化项目建设管理办法》(国办发〔2019〕57号) 第24条规定，"初步设计方案和投资概算未获批复前，原则上不予下达项目建设投资"。如果预算较大幅度低于实际情况，则需要重新申请补偿资金，将严重影响项目进程。而如果预算较大幅度高于实际情况，同样也会造成财政资金浪费。特别是在论证阶段，要加强统筹规划，严禁重复建设。例如，根据国家审计署公告，1999年至2005年，某中央国家机关下属事业单位A与事业单位B在承担同一电子政务工程的两个子项目时，由于缺乏网络建设统筹规划，出现同一个城市重复租用数字电路的问题，每年要分别支付数字电路租用费104万元和128万元，不符合财政部《中央本级项目支出预算管理办法(试行)》关于"对申报的项目应当进行充分的可行性论证和严格审核"的规定，被国家审计署发文通告批评。

在电子政务项目实施阶段进行严格合理的成本管控，有利于更有效地管理资金，推动电子政务项目实施。其中，既要注重显性成本(设备、软件)的管理，严格控制审核其采购价格；也要注重隐性成本(电子政务建设的管理费用和运维费用)的管理，要节省非必要的培训费等公务支出，注重低能耗设备的采购。在采购程序上，应当根据《政府采购法》《政务信息系统政府采购管理暂行办法》执行，将公开招标作为政府采购的主要采购方式，要防止人为规避公开招标程序，在确保程序公正的同时，也要保证价格处于合理价格范围，避免出现"天价采购""豪华软件"等舆情事件。同时，要特别做好偏差分析，仍以某市智慧监狱项目中的综合布线系统工程为例说明，每周对项目的ACWP(项目已完成作业的实际成本)、BCWS(项目计划作业的预算成本)、BCWP(已完成作业的计划成本)进行分析，可以发现一开始三者之间的偏差较小，但到第7周开始出现费用偏差(CV=BCWP−ACWP)成本超支率为24%，超出了偏差允许的范围。经过排查发现，因该市冬季来临，施工难度和成本增加，同时基础材料价格上涨，发现问题后，项目组及时采取成本纠偏措施。

在电子政务项目收尾阶段应当注重财务审计，建立结果与成本考核并重的绩效管理办法，总结项目成本管理的经验和教训。如项目存在结余，应及时清理上缴财政结余结转资金。在项目建成后半年内，项目建设单位应当按照国家有关规定申请审批部门组织验收，提交验收申请报告时应当一并附上财务报告和审计报告。根据财政部《政务信息系统政府采购管理暂行办法》（财库〔2017〕210号）第16条，在年度预算能够保障的前提下，采购人可以与政务信息系统运行维护供应商签订不超过3年履行期限的政府采购合同，以保证智慧司法信息系统的有效运行。

国务院办公厅《国家政务信息化项目建设管理办法》第23条规定："项目投资规模未超出概算批复、建设目标不变，项目主要建设内容确需调整且资金调整数额不超过概算总投资15%，并符合下列情形之一的，可以由项目建设单位调整，同时向项目审批部门备案：（一）根据党中央、国务院部署，确需改变建设内容的；（二）确需对原项目技术方案进行完善优化的；（三）根据所建政务信息化项目业务发展需要，在已批复项目建设规划的框架下调整相关建设内容及进度的。"

比如，为适应新形势下电子检务工程建设的需要。最高人民检察院信息中心对于业务实际需求进一步梳理和总结，针对内部业务交互量大、服务器之间信息交互频繁的现状，将服务器总数由可行性研究阶段的66台调整为104台，服务器设备网络接口均由千兆接口改为万兆接口，因此在初步设计阶段，服务器的采购费用上调了27.3%。但为了成本总体可控，同步压缩了培训费（下调了64.1%）等其他费用。[①] 总体而言，在智慧司法项目中，有时成本变更难以避免，但应当通过偏差控制法、成本分析法、进度／成本同步控制法等减少或消除偏差，确保项目成本总体可控。

---

① 参见拙著《智慧检务初论》，中国检察出版社2017年版，第212页。

四、智慧司法的质量管理

质量是智慧司法的生命线。包括司法信息化项目在内的电子政务项目质量与国家安全、公共安全以及公众体验紧密相关。在国外，公共服务的信息系统质量问题导致危机事件的案例屡见不鲜。在国内，因为电子政务信息系统的质量问题而导致无法验收、交付后无法使用，甚至引发网络舆情的情况也偶有发生。

（一）智慧司法建设的质量管控

智慧司法建设应当坚持"三全"管理原则。一是全面的质量管理。根据 ISO 8402-94《质量管理和质量保证术语》规定，全面质量管理是指组织（司法机关）以质量为中心，以组织全员的参与为基础，把使用户满意和本组织内所有成员、社会受益作为目标，最终达到长期成功的管理途径。二是全程的质量管理。在整个项目生命周期都应当局限治理管理，在 PDCA（Plan 计划、Do 执行、Check 检查、Action 行动）循环的框架内解决与质量相关的问题。三是全员的质量管理，在智慧司法建设中质量管理不局限于技术公司，也包括司法单位的业务部门、案（审）管部门、技术部门。根据约瑟夫·朱兰的实证研究，在发生的质量问题中存在"80/20 原则"，即 20% 原因来自基层操作人员，80% 的质量问题是由于组织领导等其他责任引起的。[①] 所以在国际标准 ISO 9000 中，全员的质量管理中与领导责任有关的因素占有重要的地位。这也是一再强调智慧司法是"一把手工程"的原因。

在智慧司法的质量管理中，根据国际标准化组织 ISO 9000：2000 质量管理体系基础和术语标准中的定义，主要应当满足两类必须履行的需求或者期望。一类是符合要求，即硬的质量约束，主要指智慧司法工程和产品本

---

① ［美］约瑟夫·朱兰：《朱兰质量手册》，中国人民大学出版社 2003 年版。

身的质量必须符合合同要求，才能顺利通过验收。另一类是适合使用，即软的质量约束，产品或服务必须满足实际需求，智慧司法产品与服务的用户满意度，既包括业主单位是否满意，也包括最终用户是否满意。根据PMBOK®的要求，项目质量管理就是要了解、评估、定义和管理要求，以便满足客户的期望。实际上需要把"符合要求"（确保项目产出预定的成果）和"适合使用"（产品或服务必须满足实际需求）结合起来。

智慧司法建设过程中需要实施质量保证，促进质量过程改进。以电子检务工程为例，主要包括三个部分：一是智慧司法信息系统的质量保证，应当在总体设计中对信息系统的可用性、稳定性、易用性、可维护性、可扩展性提出具体要求。其中，可用性与稳定性是信息系统质量保障的重点（见表5）。二是硬件设备质量保证。例如，《全国检察机关统一业务应用软件平台建设指导方案》明确提出，对于最高人民检察院和年办案数量在6万件以上的省级检察院，建议采用配置较高、性能强大的服务器实现服务器集群。对于年办案数量在3万件以下的省份，可以采用高性能微机服务器，但要考虑双机冗余，避免单点故障。三是管理文档质量保证。项目人员对文档管理工作的重要性普遍不够重视，项目中最常见的情况是，电子政务应用系统开发过程中不能按进度分阶段及时完成文档的编制工作，而是在开发工作接近完成时集中人力和时间专门编写文档，使得项目文档管理流于形式。在智慧司法项目管理中需要特别重视管理文档的质量，便于保证质量。

在质量保证的基础上，还需要对项目进行质量控制。一方面，识别过程低效或产品质量低劣的因素，采取相应措施消除；另一方面，确认项目的可交付成果及工作满足主要干系人的既定需求，使其足以进行最终验收。在质量控制中常用的手段有：（1）因果图，又称鱼骨图。通常把问题描述为一个要被弥补的差距或要达到的目标，放在鱼骨的头部，作为起点，用来追溯问题来源。通过看问题陈述和问"为什么"来发现原因，及时采取纠正措施，消除项目偏差。（2）帕累托图。主要用于识别造成大多数问题的

表5 电子检务工程的信息系统质量需求（来源：最高人民检察院）

质量需求	具体要求
1. 可用性	◎功能齐全，满足《需求报告》中各项业务需求。 ◎符合业务处理和操作流程。 ◎如整个系统平均年故障时间应控制在8小时以内，即可用性达到99.9%，操作平均响应时间不超过5秒。
2. 稳定性	◎各业务系统对用户的操作顺序、输入的数据进行正确性检查，并以显著方式提示错误信息。 ◎系统需有出错处理机制，当系统运行过程中发生错误时，系统将明确提示错误信息并指导用户按照系统错误处理手册进行处理。 ◎系统应提供运行监视和故障恢复机制，建立系统运行日志文件，能跟踪系统的所有操作。 ◎系统配备软件异常处理措施。
3. 易用性	◎系统用户界面友好，主页应满足个性化设置，功能模块可根据用户角色不同、用户的工作任务不同而实现自由定制。 ◎系统使用操作简便。通过提供下拉菜单、弹出页面等多种展现方式，以及更多的快捷方式（快捷键、右键菜单等），减少用户机械操作。 ◎页面跳转过程中能够保存页面信息。 ◎提供完善的联机帮助，所有操作菜单和提示信息全部使用中文。 ◎对于常用不变的数据项、重复数据项、可枚举的数据项、自动产生的数据项，应设置为缺省值或自动提供，以减少用户录入。
4. 可维护性	◎提供服务器系统管理与维护、操作系统管理与维护、应用系统软件管理与维护、数据库管理与维护以及数据库备份、应用系统备份、灾难事件处理与解决实施方案等。为系统中多个功能平台提供可视化的管理界面，允许部分用户进行设置。
5. 可扩展性	◎系统在设计过程中充分考虑可扩充性，能根据技术发展和业务需求的增加不断升级扩展。系统充分考虑可能的扩展内容，为其提供接口。

少数重要因素，在横轴上显示其类别，涵盖所有可能的观察结果。横轴上每个特定因素的相对频率由左到右逐渐减少，直至以"其他"来涵盖未指明的全部其他因素。通过帕累托图可以识别项目质量的主要影响因素、次要影响因素和其他影响因素。（3）控制图。用来确定一个过程是否稳定，或者是否具有可预测的绩效。根据项目质量计划制订上限和下限，反映可允许的最大值和最小值。如果某个数据点超出控制界限，或连续7个点落

在均值上方或下方，就认为过程已经失控。（4）其他常用的质量工具还包括流程图（通过工作流的逻辑分支及其相对频率，来估算质量成本）、核查表（有效地收集潜在质量问题的有用数据）、直方图（描述集中趋势、分散程度和统计分布形状）、散点图（又称相关图，来估算自变量的变化将如何影响因变量的值），这些基本质量工具也被称 7QC 工具，用于在 PDCA 循环的框架内解决与智慧司法质量相关的问题。

（二）智慧司法建设的风险管控

智慧司法项目风险涵盖项目管理的各要素，如项目范围风险、项目成本风险、项目进度风险、项目质量风险、项目团队风险，等等，并且各类项目风险相互关联、相互叠加。如果智慧司法的项目需求风险管理缺失，容易导致需求不稳定、需求变更进而导致项目范围失控，随之而来的是电子政务项目成本无法控制，同时导致项目进度滞后、无法按时验收，最终导致项目失败。

1. 风险管控特征

据各类统计数据表明，我国电子政务项目一直属于高风险技术项目。有资料显示，在 20 世纪 90 年代，我国政府的信息技术应用达到项目预期的不足 10%，大部分项目要经过修补才能达到原来的设想。[①] 一些国外研究也表明，发展中国家的电子政务项目失败率高达 60%—80%，即便是像美国这样的国家，其 2000 年政府和工业部门的 IT 项目合格率也仅为 49%。[②] 而纵观国家审计署通报，电子政务项目审计问题频出，如国家审计署 2013 年通报，某中央国家机关本级及所属单位建设的 5 个信息系统项目均不同程度存在部分功能无法使用、建设目标未完全实现等问题。某金字工程签

---

① 薛志强：《论电子政务建设中的项目管理》，载《北方经济》2013 年第 18 期，第 95—96 页。

② 刘永玉：《电子政务的项目管理》，载《软件工程》2004 年第 11 期，第 54—55 页。

订的 88 份采购合同中，有 27 份合同未约定明确的执行时间和完成时间，有 47 份合同未按照约定供货时间供货，存在隐性的合同风险。

风险的定义在不同的领域被赋予了不同含义。例如，国际电气和电子工程师协会（IEEE，Institute of Electrical and Electronics Engineers ）认为风险是一种事件或者状态发生的可能性，这种可能性会带来严重的后果或者潜在的问题。美国项目管理协会（PMI，Project Management Institute ）定义项目风险为：一种不确定事件或状况，一旦发生，会对至少一个项目目标产生积极或消极的影响。[①] 我国专家提出，风险就是不确定性对目标实现的影响（ effect of uncertainty on objectives ），这一定义也在 2007 年召开的国际标准化组织（ISO）技术管理局的一次会议上被采纳。

智慧司法的项目风险具有如下特征：一是风险承受程度较低。智慧司法项目是国家司法机关的信息化工程，部分系统涉及国家机密和工作秘密，一旦项目失败或是运行过程中发生重大问题，其后果难以估量，极有可能直接影响司法机关的工作秩序，甚至影响国家和社会稳定，造成恶劣影响。二是风险突发概率较高。智慧司法项目涉及全国数千家人民法院、人民检察院、司法行政机关的数十万工作人员，用户遍布全国，不同地区、不同系统的信息化基础设施、信息应用水平等均有较大程度差异，为项目管理工作带来很大挑战。三是风险控制过程较长。有些智慧司法项目建设期长达数年，如果计算入项目立项准备时间与收尾验收时间，还会更长，这也意味着项目风险管理周期的过程较长，需要有一支稳定、高素质的风险管理团队。这就要求电子检务工程各子项目的所有关键里程碑要加强质量保证和质量控制，必须贯穿于整个项目的各阶段，从而形成一个动态的循环过程，同时不断将风险控制从被动管理变为主动管理。

---

① *Project Management Institute. A guide to the project management body of knowledge*, Fifth edition, Project Management Institute, Inc, 2013.

2.项目风险定性分析

项目风险是系统风险，因此需要对项目风险的各组成部分进行分析。智慧司法的项目风险可以分为组织管理风险、业务需求风险、技术安全风险、其他综合风险四大类（见表6）。

表6 智慧司法项目风险指标 [①]

一级指标	序号	二级指标
组织管理风险	A1	组织架构风险
	A2	管理机制风险
	A3	人力资源风险
业务需求风险	B1	法律政策风险
	B2	需求稳定性风险
	B3	需求准确性风险
技术安全风险	C1	技术方案成熟度风险
	C2	产品性能可靠性风险
	C3	信息系统安全性风险
其他综合风险	D1	资金管理风险
	D2	进度管理风险
	D3	社会稳定风险

一是组织管理风险。主要是指司法机关、设计单位、施工单位、监理单位的组织架构、管理机制、项目团队是否能胜任智慧司法建设。其一，组织架构风险。组织架构是智慧司法风险管理的组织基础，其中领导机构是人民法院、人民检察院等司法机关信息化管理的决策部门，应具备足够

[①] 金鸿浩等：《电子政务项目风险分析与应对研究》，载《电子政务》2017年第10期。

的权能来领导、协调各部门开展司法信息化建设。但是，在司法改革中，部分司法机关取消了信息化处、技术处的设置，个别司法机关网络安全和信息化领导小组虽然设立，但并没有实际开展工作，存在组织架构上传下达"中梗阻"的风险隐患。其二，管理机制风险。在横向沟通上，相对弱势的信息化部门需要协调好各业务部门难度较大。在纵向对下管理上，部分司法机关信息化部门为事业单位，对下管理效力受到影响。其三，人力资源风险。绝大多数司法单位缺乏信息化专家型人才和项目管理人才，少数的信息技术工作人员一般主要负责单位信息化运维与日常管理工作，存在人力资源管理风险隐患。

二是业务需求风险。主要是指司法机关对信息化需求变化直接或间接导致项目范围变化，从而带来的项目风险。其一，法律政策风险。近年来，国家立法提速，电子政务管理相关的法律、行政法规陆续出台，相关政策也与时俱进，法律政策变更可能影响项目的申报、验收与管理。其二，需求稳定性风险。需求稳定性受到诸多因素影响，特别是在新一轮司法改革期间，项目立项阶段和项目实施、项目收尾阶段可能存在较大变化。其三，需求准确性风险。在项目立项阶段，需求获取的不准确、不完全可能导致开发出的软件不能满足业主单位需要。业主单位需求—需求报告—技术需求的三者转换过程中，信号的编码与解码将会导致语意不同程度存在"失真"现象，特别是司法机关业务需求的法律专业性较强，而通常技术部门和外包公司需求工程师多为计算机专业背景，缺乏对法律知识和司法实务的了解，学科背景的差异加剧了需求获取的准确性偏差。

三是技术安全风险。主要指智慧司法技术方案成熟度风险、产品性能可靠性风险以及信息系统安全性风险，技术安全风险是智慧司法中最基础的风险因素。其一，技术方案成熟度风险：技术方案的成熟度包含多种影响因子，包括技术的先进性、成熟性、实用性，描述了信息技术使用的难易程度和广泛性。当一项技术可以广泛应用时，技术的风险必然降低；反之，如果技术的使用面狭窄，适用条件苛刻，那么风险必然增大。其二，产品性能可靠性风险：智慧司法需要购置大量的软硬件设备、软件产品，产品性能的可靠性将直接影响整个工程质量。全国性的智慧司法应用对系统并发能力要求较高，特别是在每天上班时间全国数十万司法机关计算机同时打开登录系统，开始网上办公、办案的时段，此时访问量集中，很容易造成网络拥堵，此时段系统响应速度和能力等相比于其他时段具有较大的风险。[①] 其三，信息系统安全性风险：现有的安全产品可以对目前的软件系统、硬件系统等各种资源进行有效保护，但是随着新的技术的不断发展，网络攻击方式不断更新，电子检务工程还存在安全类的风险和隐患。此前，司法机关就曾出现过被篡改网页源代码，被黑客攻击刊登"赌博"内容的舆情事件。智慧司法项目的网络安全风险高，需要格外注重安全防范与管理。

3. 项目风险定量分析

在定性风险分析的同时，还可以进行项目定量风险分析，主要有如下三种方法。

一是智慧司法技术风险的 TRL 评估。TRL（Technology Readiness Levels）即技术实用水平，是评估技术成熟度的一种度量结构，最初由美国国家航空和宇宙航行局（NASA，National Aeronautics and Space Administration）在1995 年采用，随后在 2001 年开始由美国国防部、英国国防部逐渐应用于所有采办项目。技术实用水平由低级向高级通过 TRL1 至 TRL9 九个层次进行描述。[②] 经过专家评估等方法和测算，电子检务工程项目整个系统的技术风险为 4.125，对应 TRL6 "在相关环境中演示系统 / 系统技术模型或原型"等级，整个系统技术风险处于中等水平。

---

① 因此，在全国法院执行案件流程节点管理系统中，系统要求不少于 2 万个并发 HTTP 连接数，支持在线并发书目不小于 5000 人次，实现了对执行案件所有流程节点的规范性管理、期限预警、超期锁定、时限统计分析等综合管理，将传统线下流程转变为线下流程，从而实现执行案件的集中管理和全流程的有效监督。参见孙福辉主编：《智慧法院优秀案例选编》，人民法院出版社 2021 年版，第 250 页、第 254 页。

② 郭伟：《技术就绪水平在信息技术领域科研项目管理中的应用》，载《信息通信》2012 年第 6 期，第 135—136 页。

表7　TRL技术实用水平度量表

TRL 等级		定义	风险系数
初级	TRL1	掌握或报道技术的基本原理	9
	TRL2	己经明确技术概念或应用	8
	TRL3	分析或试验研究的方法验证预先分析的结果	7
中级	TRL4	在实验室环境中验证技术模块或基本子系统技术	6
	TRL5	在相关环境中验证技术模块或基本子系统技术	5
	TRL6	在相关环境中演示系统/系统技术模型或原型	4
高级	TRL7	运行环境中演示系统技术原型	3
	TRL8	通过试验和验证确认系统技术符合要求	2
	TRL9	通过成功的任务运行确认系统技术符合要求	1

　　二是智慧司法项目风险的风险系数评估。评估函数为 R=f（P，L），其中 R 表示风险系数，P 表示概率，L 表示风险影响。采用该方法对某司法信息化工程项目的风险指标进行定量评估，由专家采用主观测评法在0—1范围内预测二级指标的风险概率与风险影响，计算得到其风险系数并进行排序（见表8）。研究发现，在该项目的各类风险中，首先是"需求稳定性风险"，风险系数最大达到0.64；其次是"进度管理风险"，风险系数为0.35；再次是"信息系统安全性风险"，风险系数为0.32，提示智慧司法项目管理团队要格外重视上述工作的风险防控。

表8　某智慧司法项目社会稳定风险因素识别及其风险程度汇总表（来源：笔者自制）

风险类型	发生阶段	风险因素	备注	风险概率 P	风险影响 L	风险系数 R
工程风险	实施运维	噪声震动影响	设备安装和运行产生的噪声和震动	很低 15%	可忽略 10%	微小 0.015
		电磁辐射影响	设备运行时在机房内产生的电磁辐射	很低 10%	可忽略 15%	微小 0.015

三是智慧司法项目风险的社会稳定风险的对照评估。按照国家发展改革委于 2012 年 8 月 16 日印发的《重大固定资产投资项目社会稳定风险评估暂行办法》，应当对智慧司法项目进行社会稳定风险进行评估，参考风险因素对照表，可以识别出本项目的社会稳定风险因素。一般的智慧司法项目，只涉及设备安装和运行过程中所带来的噪声和震动影响以及信息化设备的电磁辐射影响。按照相关文件综合风险指数评判标准，风险程度 $R > 0.64$ 的社会稳定风险等级为高（重大负面影响）、风险程度 $0.36 < R < 0.64$ 的社会稳定风险等级为中（较大负面影响）、风险程度 $R < 0.36$ 的社会稳定风险等级为低（一般负面影响），本项目综合风险指数为 0.015，小于 0.36，风险程度为微小，风险等级为低。

4. 项目风险应对策略

综合智慧司法项目的风险特征、定性定量风险分析结果，可以制定分类的项目风险应对策略。只有选择出的风险应对方法与对应的风险优先级层次相匹配，才能成功解除风险威胁，降低风险影响，实现项目风险控制的目标。

首先，在智慧司法项目组织管理风险应对上，可以采取项目风险开拓措施。譬如，应当积极构建适应智慧司法的组织架构，强化各级司法机关网络安全和信息化领导小组职责，定期召开业务部门、技术部门、项目公司参加的项目协调会，建设以领导小组为核心、项目协调会为辅助的决策机制，明确组织层面对项目建设和管理的共识。二是制定完善智慧司法管理机制，要在项目建议书、可行性研究报告、初步设计方案和投资概算的基础上，科学制订并落实严格项目管理计划。三是加强智慧司法人力资源统筹管理，参照公安部科学技术委员会设置，组建智慧司法信息化专家组。在项目实施中，分级确定专职工程负责人并充分授权，制定多个层次的 RAM 责任矩阵，确保任何一项任务都只有一个人负责，并配套制定绩效奖惩措施。

其次，在智慧司法项目业务需求风险应对上，可以采取项目风险化解措施。当该风险无法被规避时，需要从项目风险源头进行分析，去控制和消除项目具体风险的引发原因。一是积极获取应用法律政策的变更，在项目初期全面分析政策环境，法律政策发展趋势，项目建设周期不宜过长；二是科学处理需求稳定性风险，强化项目范围和需求变更管理流程，做好项目干系人沟通，一方面，项目应用系统建设应当采用可扩展性原则。项目对未来业务需求的变更进行充分的考虑，注重模块化总体设计，在系统设计策略和系统架构设计中采用系统间松耦合的设计原则，把系统的可扩展性放在重要地位。另一方面，应区分新需求的紧迫程度，如紧迫性不强可在二期、三期工程设计时予以满足。三是最大程度减少需求准确性风险，由业务部门、技术部门、外包公司联合制定项目需求报告，强化需求确认环节，严格进行需求审核与确认、修改工作。

再次，在智慧司法技术安全风险应对上，可以采取项目风险分担措施。在技术安全管理上，设计单位、施工单位、监理单位的能力和经验一般要高于业主单位。因此，可以通过签订合同等方式，根据项目风险的大小和项目相关利益者承担风险的能力，分别由不同的项目相关利益主体合理分担项目技术安全风险。一是减少技术方案成熟度风险，设计单位应当平衡技术方案的先进性、可靠性、可替代性、应用性等，选择满足当前和未来一段时间需求的稳定成熟的先进技术方案；在系统建设中，采取必要的技术措施，确保电子检务项目能够可靠运行，如关键设备采用必要冗余设计等。二是减少产品性能可靠性风险，政府采购部门应增强项目采购管理，加强购置产品质量抽检工作，强化产品质量的监理责任。三是减弱信息系统安全性风险，对智慧司法项目承建单位、运维单位均需同步强化安全管理和保密教育，按照要求由第三方在项目竣工后展开信息系统安全风险评估。对于外包项目要特别重视外部风险，司法机关可以聘请专业第三方机构对外包服务提供商开展全面的尽职调查，确定外包商后还需要签订双向的服务质量协议书。①

---

① 陈显明、关超：《PDCA 质量管理循环视角下审判辅助事务外包的风险防控》，载《司法改革论评》2020 年第 2 期。

最后，在电子检务工程其他综合风险应对中，可以选择项目风险遏制措施。对于无法规避与化解的风险，从项目风险引发原因的角度出发进行遏制，从而降低该风险发生概率。一是降低资金管理风险，积极筹措项目资金，注重项目严格合理的成本管控，建立完整系统的财务制度，推动电子政务廉洁工程。二是降低进度管理风险，明确各部门、各级院电子检务工程进度责任，同时借鉴金字工程经验，合理估算项目工作量，使每个里程碑阶段均应有工作量估算、时间进度，以及可操作、可管理和可检查的交付物。最高人民检察院网信办应提高进度计划的管理、跟踪水平，加强阶段性里程碑进度评查，每月向上级领导和各省级院通报各省电子检务工程完成进度。三是预防社会稳定风险，在项目立项阶段进行社会稳定风险评估，采用合理的规避和减弱手段控制稳定风险，注重倾听民意与网络舆情监测应对。所采购的信息化设备要满足 TC099、FCC-B 低电磁辐射标准；严格进行防火、防水、供电、扰民、环境影响等方面的预防措施；合理安排施工时间，避免在工作时间对办公造成不良影响。

（三）智慧司法建设的质量评价

智慧司法质量最终应当由建设单位和产品用户进行评价。用公式表示为：智慧司法项目质量 = 用户预期质量要求 / 用户实际感知质量。而现有实证研究表明，包括智慧司法在内的电子政务满意度与公共部门满意度之间存在正相关关系，用户对信息化服务满意度的提升，最终会提升其对公共部门满意度，从而增强用户的获得感、满足感、幸福感。[①]

2019 年 7 月至 8 月，笔者曾专题调研民事检察信息化满意度，共收到有效问卷 777 份。调研发现，民事检察条线受访者所在单位层级、行政职务、法律职务越高，对民事检察信息化现状的评价越低（见图 19）。以

---

① 王长林：《线上和线下服务质量对 G2B 电子政务满意度的影响研究——以电子税务为例》，载《信息资源管理学报》2015 年第 3 期。

单位层级划分，省级检察院人员满意度为9.8%，地市级检察院满意度为33.55%，基层检察院满意度为58.82%。以行政职务划分，检察院领导对民事检察信息化满意度为30.43%，部门正职满意度为32.40%，部门副职满意度为39.50%，普通干部满意度为47.33%。以法律职务划分，员额检察官受访对象对民事检察信息化的满意度为39.81%，检察官助理满意度为44.77%，书记员满意度为71.93%，无法律职务的满意度为76.31%。考虑到受访对象所在单位民事检察信息化的客观建设水平（供给能力）是相对固定的，之所以存在总体评价递减规律，很可能是因为单位层级越高、行政职务越高、法律职务越高的受访对象对民事检察信息化的需求期待性越强。近年来，人工智能、大数据技术的宣传推广和政策指导频出，具有较高层级职务的民事检察人员也获得了更多的科技发展信息，提升了其对智慧民事检察功能的预期，而预期和现实供给的差距会导致满意度的下降。[①]

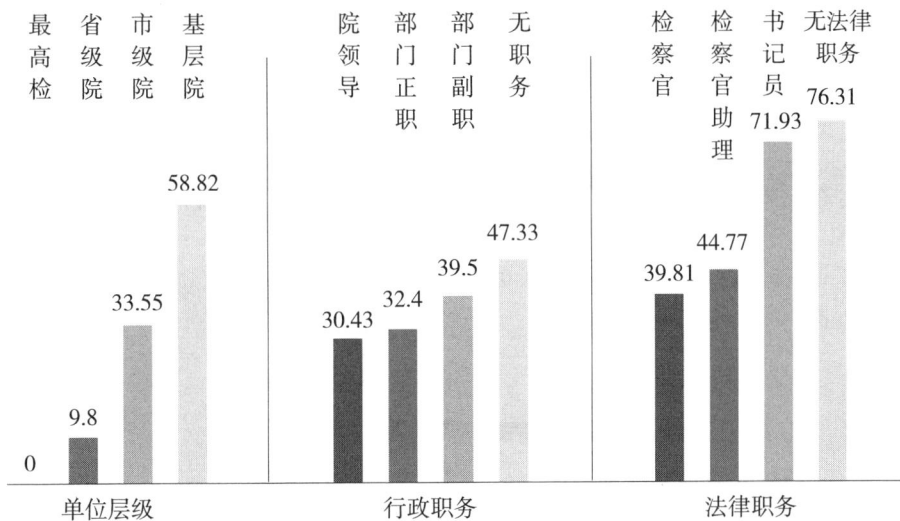

图19　检察机关民事检察信息化满意度（单位:%，来源: 笔者自制）

---

① 参见拙文《需求主导型智慧民事检察的供给侧改革初探》，载《人民检察》2020年第12期。

最高人民法院从 2017 年开始，试点对地方智慧法院建设进行评价工作，每年 11 月至 12 月，正式发布当年的《关于开展全国智慧法院建设评价工作的通知》。2019 年全国智慧法院建设评价指数得分为 85 分，其中，60 分以下的人民法院有 173 个，60—70 分的人民法院有 384 个，70—80 分的人民法院有 608 个，80—90 分的人民法院有 1035 个，90 分以上的人民法院有 1270 个，呈现递增趋势。[①] 在一类指标的分类评价中，高级人民法院得分最高的是基础支撑指数（97 分），得分最低的是规划引领指数（67 分）；中级人民法院得分最高的也是基础支撑指数（98 分），得分最低的是综合保障指数（63 分）；基层人民法院和中级人民法院类似，得分最高的是基础支撑指数（95 分），得分最低的是综合保障指数（66 分），根据智慧法院建设评价绘制雷达图，可以非常便捷地发现项目建设质量较好的方面以及薄弱环节，有利于科学化、精准化的质量管理。

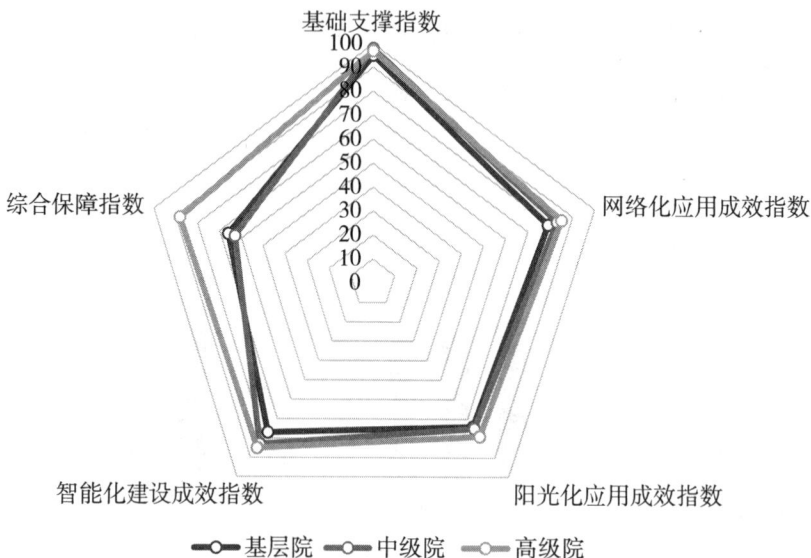

图 20　智慧法院一级指数建设雷达图对比

———————

① 孙福辉主编：《智慧法院标准体系和评价体系》，人民法院出版社 2021 年版，第 259 页、第 263—264 页。

第三节 智慧司法应用管理研究

随着天平工程、电子检务工程等工程的竣工，智慧司法进入"建用并举，以用为主"的新的历史阶段。有的实务人员在总结经验时认为，司法信息化80%的效益体现在应用阶段，[①] 而既往对智慧司法应用管理环节缺乏充分重视，理论研究也较少涉及。

一、智慧司法的组织管理

智慧司法应用管理首先需要依托专门组织、专职队伍、专业方式进行，有必要因地制宜，加强新时代司法信息化的机构管理、队伍管理和廉洁管理。

（一）司法信息化机构管理

政法机关均设置了专门的技术信息化部门，但是公检法司的机构设置均有所差异，横向比较可以发现，公检法司不同系统的信息化管理机构性质存在较大差异。

公安部的信息化部门较多。一为内设机构。1978年，公安部成立科学技术局，主管公安科技和技侦工作；1998年，公安部信息通信局成立。2008年，原科技局与信息通信局合并成立了科技信息化局。下设办公室、技防处、创新处、视频处、应用处、规划处、无线处、人才培训处等部门。

---

① 山东省高级人民法院：《山东智慧法院建设探索与实践》，人民法院出版社2018年版，第81页。

此外，相关内设机构也设置有信息化部门，比如公安部办公厅设有网络管理处、公安部交管局设有科技应用处等。二为参公单位。公安部下设多个参公单位从事警务科技工作，如公安部信息通信中心，下设软件开发部、信息中心安全监测部、系统运行部、科技基础工作指导处、信息化应用指导处、网络和信息安全处等部门；此外还有公安部网络技术研发中心、公安部物证鉴定中心。三为事业单位，包括公安部第一研究所、第三研究所、信息安全等级保护评估中心。在政法机关中，公安机关的信息化机构设置最全面，队伍配置最强，信息化建设成效也最显著。

最高人民检察院的信息化部门经历了一个演化过程，20世纪90年代，最高人民检察院内设机构技术局和直属事业技术所。2000年，技术局和技术所合并，成立了直属事业单位检察技术信息研究中心，主要包括检察技术、检察信息化和检察科技研究三大职能。2008年检察技术信息研究中心升格为参公单位，负责指导全国的检察技术信息化工作，同时承担最高人民检察院信息化领导小组办公室职责。2021年检察信息技术研究中心内设机构改革后，下设办公室、法医处、司法会计处、物证技术处、环境食品药品技术处、电子证据一处、电子证据二处、数据分析一处、数据分析二处、数据分析三处、检务指挥通信技术处、检察科研处12个处室。2012年，最高人民检察院案件管理办公室成立后，该内设机构还下设有业务信息化管理处，负责业务信息化需求统筹，指导全国检察机关统一业务应用系统的应用。2022年，为了推进数字检察建设，最高人民检察院还成立了数字检察办公室（目前暂属于非常设机构），作为数字检察领导小组的办事机构。

最高人民法院的信息化部门为2013年成立的信息技术服务中心，负责人民法院信息化规划、标准和规范的制定及组织实施，最高人民法院信息系统的建设及维护，"天平工程"项目建设，最高人民法院全部网络系统的技术服务和维护等相关工作。2014年12月经中央机构编制委员会办公室批复，信息技术服务中心定位为公益二类非财政补助事业单位。内设办公室、规划管理处、系统研发处、运维保障处、信息安全处、数据管理处、基础设施处等 7 个处室，中心领导班子包括 1 名主任、2 名副主任、1 名总工程师、1 名党务廉政专员。2016 年，最高人民法院信息中心还与中国电子科技集团成立了中国司法大数据研究院有限公司，负责智慧法院规划、建设和培训的相关工作。

司法部的信息化部门为公益一类事业单位，主要承担司法部网络安全和科技信息化领导小组办公室工作，在司法部网络安全和科技信息化领导小组领导下开展全国司法行政网络安全与信息化工作，协调推进全国司法行政科技、标准化工作；承担司法部本级网络安全、科技与信息化建设的管理与服务保障等工作。内设办公室（党务人事处）、规划与项目管理处、网络运行与应急保障处、系统研发处、大数据应用处、网络安全处以及科技和标准化处 7 个处室。

机构设置对于智慧司法建设具有非常重要的影响。一方面，机构性质直接影响管理指导力度，总体上公检法司的信息化管理部门包括三种性质，分别为内设机构模式、参公管理模式、事业单位模式，内设机构模式对下指导力度最强，同时可以平等地和其他内设机构进行沟通协商；参公管理模式对下指导力度相对较弱，内部沟通协商有一定难度，但仍然可以直接进行对下指导；事业单位模式对下指导力度最弱，内部沟通协商障碍大，没有权限进行对下指导，需要依托机关内设机构或借助单位网信领导小组名义对下发文。另一方面，机构设置情况也影响到智慧司法的发展模式，比如，公检法司中只有法院信息中心属于公益二类事业单位，根据政策，其可以开办公司等实体机构，但是对于内设机构、参公单位或公益一类事业单位，政策禁止以任何形式开办公司。同时在处级部门设置中，有的单位高度重视规划工作，设置了规划处，有利于规划编制的正规化、专业化、连续化；有的单位高度重视数据工作，成立了多个数据相关处室；有的单位高度重视安全工作成立网络安全处室，这些专门化处室的设立也有利于相关工作的持续发展。

（二）司法信息化队伍管理

正如毛泽东同志所说，"政治路线确定之后，干部就是决定的因素"。在智慧司法建设中，队伍建设是最重要的因素之一，应当多措并举，强化司法信息化队伍建设。

一是配齐智慧司法专业技术人员，解决"引得来"问题。智慧司法需要专门的人员队伍进行项目管理、通信保障、数据分析、网络维护。2015年，最高人民法院出台《关于人民法院信息化人才队伍建设的意见》，明确规定高级法院不少于12名、中级法院不少于5名、基层法院不少于3名信息化专业人员，其中高级法院应当配齐规划管理、系统研发、数据管理、信息安全、基础设施和运维保障6类专业人员，每一专业人员不少于2人，但实践中信息技术人员力量配置不到位的情况较为普遍。[①] 以建设情况较好的山东法院为例，截至2018年，山东省法院系统共有99个法院设立了专门的信息化机构，其中37个是事业单位，从事信息化工作的正式干警316人，专职干警279人，其中行政编制181人、事业编制135人，中高级职称35人，另有聘用人员135人。全省法院平均不到2人，相当一部分法院仅有1名兼职人员。[②] 在人才引进方面，对于高层次技术信息化人才，IT行业工资较高，年薪在数十万到数百万不等，而体制内的工资相对固定，缺乏足够的吸引力。为解决该问题，公务员单位可以探索聘用制公务员招聘高端人才，建设高端科技人才引进的"绿色通道"。通过选调生面向985、211等高校招收后备力量。事业单位可以探索年薪制等方式招聘中高级专业技术人员。

二是畅通智慧司法专业技术人员畅通渠道，解决"留得住"问题。在人才培育上，由于司法机关的核心业务是办案，在多重改革叠加的大背景

---

① 蒋佳妮等:《智慧法院》，科学技术文献出版社2020年版，第82页。
② 山东省高级人民法院:《山东智慧法院建设探索与实践》，人民法院出版社2018年版，第6页。

下，司法科技队伍的流失现象较为严重，在人员分类管理改革后，不少通过司法考试、既懂业务又懂技术的智慧司法骨干转岗到业务岗位"入额"或担任法官、检察官助理；在监察体制改革中，不少检察机关的技术信息化人才"转隶"到监察机关工作；在司法机关内设机构和事业单位改革中，不少地方司法机关的信息化人才转岗到其他部门工作，人员"流失"现象较为严重。

对于公务员、参照公务员管理的司法信息化人员而言，应当按照《专业技术类公务员管理规定（试行）》进行套改，专业技术类公务员具有强技术性、低替代性，应当具备相应的专业技术任职资格，根据工作需要，对部分专业技术类公务员职位实行聘任制。符合条件的专业技术类公务员，经批准可以参加中央和地方各级重大人才工程和科研项目评选。对于事业单位人员而言，两高应当建立单独或联合的高级技术职务任职资格评审委员会或者委托行政机关评审，不论参评者是高校、科研院所的还是司法机关的，同一专业用同一尺度衡量，把关严、过关率低，有时司法科技人员的职称评审在司法部几乎陷入"全军覆没"的窘境。[①] 畅通司法机关事业单位专业技术人员的职称评审流程，还可以建立正聘、内聘两种方式，具有相应职称资格、符合聘任条件的可以通过内聘方式，享受相应职称待遇；空出专技岗位编制后，再在内聘人员中择优评选。

三是加强智慧司法专业人才培训培育培养，解决"用得好"问题。根据《专业技术类公务员管理规定（试行）》第 21 条规定，专业技术类公务员应当接受初任培训、专门业务培训、在职培训，培训内容侧重工作所必需的专业技术知识和技能等。有的司法机关还明确了司法信息化人员的素能标准，如《检察技术和信息化岗位素能专业标准》确定为"五岗、四级、十九项"的体例结构。"五岗"是指本条线共设置五个岗位，分别为领导决

---

① 陈玉林、冯宗美：《检察技术信息化人员在司法改革中面临的问题与对策》，载《中国司法鉴定》2017 年第 4 期。

策岗、技术办案岗、信息化岗、科技创新岗和综合事务管理岗。"四级"是指各素能项目根据能力水平划分为四个等级，层层递进。"十九项"是指根据五个岗位共设置了十九个素能项目。在人才培训中，可以对应岗位素能专业标准进行培养。另外，还可以建立跟班学习机制，让司法信息化人员在业务厅局、职能处室进行短期交流，了解信息化需求、痛点，以及基层挂职机制、科技援疆（藏、青）机制等。支持和鼓励智慧司法专业人员参加各类学历教育和非学历专业技能培训。

（三）司法信息化廉洁管理

在巨大的市场面前，时任最高人民法院院长周强指出，"要坚持不懈抓好信息化建设领域党风廉政建设，全流程加强监督管理，紧盯重点项目和关键环节，严格落实廉政风险防控制度，确保建设廉洁工程"。近年来，司法机关信息技术部门人员贪腐案件为智慧司法廉洁管理敲响了警钟，如何进行廉洁管理，亦成为一个重要命题。智慧司法行业的廉洁风险相对较高，主要有三个原因：

其一，权力寻租风险相对较高。当前已经形成了一个成熟的智慧司法市场。在当前日常财政支出大幅压缩的前提下，智慧司法项目经费近年来仍然呈增长趋势，廉洁风险较为突出。同时，电子政务的信息不对称性较强，也为权力寻租提供了便利空间。由于智慧司法具有高度的专业性，即使是不同岗位的司法信息化工作人员，如信息系统岗位、网络工程岗位、安全防护岗位、基础建设岗位，对彼此的专业知识也缺乏足够了解。单位领导、纪检监督部门、财务部门对信息技术专业知识更加缺乏，因此客观上增加了监督难度。特别是在信息系统等非实体产品估价方面，定制研发产品和成熟软件产品之间的成本存在巨大差异，对于成熟产品而言，IT公司的边际成本几乎为零，如果"寻租"可以将其成熟产品直接或稍加修改（如重新封装或设计 UI）当作定制研发产品销售，其利润空间将十分丰厚。

其二,制度漏洞不足客观存在。智慧司法制度建设不完备,赋予主要负责人充分的自由裁量权,"一把手现象"有其积极效应和负面效应。积极效应是智慧司法项目作为"一把手工程",可以"集中力量干大事",方便协调人、财、物、政策资源,对于尚未有制度规范支持的新技术应用(如人工智能、区块链等),可以在一定程度突破制度约束,加速智慧司法创新进度。大多数优秀的基层司法科技创新案例中,单位主要负责人均靠前指挥,发挥了重要的领导作用。负面效应是可能扭曲或违背制度规范,有的信息化项目"边建设、边申报"违反有关项目管理规定;有的信息化专项经费被挪作他用或其他经费被挪作电子政务经费;有的电子政务项目沦为政绩工程,领导换届后信息系统推倒重来、重复建设。智慧司法在内的电子政务主管部门和监督部门普遍重视事前监督和事后监督,但对项目中期的管控监管相对不到位。

其三,个别干部思想意识不坚定。部分司法信息化工作人员由于体制内外 IT 行业收入差距较大,单位内部信息化部门的边缘性和职务晋升"天花板"等原因容易产生"失衡心理",给"围猎者"以可乘之机。并且智慧司法建设的核心企业相对较少,企业人员或与智慧司法管理人员有的存在血缘、学缘关系(如同学),或为高薪聘请的原单位离职人员或离退休人员;或通过原先承担该单位的信息化项目与司法机关管理人员熟识,较为容易接近相关工作人员并获得信任,放松警惕。而司法信息化产品的管理权、运维权,甚至在实际工作中的部分采购权、需求提出权、使用权都集中在少数负责人手中,失衡心理在巨大利益面前很容易铤而走险。

对此,应当在智慧司法建设中,统筹推进"廉洁工程体系"建设,关键是抓好对人的监督预防、对钱的监督预防和对事的监督预防这三条"廉洁防线"。

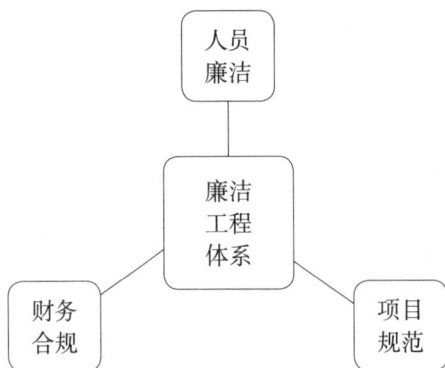

图 21　智慧司法的"廉洁工程体系"建设

加强智慧司法人员廉洁体系建设。一是强化司法信息化工作人员的思想政治学习和廉政教育。信息化人员学科背景以计算机等理工科为主，对于政治学习、思想政治建设相对缺乏重视，积极性不高。建议有针对性地科学化增强司法信息化条线的廉洁风险意识，在教育方式上强化逻辑性、原理性，重点围绕电子政务工程腐败案例进行警示教育；在传播方式上，鉴于信息化人员对网络方式的认可度和使用偏好，可以优先使用"互联网+"手段进行传播。二是强化司法机关信息中心纪检监察工作建设。建议对于人数在百人以上的信息中心，应当设置专门的纪检监察或内部督查部门；人数在数十人的信息中心，应当设立专人（专职副书记或廉政监督专员）负责统筹该项工作。各级司法单位信息中心应当开设廉政举报邮箱或电子信箱，每年至少举办一次廉政教育，每季度向主管单位纪检监察组长、机关纪委汇报一次工作。三是优化电子政务重大项目廉政预防方式。探索一定投资规模以上（如财政投入亿元以上）的司法信息化项目，主动邀请同级纪委监委或派驻纪检监察组同步监督。在重大项目招投标、验收等阶段，纪检监察部门对项目负责人、参与人进行专题廉政谈话。

加强智慧司法财务合规体系建设。一是严格遵守政府采购、招投标政策要求，应当公开招标的，一律禁止不公开招标，对符合《政府采购法》第36条规定之一的，应予废标。二是加强内控建设。建议在信息化建设和运维管理中，强化对现有国有资产及其使用情况的管理，定期调查抽查。对于未完成验收程序和合同中规定内容的，禁止超进度支付合同尾款；对于智慧司法建设中的差旅、培训等报销事项，严格遵守《中央和国家机关差旅费管理办法》《中央和国家机关工作人员赴地方差旅住宿费标准明细表》《中央和国家机关培训费管理办法》等相关要求。三是有条件的司法机关应当加强财务管理信息化建设，通过智能化手段由计算机自动辅助识别"报警"可能的异常支出行为，财务审批过程应做到"全程留痕"防止修改。

加强智慧司法项目规范体系建设。一是重大项目应当邀请司法机关派驻纪检监察组对廉政风险进行评估，出具《廉政风险评估意见》。《廉政风险评估意见》中，一般应包括廉政风险等级（极大、较大、一般、较小、无）和廉政建议（可以修改的相关内容或增加的廉政措施），未经廉政风险评估，建议不得实施或验收。二是严格履行电子政务审批程序和项目管理要求。遵守《国家政务信息化项目建设管理办法》，原则上非经发展改革委审批不得立项实施和自行终验。三是在项目建设中，要做好日常廉洁提醒，特别是在重要节假日前，要向项目管理人员和项目建设企业发送廉洁提醒函或廉洁提醒短信，构建"亲""清"新型政商关系。

二、智慧司法的运维管理

运维管理是智慧司法建设中的一项日常性重要工作。当前，绝大多数的司法业务均依托信息系统开展，一旦信息系统发生故障，将可能直接导致司法机关业务停摆甚至处于瘫痪状态；如果发生网络安全事件，还将极大危害国家安全和司法公信力。

（一）加强智慧司法运维的规范管理

2005 年，国际标准组织推出了 ISO 20000 "信息技术服务管理体系标准"，为任何向内外部客户提供 IT 服务的组织提供一个共同的参考标准。[①] 2012 年 11 月，国家标准化管理委员会公布了 GB/T 28827《信息技术服务运行维护》的通用要求、交付规范、应急响应规范等三个标准。2017年 11 月，国家标准委批准发布了 GB/T 34960《信息技术服务治理》的通用要求、实施指南、绩效评价、审计导则等四个标准。

近年来，司法机关针对本系统信息化运维的特点，也出台了相关的行业标准，提高运维人员技能，规范运维服务过程，保障运维服务质量。

2017 年，最高人民法院发布了《质效型运维服务规范》（FYB/T 59003），构建了质效型运维服务模型，将人员管理、资源管理和过程管理作为运维服务实施的三个关键保障要素，将 PDCA 作为持续改善运维服务的重要工具。明确了基础设施运维、安全运维、应用运维、数据运维的运维对象和范围，并给出了对应的关键质效指标。例如，数据运维的范围包括信息资源库的各类数据、应用系统的软件代码、设备的配置数据、资产数据等；以及应用系统产生的各类数据。对应的关键质效指标为系统数据量大小、系统数据量增幅、数据访问失败的次数、未正常备份的数据次数等。根据上述关键质效指标，可以对运维部门和人员进行考核。有的法院还建立了智慧法院运维的地方标准，如 2022 年浙江省湖州市出台地方标准《数字法院信息系统运维管理规范》（DB3305/T 244–2022），提出运维服务人员对系统相关资源的日常运维操作均应通过 VPN、堡垒机等安全设施，相关登录和操作日志应至少保存 6 个月以上。

2021 年，司法部发布了《监狱信息化运行维护规范》（SF/T 0088—2021），对监狱信息化运行维护服务的服务对象、服务内容、服务方法等进行了细化，并对监狱信息化运行维护的管理组织和队伍、运行维护经费、运行维护管理指标和运行维护考核办法进行了明确，比如，应定期对机房基础设施进行日常巡检，掌握设备运行和机房环境情况，其中监狱核心机

---

① ［荷］博恩编：《IT 服务管理——基于 ITIL 的全球最佳实践》（第二版），章斌译，清华大学出版社 2007 年版。

房基础设施巡检包括日常巡检应≥1次/天，非核心机房应≥1次/周。《监狱信息化运行维护规范》还特别提出了应急管理流程，包括4个主要阶段：应急准备、监测与预警、应急处置和总结改进。要求监狱运维团队每年进行至少1次的应急演练和培训，以确保相关人员熟悉处置的操作规范和操作流程。

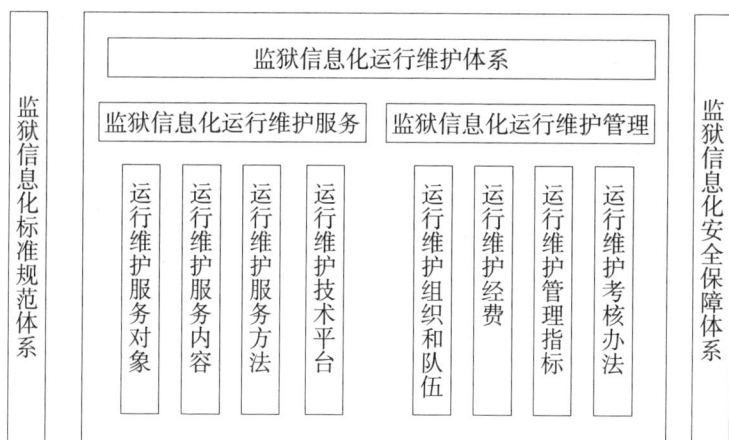

图 22　监狱信息化运行维护总体架构（来源：司法部）

（二）加强智慧司法运维的智能管理

应当加强智慧运维，利用先进的技术手段提升运维相应的全面性和及时性。例如，最高人民检察院依托电子检务工程，建立了运维管理平台。该平台基于ITIL统一运维技术标准和管理规范构建，涵盖了专项监控工具、集中监控管理、配置管理库、操作自动化、运维管理流程、统计分析、统一门户等核心模块，可以满足最高人民检察院IT监、控、管一体化运维需求。以运维管理层为例，该系统的统计报表模块基于数据仓储实现对运维管理数据的抽取清洗、标准化处理和统计分析，能够对运维服务的各个环节、参与人、参与角色等属性进行查询。报表平台支持灵活的定制功能，能对各类资源的运行状况、性能数据、故障维护数据等自动生成相应的日报、周报、月报、年报，以方便依托数据手段提升运维管理科学化水平。

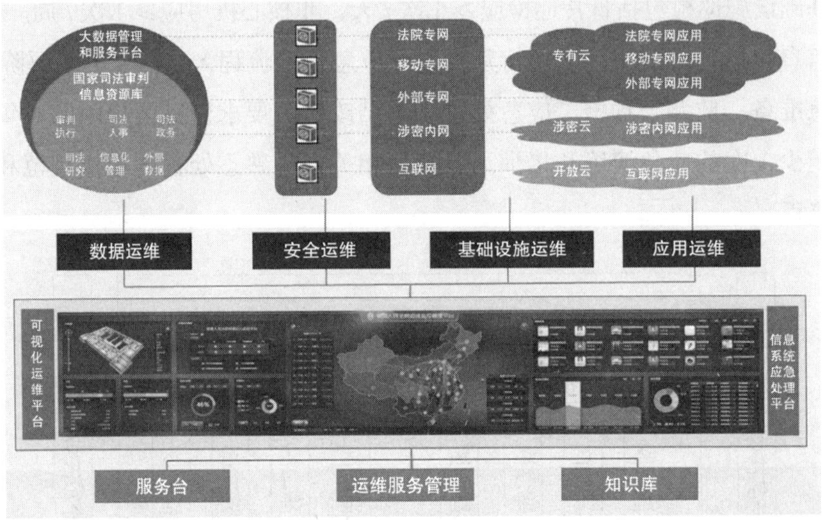

图 23 最高人民检察院运维管理平台运维总览界面（模拟数据）[①]

最高人民法院依托天平工程以及智慧法院质效型可视化运维管理平台（法眼平台），可以直观展示各类智慧法院信息系统运行状态，开展实时动态的运维服务，可以从运维工单中提列总结知识条目，形成智慧法院运行维护工单知识库，形成知识图谱，便于为快速处理系统故障提供经验和知识支撑。此外，平台还支持可视化界面的语音调度功能，提高运维操作的便利性。[②] 2021 年四级法院运维报修机制打通，将最高人民法院 90% 以上统建系统纳入统一报修通道，并实现全国 50% 以上法院统建系统统一报修；建立内外网交互报修途径，实现 60% 以上内网应用系统通过运维管理一键报修，优化了运维告警模块，故障与告警切合率稳定在 85% 以上。[③]

---

① 参见拙著《智慧检务概论：中国法律监督的科技智慧》，中国检察出版社 2018 年版，第 283 页。

② 许建峰主编：《智慧法院体系工程概论》，人民法院出版社 2021 年版，第 398—404 页。

③ 陈国平、田禾主编：《中国法院信息化发展报告（2022）》，社科文献出版社 2022 年版，第 41 页。

地方司法机关还探索建设了可视化监控管理平台，采用 3D 虚拟仿真技术，对机房进行虚拟仿真，并以此为依托整合 IT 设备监控信息。可视化监控管理平台对数据中心模块化机柜和 300 多台设备的使用情况进行统计，并将数据中心机房内分散的多种专业监控系统、资产管理系统、运维流程管理系统融合在构建数据中心的 3D 全息图景中，将分散的多种信息和数据进行深度整合，提高信息的可读性和交互效率，以最大限度降低数据中心运营成本、提高信息化运维管理效能。通过高仿真三维建模及动态信息自动建模技术，实现从院区、楼层、房间到各类监控设施、管理设备及各类信息点的多视角、多维度的数据洞察，将各类资产、资源、设备、设施之间的逻辑关系进行有效展现，为日常管理工作及应急指挥、故障预防提供便利。

（三）加强智慧司法运维的安全管理

根据国家政策，智慧司法项目应当区分是否涉密，采取不同的安全保护措施。涉密信息系统应当按照国家保密局《涉及国家秘密的信息系统分级保护管理办法》（国保发〔2005〕16 号）进行建设，实施分级保护（简称"分保"）。不涉密的信息系统应当按照《计算机信息系统安全保护条例》进行建设，实施等级保护（简称"等保"）。

涉密信息系统的分级保护分为 3 个级别。应根据信息系统所处理信息的最高密级，由低到高划分为秘密、机密和绝密三个等级。但对于包含多个安全域的信息系统，各安全域可以分别确定保护登记。此外，确定为机密级的信息系统，根据系统使单位的重要性、系统中涉密信息的数量与含量、信息系统的重要程度和使单位对信息系统的依赖程度等因素，还可以选择增强性保护要求。例如，2013 年 1.0 版的全国检察机关统一业务应用信息系统就属于机密级（增强），可以在该系统中办理的机密级和机密级以下的业务。在程序上，按照《涉及国家秘密的信息系统审批管理规定》（国保发〔2007〕18 号），涉密信息系统在通过国家保密工作部门的审批后，方可投入使用。未经保密工作部门审批，擅自将涉密信息系统投入使用的，保密工作部门应当责成其立即停止系统运行；造成泄密的，依法追究有关单位和相关责任人的法律责任。

非涉密信息系统分为 5 个级别。其重要性按照 1 级（自主保护级）、2 级（指导保护级）、3 级（监督保护级）、4 级（强制保护级）、5 级（专控保护级）依次升高。通常一般系统对应第 1 级、第 2 级，不会损害国家安全。重要系统对应第 3 级、第 4 级，信息系统受到破坏后会损害国家安全。极端重要系统对应第 5 级，信息系统受到破坏后会严重损害国家安全。根据《计算机信息系统安全保护条例》第 15 条要求，新建 2 级以上信息系统，应当在投入运行后 30 日内，由其运营、使用单位到所在地设区的市级以上公安机关办理备案手续。隶属于中央的在京单位，其跨省或者全国统一联网运行并由主管部门统一定级的信息系统，由主管部门向公安部办理备案手续。符合等级保护要求的，由公安机关出具信息系统安全等级保护备案证明。公安机关对第 3 级信息系统每年至少检查一次，对第 4 级信息系统每半年至少检查一次。对跨省或者全国统一联网运行的信息系统的检查，应当会同其主管部门进行。对第 5 级信息系统，应当由国家指定的专门部门（如保密工作部门）进行检查。非涉密信息系统的等级保护应当引起重视，2014 年审计署审计时发现，中央国家机关中有"6 个部门的 578 个信息系统未进行安全等级保护定级，22 个部门的 124 个行业性或敏感信息系统数据存放在有业务往来的企业"，要坚决杜绝类似现象的发生。截至 2019 年年初，85% 的法院已经开展等级保护工作，高级法院 72% 以上的重要业务系统已通过等保三级定级备案和测评整改。

在智慧司法应用过程中，应当将安全管理摆在突出位置。一方面，应当加强管理规范和日常检查工作。最高司法机关应当印发《人民法院信息系统安全管理办法》《人民检察院信息系统安全管理办法》等规章制度，并据此进行年度检查。如近年来，最高人民检察院网信办每年印发《关于开展检察机关网络安全检查的通知》，重点对各级检察机关贯彻落实《网络安全法》情况、网络安全保障工作情况、网络安全工作经费保障情况、网络安全等级保护制度落实情况、重要数据保护情况，网络安全监测和预警情况等 12 个方面进行检查，排查安全隐患。另一方面，应当加强人才建设和网络安全应急演练，应当依托国家法官学院、国家检察官学院及其分院，开展网络安全政策和技术培训，重点培训信息安全基础理论、防病毒理论与实务、应用服务器安全防范技术、数据安全、密码技术、防火墙技术、入侵检测技术、漏洞扫描技术等理论知识和实务技能。可以探索定期由政治部、信息中心联合组织网络安全业务竞赛等方式，加强司法机关技术信息队伍专业化建设，促进网络安全工作持续健康发展。[①]

三、智慧司法的标准管理

2020 年，《国家电子政务标准体系建设指南》印发，提出电子政务标准体系框架由总体标准、基础设施标准、数据标准、业务标准、服务标准、管理标准、安全标准 7 部分组成。（1）总体标准，主要包括电子政务总体性、框架性、基础性的标准规范，如术语、标准化指南、参考模型等。（2）基础设施标准，包括政务硬件设施标准、政务软件设施标准和政务网络标准。（3）数据标准，主要包括元数据、分类与编码、数据库、信息资源目录、数据格式、开放共享、开发利用、数据管理等标准。（4）业务标准主要包括业务流程、业务系统等标准。（5）服务标准，主要包括政务服务基础标准、服务应用标准。（6）管理标准，包括运维运营标准以及测试评估标准。（7）安全标准，包括安全管理标准、安全技术标准与安全产品和服务标准。计划到 2022 年建立较为先进的国家电子政务标准体系，有效指导电子政务建设。[②]

---

① 金鸿浩：《"智慧检务"网络安全防护方法经验略论》，载《中国信息安全》2019 年第 3 期。

② 《国家电子政务标准体系建设指南》，载《电子政务》2020 年第 7 期。

人民法院信息化标准建设经历了四个阶段，第一阶段是以审判流程信息管理为重点的2002年版技术规范，其标志是《人民法院信息网络系统建设技术规范（2002）》，这是人民法院的第一项信息化标准。第二阶段是考虑实体信息管理和数据交换的2005年版技术规范，在基本功能基础上增加了数据交换的相关规范，为上下级法院数据共享、业务协同提供了可能。第三阶段是突出数据管理和信息资源应用的2009年版技术规范，增加了审判业务应用建设规范、法院专网总体方案、运行维护规范等，特别是引入了数据质量检验规则，以便保障数据置信度和可用性。第四阶段是业务标准框架下的2015年版技术规范，《人民法院信息网络系统建设技术规范（2015）》首次从业务角度规范案件信息化标准，梳理出3300多个信息项、4900多个选项代码，为建设国家司法信息资源库，开展司法大数据分析提供了基础。[1] 2016年8月，最高人民法院首次以行业标准的体例格式印发《人民法院信息化标准体系表》（FYB/T 50000—2016），共规划制定标准127项，其中采用国家标准27项、采用其他行业标准3项，最高人民法院组织制定行业标准97项。按照体系化的方式，文件将人民法院信息化标准分为基础标准、技术标准、管理标准三个基础类别；其中技术标准还可以细分为数据技术标准、应用技术标准、安全技术标准、基础设施技术标准等二级类型。[2]

人民检察院信息化标准建设起步较早，早在1994年10月，最高人民检察院检察技术局（所）整理出台了《最高人民检察院检察信息系统标准体系》。1997年5月，最高人民检察院成立国家检察信息系统数据格式编码工程组，组织研究数据格式规范，于1998年8月通过专家评审。2017年5月，最高人民检察院印发《检察大数据行动指南（2017—2020年）》，明确提出了完善检察大数据标准体系的建设任务，要求结合各业务应用系统和

---

① 孙福辉主编：《智慧法院标准体系和评价体系》，人民法院出版社2021年版，第8—12页。

② 许建峰主编：《智慧法院体系工程概论》，人民法院出版社2021年版，第130页。

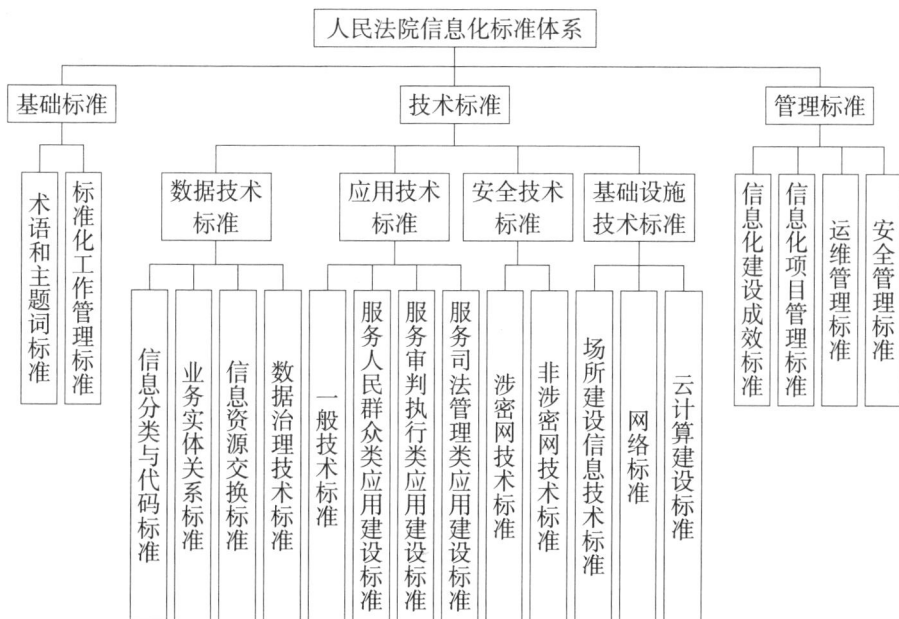

图 24　人民法院信息化标准体系（来源：最高人民法院）

平台建设以及信息资源共享和交换的需要，加快建立检察大数据基础数据采集、应用、安全等技术标准体系，推进物理环境、网络基础设施、数据采集、数据质量、分类目录、交换接口、访问接口、数据开放、安全保密等关键共性标准的制定和实施，推进大数据业务系统操作规范等业务流程标准制定。

司法行政信息化标准建设始于 2012 年司法部监狱管理局的《监狱信息化软件开发总体技术规范》（SF 03003—2012）。2016 年 12 月，司法部《关于进一步加强司法行政信息化建设的意见》明确提出加快标准体系建设的工作任务，要求"建立健全涵盖司法行政各业务职能、各工作领域的标准规范，构建全面的司法行政标准化体系，确保各项工作'有标可依'"。司法行政信息化进入快速发展期。在全国标准信息公共服务平台查询，仅 2017 年一年司法部就出台了至少 47 项司法信息化行业标准。标准统一、安全可控的全国司法行政基础信息标准库已经基本形成，为解决长期困扰基层司法局（所）的数据标准和数据交换问题，发挥了重要作用。①

　　当前，智慧司法的标准管理面临的主要问题是跨部门标准的建设问题。2017 年，中央网信办印发了《"十三五"信息化标准工作指南》，明确指出"我国信息化标准在制定修订、应用实施等方面取得积极进展，但整体水平还比较低，主要表现在：国家层面缺乏统筹推进工作机制，标准不一、越位错位、交叉重复等问题时有发生，不能有效支撑跨层级、跨地域、跨系统、跨部门、跨业务的协同管理和服务"。如果没有跨部门的统一标准，在横向上很难真正实现公检法司的互联互通，这将是当前全国法治信息化工程的重点任务之一。

---

① 陈雪松：《司法行政信息化建设与管理》，华中科技大学 2023 年版，第 272 页。

第四章　智慧司法科技研究

（分技术的智慧司法技术融合研究）

第一节　司法信息化融合研究

一、司法＋信息化的应用现状

司法信息化是司法现代化的基础性工作，是实现司法工作数字化转型的第一步。当前国内外多数的司法科技成果均系信息技术在司法工作的使用，较少涉及司法规则改变或法理争议。[①]就司法信息化建设而言，主要包括基础信息化建设、管理信息化建设、业务信息化建设三个领域。

（一）司法基础信息化

"基础信息化"的概念来自 2015 年公安部《关于大力推进基础信息化建设的意见》，提出"强调基础信息化是提升公安基础工作水平的基本途径，要注重战略规划、总体设计，打破信息壁垒，充分挖掘信息资源的巨大潜力，更好地提升公安工作整体效能"，被称为新时代公安机关"四项建设"任务之一。对于司法机关同样如此，基础信息化亦是司法基础工作的重要一环，其中，网络建设又是司法基础信息化的重点。

1. 局域网建设

20 世纪 90 年代开始，司法机关已经开始网络建设，基本到"十五"收官之年（2010 年左右）完成局域网网络全覆盖的任务。

人民检察院局域网建设起步较早，1990 年，辽宁省朝阳市城郊地区人民检察院、湖南省华容县人民检察院等基层检察机关率先探索建设了检察

---

① 刘品新:《智慧司法的中国创新》，载《国家检察官学院学报》2021 年第 3 期。

局域网。1993 年，在最高人民检察院指导下，北京市通县检察院（现为通州区检察院）开通计算机局域网。1997 年，最高人民检察院启动机关局域网一期工程建设，投资 500 万余元，采用 ATM 网络结构、Oracle 数据库和 TRS 搜索引擎，每年需处理的数据量约 2.6GB，并以 20% 左右的速度增长。截至 1999 年年底，全国共有 137 家检察机关建立了局域网络。2002 年，建立局域网的检察院超过 1000 家。2009 年年初，建成局域网的检察院超过 3000 家，占到全国检察院数量的 93.2%，基本完成了局域网建设任务。

人民法院局域网建设也紧随其后，在"九五"期间（1996—2000 年），北京、上海、江苏、广东等 8 个高级人民法院完成了计算机局域网络建设。2003 年，最高人民法院印发《人民法院信息网络系统建设实施方案》进行部署，要求各高级人民法院应当在 2003 年年底前完成本院局域网的建设；发达地区和经济条件较好的中级人民法院，局域网建设应当在 2004 年年底前完成；中西部欠发达地区和经济条件较差的中级人民法院，局域网的建设应当在 2005 年年底前完成。以贵州法院为例，局域网建设工作从 2000 年开始起步，2006 年获得中央政法专款支持后开始加快建设，2008 年完成全省法院局域网建设，2010 年全省法院三级专网建成，99% 以上的基层人民法庭接入了法院局域网。"十一五"期间（2006—2010 年），全国 80% 的基层法院完成了局域网建设。[①]

2. 专线网建设

由于司法办案的特殊性和保密需要，上下级司法机关在早期均通过专线网进行信息通信，从而连接起各司法机关的局域网络，形成司法网络体系。到"十一五"收官之年（2015 年左右），基本完成了专线网全覆盖任务。

人民检察院最初通过一年一工程方式推进专线网建设。2001 年，最高人民检察院启动一级专线网数字化改造工程，同年年底完成改造，最高人

---

① 罗书臻：《最高人民法院要求加强基层基础建设》，载《人民法院报》2011 年 2 月 16 日，第 1 版。

民检察院和 32 个省级检察机关（包括各省、自治区、直辖市人民检察院，新疆生产建设兵团人民检察院）建成了基于 512K 帧中继线路资源的检察一级专线网，实现了专线电话、视频会议和数据传输功能。2002 年，最高人民检察院启动"213 工程"，其中的"1"是全国 1000 个以上检察机关建成专线网络或局域网。2003 年最高人民检察院启动"151 工程"，其中的"1"是联入检察机关专线网的检察院，要在 2002 年完成"213 工程"建设任务的基础上增加 100 个专线网络或局域网。到 2007 年年末，全国 83.69% 的检察机关联入专线网，到 2009 年年初，91.1% 的检察机关联入检察专线网，2015 年年初，全国 99.52% 的检察机关建成局域网并联入检察专线网，基本实现全国四级检察机关互联互通。

2003 年 8 月，最高人民法院和电信集团、网通集团在北京举行合作协议签字仪式，共同建设法院系统一级专网工程通信，实现最高人民法院和各地高级人民法院的数据、语音及视频传输。2005 年，最高人民法院印发《人民法院专网建设技术方案》（法〔2005〕17 号）、《人民法院一级专网应用建设方案》（法〔2005〕70 号）。2010 年，广东法院率先建成联通全省法院的专网线路。2016 年年初，中国社会科学院法学研究所首次对全国 3512 个法院的信息化建设情况进行了整体评估，发现全国 99% 的法院已接入法院专网。2016 年 11 月 24 日，随着西藏林芝地区察瓦龙乡人民法庭接入全国法院专网，3523 家法院的全部干警正式实现"一张网"办公办案。① "十三五"期间推进法院专网贯通至全国和 9277 个派出法庭，实现全国法院干警"一张网"办案办公。同时推进网络提速，例如河北省高级人民法院在法院专网建设方面，实现了省市从 50M 至 600M、县（市）从 10M 至 20M 的扩容，确保了法院专网业务应用的顺畅运行和智慧法院建设的顺

---

① 孙航:《智慧法院：司法服务插上信息化翅膀》，载《人民法院报》2018 年 12 月 12 日。

利开展。①

3. 互联网建设

早在世纪之交，司法机关就已经开始互联网探索。1999年年初，我国中央政府启动"政府上网工程"。1999年5月28日，最高人民检察院作为发起单位之一，建设并开通最高人民检察院互联网门户网站。2004年，《2003—2007年检察信息化建设与发展规划（纲要）》明确提出，到2006年年底，各省级院、大部分地市级院应开通互联网站。实际情况是到2013年所有的地市级检察院和东中部地区80%的县区级检察院建成互联网站（页）。在移动互联网阶段，2014年3月3日，最高人民检察院官方微博开通上线。2016年6月13日，全国四级检察机关实现"两微一端"全覆盖，在全国政法系统中率先建成四级新媒体矩阵。② 值得一提的是，2014年10月，人民检察院案件信息公开网开通，并于2019年并入"12309中国检察网"，2019年共公开案件程序性信息259万余件，公开法律文书121万余份，发布重要案件信息24万余件。③ 2019年9月16日，全国检察机关办事服务综合门户"12309中国检察网"正式上线运行，构建了"网上检察院、掌上检察院、实体检察院"三位一体的新模式。

2000年，最高人民法院开通互联网站。2002年《人民法院计算机信息网络系统建设规划》要求，"十五"期间，有条件的人民法院应建设法院网站，向社会公布公开审判案件的裁判文书。2010年《国家"十一五"规划期间人民法院物质建设规划》要求，最高人民法院、高级人民法院和有条件的中级人民法院可以按照有关规定建设政府网站，发布本院新闻、公开

---

① 史风琴、高珊:《河北高院全面推进"智慧法院"建设纪实》，载《人民法院报》2018年6月11日，第4版。

② 郭洪平:《近八成检察机关开通官网　新媒体粉丝超1.1亿》，载《检察日报》2017年5月23日，第1版。

③ 牛旭东:《发挥业务管理枢纽作用　推进案件管理现代化》，载《检察日报》2020年5月20日，第2版。

裁判文书和工作报告、提供法律法规查询和典型案例等便民服务。2013 年法院移动网络建设进入加速期，2013 年 11 月 21 日，最高人民法院开通首个官方微博和官方微信，到 2014 年 11 月，全国法院微博总数为 3636 个，全国 31 个省级高院官方微博悉数开通；全国 88% 的中级人民法院、91% 的基层法院开通了官方微博，全国法院微博四级体系已经形成。[①] 2017 年由宁波法院首创的移动微法院开启移动互联网时代的法院信息化建设，到 2020 年 1 月，中国移动微法院实现全国四级法院全覆盖。截至 2020 年 11 月底，移动微法院平台总访问量 18.1 亿次，实名用户数超过 780.36 万人。[②] 截至 2020 年 8 月 30 日，中国裁判文书网的文书总量超过了 1 亿篇，日均增长 7.7 万篇以上，访问总量已经超过 480 亿次，据媒体报道已经成为世界最大的裁判文书网。[③]

（二）司法管理信息化

司法管理信息化又可以称为"内部电子法院"（Internal e-Curia）或"内部电子检务"（Internal e-Procuratorate），侧重于司法机关案件管理与司法行政相关工作。[④]

在域外，美国联邦法院已投入使用 CM/ECF 和 PACER 信息化系统。根据欧洲司法效率委员会（CEPEJ）发布的评估报告，欧洲绝大多数法院已建立了电子案件管理系统。[⑤] 1986 年韩国法院也正式启动了案件管理系统。

---

① 张伟刚:《全国四级法院微博体系建成》，载《人民法院报》2014 年 12 月 5 日，第 4 版。

② 马涛:《"口袋里的法院"走向全国 700 余万人享受"一次都不跑"的红利》，载《宁波晚报》2021 年 12 月 29 日，第 4 版。

③ 姜佩杉等:《中国裁判文书网：法治中国的"亿"道亮丽风景》，载《人民法院报》2020 年 9 月 5 日。

④ Francesco Contini ＆ Giovan Francesco Lanzara, *The Circulation of Agency in E-Justice*, Springer 2014, p.226−229.

⑤ 郝乐:《人民法院应用电子卷宗的理论基础、实践考察与制度完善》，载《档案学研究》2022 年第 2 期。

我国司法管理信息化建设始终处于第一梯队，早在 1993 年，最高人民检察院自动化办公室就会同有关公司合作开发了"基层检察机关检察信息系统"软件，开启了司法机关运用 MIS 系统的先河。司法应用在早期主要集中于管理信息系统（Management Information System，MIS），主要包括办公信息化管理系统和案件信息化管理系统。

办公信息化管理系统主要针对司法机关综合行政工作，包括网络办公、人事管理、司法保障等业务，总体上与其他电子政务办公系统没有质的区别。例如，法院队伍建设信息系统包括人员信息管理、机构信息管理、编制指数管理、申请审批、考勤统计、在线考核打分、证照维护、业绩档案、警衔业务、干部任免、陪审员随机抽取、培训信息管理、审判业务专家在线评选、人员调配等模块。以考勤统计模块为例，支持同步更新考勤机打卡信息并对考勤异常状态和加班信息进行统计，可以导出各类考勤统计报表。[①] 再如，电子检务工程六大系统之中检察办公管理信息系统、检务保障信息系统、检察队伍建设信息系统均属于办公信息化管理系统，以检察办公管理信息系统为例，主要具有公文处理、文件传阅、通知公告、事务督办、个人助理等功能。以公文处理系统为例，又包含呈批件办理、发文管理、收文管理和公文查询四个子功能，能够实现对公文的起草、核稿、审批、会签、签发、成文、盖章、发文、归档等全过程的流程化管理。

案件信息化管理系统主要针对司法案件管理，案管信息化的前提是司法业务流程的信息化。在统一业务应用系统建设过程中，通常会采取司法机关业务部门、案管（审管）部门、信息化部门和专业团队共同合作的"3+1"方式。其中，业务部门负责各自业务需求的提出和确认工作，案管（审管）部门负责业务和管理需求的统筹，信息化部门负责组织协调、顶层设计、技术控制和监督管理，专业开发单位负责软件和数据交换平台开发，

---

① 许建峰、孙福辉、陈奇伟：《智慧法院体系工程概论》，人民法院出版社 2021 年版，第 210 页。

加强需求分析。2019 年，最高人民检察院统一软件 2.0 版专班用了近半年时间反复对业务需求进行梳理、论证和完善，并专门建设了业务需求管理平台。仅半年时间，检察机关 15 个业务条线就提出流程管理需求 1971 项，在统一软件 2.0 版中响应 1924 项，响应率为 97.62%。

在案件流程信息化的基础上，基于信息软件的流程监管成为可能，早在 1999 年最高人民法院的《人民法院五年改革纲要》中就提出"建立科学的案件审理流程管理制度，由专门机构根据各类案件在审理流程中的不同环节，对立案、送达、开庭、结案等不同审理阶段进行跟踪管理，保证案件审理工作的公正、高效"。但一直到司法机关普遍使用办案信息系统，这一设想才得以实现。2010 年最高人民法院成立审判管理办公室，2011 年最高人民检察院成立案件管理办公室，两高不约而同在新成立的综合业务管理部门下设置了流程管理处，专门负责流程管理工作。有研究统计了人民法院 2004—2016 年审结的超审限案件情况，发现人民法院在基于信息系统推行严格的审判流程管理后，人民法院审结的超审限案件整体上呈现下降趋势，从而发挥了流程管理的规范效应。① 流程管理系统的节点管控、全程留痕功能的数据与司法绩效管理相关联，在落实司法责任制方面发挥了关键作用。

在信息化案件管理中，电子卷宗成为一项主要内容。2015 年，检察机关统一业务软件成绩是新增了电子卷宗服务，电子卷宗子系统包括电子卷宗制作模块、检察官阅卷模块、律师阅卷模块。其中，电子卷宗制作模块具备扫描识别功能、卷宗编制功能、图片处理功能、卷宗管理功能；检察官阅卷模块具备卷宗浏览、内容复制、批注、引用、共享等功能；律师阅卷模块支持律师阅卷、申请打印、申请导出等功能。2015 年 12 月 16 日，为了规范人民检察院制作、使用电子卷宗工作，最高人民检察院印发《人民检察院制作使用电子卷宗工作规定（试行）》，明确"案件管理部门应当

---

① 叶燕杰：《信息化如何塑造中国司法》，载《地方立法研究》2022 年第 3 期。

在决定受理后的一个工作日内完成电子卷宗的制作、上传；案件材料特别多的，应当在两个工作日内完成电子卷宗的制作、上传"。

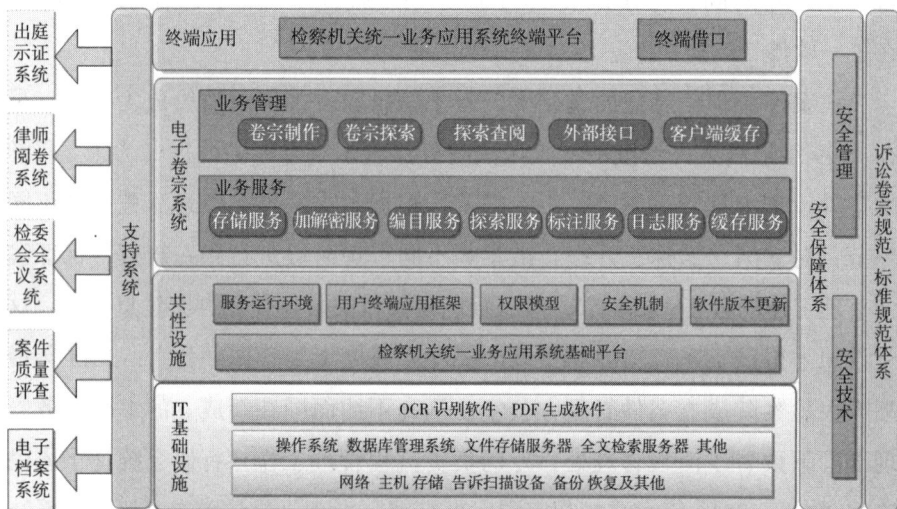

图 25　电子卷宗子系统架构示意图

但由于纸质卷宗扫描的时间成本、人力成本较高，对于卷宗数量较大的案件，可能生成电子卷宗就要花费 2 天以上时间，而当事人提交的 80% 以上材料均具有电子版原件，法院内部产生的 95% 以上文书具有电子版原件，却都要打印签字后再扫描为电子卷宗，严重影响法官办案效率。[1] 2016 年，最高人民法院发布《关于全面推进人民法院电子卷宗随案同步生成和深度应用的指导意见》，要求"2017 年底前，全国法院全面实现电子卷宗随案同步生成和深度应用"。实际情况是到 2020 年全国法院 74% 案件实现电子卷宗同步生成，到 2021 年全国新收案件中电子卷宗覆盖率为 90.77%，全国法院形成了电子卷宗、电子档案的一体化共享调阅能力，文件可调阅率

---

[1]　最高人民法院知识产权法庭：《最高人民法院知识产权法庭电子卷宗同步生成与深度应用》，载孙福辉主编：《智慧法院优秀案例选编》，人民法院出版社 2021 年版，第 320 页。

达 95%。^① 深度应用电子卷宗后，不同岗位的司法工作人员在平台使用电子卷宗，能够实现审判所有环节事项从"串联式"处理向"并联式"处理的转变，不同事务可以平行展开，而不必等到一个环节结束才能进行下一个流程，这实际上是一次提升工作质效的根本变革。^② 此外，电子卷宗和案卡信息为开展案件质量评查提供了信息来源，各地可以利用平台内的文书及电子卷宗开展异地案件评查，提升案件质量管理水平。

（三）司法业务信息化

司法业务信息化又可以称为"外部电子法院"（External e-Curia）、"外部电子检务"（External e-Procuratorate），以推行电子诉讼为目标。^③ 正如左卫民教授所说的，司法信息化的发展"应从审判（案件）管理信息化向审判（检察）信息化发展变化"^④，某种角度上，上述的司法管理信息化是为了司法业务信息化服务的，而不能本末倒置。

如果将智慧司法分为三个阶段，基础信息化和管理信息化应当属于初级阶段，电子诉讼、网络诉讼属于中级阶段，司法数据化、智能化属于高级阶段。

域外电子诉讼的探索已经较为成熟。以英国为例，英国发布了《司法现代化计划》，投入超过 10 亿英镑建设覆盖刑事、民事、家事等各领域的 50 个子项目。英国最早的电子诉讼探索始于交通违章处罚的复审案件，2006 年英国交通处罚复审裁判庭就启动了数字化建设，2016 年上线"快速线上复审系统"（FOAM），当事人可以选择通过 FOAM 系统，无须庭审的

---

① 陈国平、田禾主编：《中国法院信息化发展报告（2022）》，社科文献出版社 2022年版，第 7 页、第 25 页。
② 李占国：《"全域数字法院"的构建与实现》，载《中外法学》2022 年第 1 期。
③ 王福华：《电子法院：由内部到外部的构建》，载《当代法学》2016 年第 5 期。
④ 左卫民：《信息化与我国司法——基于四川省各级人民法院审判管理创新的解读》，载《清华法学》2011 年第 4 期，第 141 页。

"电子裁决"或者远程电话会议庭审，当前90%的英国交通处罚复审裁判均通过电子诉讼刑事完成，11%的案件当天可以审理完毕，70%的案件在一个月内审理完毕，大幅提升了裁判效率。在家事案件电子诉讼探索中，项目第一阶段聚焦无争议离婚申请，在2018年4—9月，就收到了月1.4万份线上申请，相比线下40%的申请会被法院要求改正，线上申请的错误率不到1%，当前更是降到0.5%以下水平。在民事案件的小额诉讼中，英国法院上线了"线上民事金钱索债"项目，用于支持不聘请律师的当事人处理1万英镑以下的案件，该项目自2018年3月运行至今已经处理2.5万件案件，用户满意度超过90%。①

在韩国，2010年3月，《韩国电子诉讼法》生效实施，次年韩国大法院又出台了《在民事诉讼等利用电子文书的相关规则》（简称《电子诉讼规则》），韩国民事一审案件的电子诉讼量逐年递增，已由2011年5月至2012年4月的24.2万件（电子诉讼案件占比26.4%）上升到2015年5月至2015年4月的59.3万件（电子诉讼案件占比64.46%），近年来采用电子诉讼方式的民事案件占比已经超过2/3。2015年韩国行政电子诉讼案件占比达到98.89%，成为民事诉讼、行政诉讼的主流方式。② 在巴西，新冠疫情加速了电子诉讼的推广应用。2020年10月6日，巴西国家司法委员会（CNJ）全体会议批准了授权法院实施"100%数字审判"的规范性法案，将尝试完全通过电子和远程手段进行诉讼行为。③

党的十八大以来，我国司法业务信息化快速发展，对提升工作效率发挥了重要作用。

---

① ［英］理查德·萨斯坎德：《线上法院与未来司法》，何广越译，北京大学出版社2021年版，第165—167页、第169—170页。

② 郑永焕、方丽妍：《韩国电子诉讼现状及完善方向》，载《东南司法评论》2018年第11期。

③ 施珠妹、覃俊清：《数字司法："技术＋司法"的两类应用场域》，载《人民法院报》2022年12月9日，第7版。

1. 积极探索在线审判的线上诉讼服务，方便人民群众电子诉讼

2015 年，最高人民法院开通诉讼服务网，具备咨询查询、预约立案、网上阅卷、联系法官等线上功能。2015 年下半年，北京法院诉讼服务自助平台、吉林省电子法院系统等已经具备网上立案功能。目前，全国 3500 多家法院 100% 开通"一站式"在线诉讼服务功能，通过移动端统一入口提供立案、交费、开庭、送达、保全、鉴定等"一网通办"诉讼服务。[①] 为了规范电子诉讼和相关工作，2021 年最高人民法院先后发布了《人民法院在线诉讼规则》《人民法院在线调解规则》《人民法院在线运行规则》"三大规则"，全方位支持人民法院开展在线审判执行活动，保障司法工作，提高司法效率。特别是在新冠疫情的防控期间，移动电子诉讼平台在保证法院正常诉讼秩序、减少因诉讼活动而产生的人员流动和传染风险方面发挥了积极作用。[②]

互联网法院在电子诉讼方面还进行了更加超前的探索。杭州互联网法院首创异步审理模式。在线诉讼突破了物理空间的距离限制，节省了交通时间，但"时间差"仍然带来诉讼不变。因此该院探索制定《杭州互联网法院涉网案件异步审理规程（试行）》，依托网上诉讼平台，法官与诉讼参与人在规定期限内按照各自时间登录平台以非同步方式完成诉讼审理。异步审理主要适用于简单民事案件，并征得当事人同意，法庭调查、法庭辩论、最后陈述等诉讼各环节均可在规定期限内按照各自选择的时间登录平台以非同步方式完成诉讼。该模式突破时空双重维度，当事人可不同时、不同地、不同步参与诉讼活动，极大便利了当事人参与诉讼。[③] 仅 2020 年

---

① 张晨:《人民法院创新在线诉讼调解服务 互联网司法新模式让正义"提速"》，载《法治日报》2022 年 3 月 10 日。

② 胡昌明:《移动电子诉讼的司法实践及其限度——以中国"移动微法院"为例》，载《中国应用法学》2021 年第 2 期。

③ 杜前:《互联网司法实践与探索：杭州互联网法院》，人民法院出版社 2021 年版，第 151—155 页。

2月3日至2月15日，就有96件案件在杭州互联网法院诉讼平台上开启异步审理模式，结案32件。[①]

北京互联网法院、广州互联网法院还积极推动区块链建设，北京互联网法院联合行业组织、央企、金融机构、大型互联网平台等20家单位作为节点共同组建了"天平链"。截至2019年10月，上链电子数据超过900万条，跨链存证数据量已达上亿条。2019年，全国首例采用区块链智能合约技术实现在北京互联网法院执行"一键立案"。法院在主持调解、达成调解协议时明确告知，如被告在履行期内未履行义务，将通过区块链智能合约技术实行自动执行。如果在合同约定时间仍未履行的，原告只需点击"未履行完毕"按键，该案件直接进入北京互联网法院立案庭执行立案中。[②] 广州互联网法院联合三大运营商、大型互联网企业等30多家单位，共同搭建"网通法链"智慧信用生态系统，建立"可信电子证据平台"。平台创新"一键调证"新方式，以电子数据的规范存储、安全调取、便捷认证，满足互联网纠纷在线审理需求，平台试运行一周时间，存证数量就超过26万条。[③]

2. 积极探索"三远一网"检察机关远程办案模式，突破物理空间的距离限制

检察机关探索了"三远一网"远程办案模式。技术作为传统办案模式在信息化辅助下的延续和补充，打破了检察官、法官、被告人必须身处一室的空间限制，检察官不再需要提前驱车赶往法院、看守所，大幅缩短了办案周期，节约了司法资源，从而提高了办案效率，同时也为案件办理质量提供了保障。"三远一网"建设是指人民检察院高清远程提审、远程开

---

① 杜前、曾宪未、戴敏敏：《杭州互联网法院在疫情防控期间的应对与思考》，载《人民司法（应用）》2020年第7期。

② 赵岩：《区块链智能合约技术落地应用 北京互联网法院实现全国首例执行"一键立案"》，载《人民法院报》2019年10月30日。

③ 贺林平：《广州互联网法院运行"网通法链"系统》，载《人民日报》2019年4月1日，第10版。

庭、远程送达和工作网建设。2016 年，杭州市西湖区检察院共运用远程视频提审案件 789 件，远程视频出庭 603 件，速裁案件平均办案时间从 6.85 天缩短至 5.89 天。至 2016 年年底，杭州市十五个检察院已全部建成"三远一网"远程高清视频办案系统并投入使用，工作效率平均提高 40% 以上，为司法办案节约了大量的人力、物力资源。

2017 年 8 月 17 日，最高人民检察院印发《关于确认首批开展智慧公诉应用单位的通知》（高检诉〔2017〕17 号），明确北京等 11 个省市检察机关为"三远一网"技术首批应用单位。2018 年 3 月 15 日，最高人民检察院制定了《人民检察院"三远一网"应用指引（草案）》，包括《人民检察院远程视频提审工作指引》《人民检察院远程视频庭审和远程送达工作指引》《人民检察院远程视频提审系统建设技术方案指引》《人民检察院远程视频庭审系统建设技术方案指引》等 4 个部分，规范"三远一网"工作。地方检察机关在推广"三远一网"建设上取得了阶段性成绩，以广东省佛山市南海区检察院为例，2017 年全年，利用远程视频提讯嫌疑人的案件数超过 4000 件，占该检察院全年案件数的一半以上，有效解决"案多人少"矛盾。特别是新冠疫情发生后，远程视频提讯的运用率迅速提升，如天津市检察机关 98% 的审查逮捕、起诉案件是通过书面、远程视频提讯方式办理的。[①]

3. 积极探索在线争议化解服务，利用信息技术发扬"枫桥经验"

唐代孙思邈《备急千金要方》提到"上医医未病之病，中医治欲病之病，下医医已病之病"。司法工作的本质是定分止争，司法信息化建设同样如此。英国学者认为，线上法院可以分为三个层次的服务：第一层次是纠纷解决，服务于法官裁决；第二层次是纠纷控制，服务于法官调解；第三层次是纠纷避免，服务于纠纷预防。[②]

---

① 陶强：《远程视频提讯系统成为办案利器》，载《检察日报》2020 年 2 月 16 日，第 2 版。

② ［英］理查德·萨斯坎德：《线上法院与未来司法》，何广越译，北京大学出版社 2021 年版，第 117—120 页。

在线矛盾化解已成为全球范围内具有普遍共识的矛盾化解机制。近年来，人民法院全面建设一站式多元解纷和诉讼服务体系，陆续与中央台办、全国总工会、中国侨联、全国工商联、国家发改委、人社部、人民银行、银保监会、证监会、国家知识产权局等建立"总对总"在线诉调对接机制，全面推广应用人民法院调解平台。目前，"总对总"合作单位有12家，全国四级法院以及7.8万个调解组织、6.9万家基层治理单位、32.8万名调解员在调解平台开展调解工作，为当事人提供菜单式、集约式、一站式解纷服务，平均每个工作日有4.7万件纠纷在法院调解平台进行调解，平均每分钟有57件成功化解在诉前。截至2021年年底，人民法院累计在线调解案件2437万件，调解量年均增长率达85.6%。2021年在线调解案件量突破1000万件，诉前调解成功604.55万件，在线音视频调解案件量占比从2018年的0.17%提高到现在的27.45%。[①]

在线纠纷解决机制（Online Dispute Resolution，ODR）是伴随电子商务的发展而兴起的纠纷解决方式。以浙江为例，2017年浙江在线矛盾纠纷化解平台投入运行，可以对婚姻家事、民间借贷、道路交通事故等常见民事纠纷进行调解，并生成调解笔录与调解协议。2019年1—8月，该平台共受理21462件合同纠纷调解任务，其中78.5%的案件在10天内完成调解，96.6%的案件在30天内完成调解任务。并且让法院从解决纠纷的前线回归到最后一道防线，有效化解了案多人少问题，改变了人民群众的解决纠纷理念，在过滤、化解纠纷方面发挥了重要作用。[②]

———————

① 孙航：《健全完善中国特色一站式多元纠纷解决体系 推动建设更高水平的平安中国法治中国》，载《人民法院报》2022年8月24日，第1版。

② 何鑑伟、沈智深：《浙江在线矛盾纠纷化解平台（ODR）建设实践》，载孙福辉主编：《智慧法院优秀案例选编》，人民法院出版社2021年版，第21页。

二、司法＋信息化的问题反思

当今，司法信息化的技术成熟度相对较高，问题主要集中在信息通信技术与诉讼程序在多大范围上以何种方式融合到什么程度。[①] 即需要重点对司法＋信息化模式的合法性、合理性、合目的性进行思考。

（一）司法信息化的合法性反思

"司法＋信息化"的现代司法模式构建，应当以合法性为前提，并在法治轨道上不断深化，谨防工具理性与价值理性之间的严重冲突。目前，司法信息化建设在合法性上主要存在以下薄弱环节。

1.电子诉讼相关的立法不足、规制缺位。在司法基础信息化和司法管理信息化建设阶段，因为严格意义上相关工作均属于司法机关内部事务，司法机关可以根据需要统一或自行制定管理办法和使用准则，不需要专门立法予以规范。但当进入司法业务信息化阶段，由于已经属于诉讼的数字化改造，涉及包括法院、检察院、律师、原告、被告等多方利益，此时已经超出了司法机关自身规则制定的权限范围。比如，由于司法机关不同于行政机关，不受《政府信息公开条例》约束，导致司法机关的公开义务、公开内容、公开程序以及如何监督均无法律明确规定。截至 2021 年年底，中国裁判文书网累计公开文书 1.3 亿份，累计总访问量 787.4 亿人次。但对司法公开的相关规范仍然停留在最高司法机关规范性文件或司法解释的范畴，与实践的如火如荼相比，立法空白问题较为突出。

2.电子诉讼相关的司法规则存在法律争议。因为现行的法律法规主要为实体法院的线下运行规则提供了合法性依据，在目前由线下司法转向线下司法、线上司法双轨制的大背景下，司法机关主要通过司法解释，将实体法院的运行规则扩大解释以适用于网络法院的电子诉讼。例如，《民事诉讼

---

① 王福华:《电子诉讼制度构建的法律基础》，载《法学研究》2016 年第 6 期。

法》第 73 条规定，"书证应当提交原件。物证应当提交原物"。而在线诉讼如果要求一律提交原件原物，则既不利于案件在线审理，还将加重当事人诉讼负担，因此《人民法院在线诉讼规则》第 12 条、第 13 条明确了电子化材料"视同原件"效力及审核规则。① 但这种扩大解释将非原件的电子化材料效力视同原件在文义上较为牵强，违背文义解释的基本准则。基于此而建立的司法规则的合法性自然也受到争议，同时也具有相关的风险隐患。

3.电子诉讼相关规则在诉讼权利保障上存在短板。司法机关制定的各类规则更多的是从司法便利性角度进行思考，对程序保障性的规定相对较少。譬如，2010 年最高人民法院《关于人民法院在互联网公布裁判文书的规定》和《关于人民法院直播录播庭审活动的规定》（法发〔2010〕48 号）中，均没有规定救济途径，如果案件当事人及其法定代理人、近亲属、辩护人、诉讼代理人或者其他单位、个人认为人民法院公布裁判文书、直播录播庭审不规范、不准确的，应当向哪级人民法院的哪个部门反映、投诉？直到2016 年修订后，新版的《关于人民法院在互联网公布裁判文书的规定》（法释〔2016〕19 号）第 13 条才增加了"各级人民法院审判管理办公室或者承担审判管理职能的其他机构负责协调处理社会公众对裁判文书公开的投诉和意见"的相关规定，但具体如何救济，回应程序和回复时限是多少，并无明文规定。再如，《人民法院在线诉讼规则》规定可以进行非同步方式在线举证、质证，但司法解释既没有规定非同步审理的程序退出机制或者向同步审理的转换机制，也没有规定非同步审理程序违法时的处置机制，因此有学者批评认为缺乏对当事人的程序保障。②

---

① 刘峥、何帆、李承运：《〈人民法院在线诉讼规则〉的理解与适用》，载《人民司法（应用）》2021 年第 19 期。

② 曹建军：《民事诉讼电子化的目标与路线》，载《法治研究》2022 年第 3 期。

（二）司法信息化的合理性反思

"司法＋信息化"的法理基础需要重新审视。在传统线下司法过程中所形成的法律原则和司法准则，是否适用于当今和未来的线上司法过程，需要对传统的法理学、诉讼法学经典理论进行全面检验。正如牛津大学教授理查德·萨斯坎德所说，尽管远程开庭已经招人非议，线上裁判已经夺走了很多过去尊奉的原则（公开审理、法院出庭、直接互动），但从同步到异步的跨越幅度远超过从现场开庭到远程开庭。[①] 保守主义立场的学者认为线上司法违反了法理原则，激进主义立场的学者主张重构线上司法的法理体系。占据主流的是现实主义立场的学者，希望对上述两者之间进行调和，以求在法学理论稳定有序变革的同时，对基于信息技术的诉讼改革进行必要的合理性控制。

当前，司法信息化的合理性争论主要集中在以下三个方面：

1.司法亲历性原则的挑战。网络法院电子诉讼是否会违背亲历性原则？学界采取了两种截然相反的态度，否定论者认为，电子诉讼在一定程度上打破了物理意义上的司法亲历性，法官虽然仍亲自参加证据审查、亲自听取法庭辩论，但在物理空间上隔绝了与当事人、证人、律师的直接接触，直接言词原则被架空。[②] 并且由于距离的阻隔，法官在电子诉讼中对当事人可能更加冷漠，审判者"哀矜折狱"的道德情感也被空间和时间所阻断。[③] 特别是在"异步审理"中，原本可一气呵成的法庭过程被分解成了无数个阶段，各个阶段之间又具有较长的时间间隔，无疑会加重法官心证过程和

---

① ［英］理查德·萨斯坎德：《线上法院与未来司法》，何广越译，北京大学出版社2021年版，第61页。

② 王福华：《电子诉讼制度构建的法律基础》，载《法学研究》2016年第6期。

③ 高童非：《数字时代司法责任伦理之守正》，载《法制与社会发展》2022年第1期。

查明真相的难度。① 2020 年一项对德国 663 名法官的调研显示，40% 的法官认为视频庭审最大的缺点在于更难获得对诉讼参与人本人的印象，并且很难清楚地理解当事人的肢体语言、微表情和语调变化。② 肯定论者认为，亲历性原则并不特指线下亲历性，也包括线上亲历性，在电子诉讼中，法官仍亲自参与庭审而非由其他法院或人员代之；陈述方式的口头性也未被动摇，"产生变化的主要是证据资料的呈现方式"，因此认为"相较于线下审理，视频庭审并未打破法官在案件审理上的亲历性"③。诚然，没有必要将亲历性原则刻板认为特指线下的直接庭审模式，从而拒绝法院现代化的改革。但是，司法亲历性要求直接言词审理、以庭审为中心、裁判者不更换等要求，在电子诉讼中更应当被恪守，否则在网络空间中亲历性程度减弱的背景下，种种担忧并非空穴来风。

2. 司法仪式性要素的弱化。法院的权威既来自立法赋予与国家强制力保障，也来自威严的司法场所和严肃的司法仪式的感染。在电子诉讼的虚拟环境下，象征"法律客观性的形式程序"的仪式性要素大为弱化，司法权威性难以彰显。④ 案件审理的在线化将减弱庭审的现场感和真实感。特别是刑事案件的在线庭审本应具备的震慑功能也将无法发挥。⑤ 同时，由于受限制庭审各方网络质量、设备性能的影响，电子诉讼中法官、检察官或当事人的网络中断、信号不佳、画质模糊等，或与庭审无关人员（比如原告、被告的儿童、宠物等）出现在画面或语音中，将极大地影响庭审质量，并削减司法仪式的严肃性。此外，最高人民法院《关于人民法院庭审

① 秦汉：《互联网法院纠纷处理机制研究——以网络著作权纠纷为例》，载《电子知识产权》2018 年第 10 期。
② 周翠：《德国在线庭审的现状与前景》，载《人民司法（应用）》2021 年第 25 期。
③ 郝晶晶：《互联网法院的程序法困境及出路》，载《法律科学》2021 年第 1 期。
④ 韩旭：《后疫情时代法院在线审理刑事案件之隐忧及纾解》，载《浙江工商大学学报》2022 年第 1 期。
⑤ 付雄、叶三方：《论远程审判的适用规则——克服远程审判之不足的制度设计》，载《内蒙古社会科学》2011 年第 4 期。

录音录像的若干规定》（法释〔2017〕5号）第15条规定的"未经人民法院许可，任何人不得对庭审活动进行录音录像"，在电子诉讼中也很难实现有效监管，私自录像后采取拼接曲解等方式在短视频平台传播的"带舆论"现象亦时有发生，同样会损害司法威严。

3.司法公正性的质疑。一方面，由于"数字鸿沟"的客观存在，"当事人对网络的熟悉程度各不相同，各方当事人运用网络的能力千差万别，甚至硬件设备也相差甚远，司法网络化会放大这种诉讼中的不平等"。[①] 从而使信息应用能力优势一方可能会增加其胜诉可能，弱势一方因案件无关因素而处于不利地位甚至造成诉讼障碍。"数字鸿沟"成为网络时代司法公正的一项重要的影响因素，如何保障弱势一方的诉讼权的有效实现，现有法律法规相对空缺。即使法律有规定，在法院技术人才短缺的当下，基层法院是否有能力为弱势一方提供有力的技术支持也令人担心。另一方面，司法网络化在助力阳光司法的同时，亦同时为"未审先判"的舆论审判提供了途径，有可能导致舆论审判对法庭审理产生不当影响，使司法陷入"广场化"泥潭。

（三）司法信息化的合目的性反思

"司法＋信息化"的规划、宣传和实际的实践现状相比在应然与实然之间也存在诸多差异和差距：

1.部分司法信息应用没有得到真正有效使用。个别应用只是产品原型或模拟版本，成为对外宣传和参观展览的"噱头"，这类司法信息化应用更多是作为一种资源密集型的短期政绩工程，有的并没有真正投入应用，有的在部署后却面临着几乎无人使用的尴尬境地，领导换届后则被束之高阁。[②]

---

① 胡昌明:《"司法的剧场化"到"司法的网络化"：电子诉讼的冲击与反思》，载《法律适用》2021年第5期。
② 张亚军、黄华:《机遇与挑战：我国智慧检务建设的发展隐忧与平衡路径》，载《河北法学》2021年第2期。

更有甚者，如吉林省延吉市人民法院原院长蔡某，2014 年 7 月在该院网络构建和设备采购过程中，收受某数码公司实际控制人给予的人民币 50 万元，为项目中标提供好处。山西省晋中市榆次区检察院原检察长干某收受山西某信息产业有限公司总经理高某 22 万元，为该公司在涉密信息系统和分级保护建设项目中标等提供帮助。广西监狱管理局局长李某收受技术公司法人沈某 244.63 万元，帮助其承揽广西监狱系统信息化建设项目。① 司法信息化项目成为部分官员牟利的工具，本来用于规范司法行为、预防廉洁风险的信息化项目却成为腐败的高发区。

2. 部分"司法 + 信息化"没有实现预期效能。从目的而言，信息技术可以帮助司法工作提升质量、效率和透明性。但是，在实践中上述原则可能部分并未达到理想效果。一是部分应用在逻辑和技术上可行，但实践中阻碍较大。比如，以电子卷宗为例，大数据平台显示，2016 年 1 月至 2021 年 1 月电子卷宗合格率仅为 76.83%，远低于传统纸质卷宗的平均合格率，主要错误集中于数据格式错误、卷宗概要信息文件中的节点缺失等。同时被期望通过大数据平台解决电子卷宗调阅难的问题，在实践中仍存在困难，在原始电子卷宗具备的情况下仍然有超过 1/3（超过 5 万次）无法实现电子调阅。② 二是一般假设电子诉讼相比传统诉讼模式会大幅节省时间，但是四川大学的调研显示，参加过在线诉讼的受访者中 57.14% 认为在线庭审时长更长，并且线上诉讼的庭前准备时间变长，且线上诉讼加重了书记员和助理的工作量，法官在线上庭审时也得分散精力关注在线设备情况。③

3. 部分"司法 + 信息化"成本收益率较低。成本效益分析（Cost Benefit

---

① 参见蔡某受贿案，（2019）吉 75 刑初 4 号一审刑事判决书；干某受贿、滥用职权案，（2019）晋 07 刑终 246 号二审刑事裁定书；沈某行贿案，（2023）桂 1322 刑初 1 号。
② 郝乐：《人民法院应用电子卷宗的理论基础、实践考察与制度完善》，载《档案学研究》2022 年第 2 期。
③ 左卫民：《中国在线诉讼：实证研究与发展展望》，载《比较法研究》2020 年第 4 期。

Analysis，CBA）同样是智慧司法需要思考的内容。在经济成本方面，司法信息化是一个资金密集型的项目，据公开报道，全国司法行政系统"十二五"期间信息化建设投入资金为 105.4 亿元。具体如司法信息化应用，千万级以上的并不少见。如果信息化建设的实际使用频率较少，或者相比线下手段没有明显效果，巨额的财政经费有被滥用之可能。在时间成本方面，电子诉讼发展初期，虽然法院规定在卷宗管理时以电子卷宗为主，纸质卷宗为辅，但实际上在卷宗管理档案归档等过程中均采取了双轨制的方式，反而大幅增加了司法人员的工作量。因此亦有学者质疑，"电子文书和纸质文书的并用使法院产生双重负担，线上与线下诉讼方式的频繁转换时常造成当事人与法院的重复劳动，让电子诉讼成为一种高成本的正义"。[1]

三、司法＋信息化的完善对策

为了解决司法信息化建设所遇到的合法性、合理性、合目的性问题，需要多方共同努力，健全法律＋科技的"双驱"耦合机制，致力于推动现有法律制度、司法模式、技术供给的根本性改进。[2]

（一）司法信息化的立法加速

目前，我国关于司法信息化的立法规定相对较少。可见的法律依据主要为 2018 年修订的《人民法院组织法》第 58 条和《人民检察院组织法》第 52 条，"人民法院（人民检察院）应当加强信息化建设，运用现代信息技术，促进司法公开，提高工作效率"。但通过北大法宝法律库的全文检索，在全国人大及其常委会所颁布的法律中，"电子诉讼""在线法院""远程审判"等关键词均无相关法律。

诚然，线上司法模式的制度确认需要经过一个较长的探索周期，再从

---

① 王福华：《电子诉讼制度构建的法律基础》，载《法学研究》2016 年第 6 期。
② 刘品新：《智慧司法的中国创新》，载《国家检察官学院学报》2021 年第 3 期。

内部规范性文件上升到立法阶段。例如，韩国早在1995年颁布了《远程审判规则》，但直到2010年才正式制定《远程审判法》，两者相距15年。但是在司法信息化建设如火如荼的当代，司法机关内部规范性文件到立法的周期应当显著缩短，因为司法信息化相关的立法所实现的目的不仅仅是对司法规范性文件相关流程的确认，还涉及电子诉讼中权利义务关系的重新分配，以及对司法机关的规范要求。因此，司法机关制定电子诉讼规范性文件并不能为其提供充分的合法性依据，否则就有司法解释对立法权的僭越之嫌。司法机关既是规则制定者，又是规则执行者，这种双重角色在司法机关内部可以视为最高司法机关对地方司法机关的规范性约束要求，但在外部视角下，则存在"即当运动员又当裁判员"的悖论。

司法信息化的立法模式可以采取立法混合模式（hybrid）。一方面，在电子诉讼初期阶段，由于线上诉讼尚不完全成熟，但相关实践已经普遍应用于司法机关的背景下。可以通过对诉讼法进行修改，增加专门条款规定，如在刑事诉讼法中增加一款，"对于简易程序、速裁程序的案件，或者犯罪嫌疑人认罪认罚的案件，当事人同意的，可以通过线上方式进行审判。法律有规定的从其规定"。在民事诉讼法中增加一款，"对于简易程序的案件，当事人同意的，可以通过线上方式进行审判。法律有规定的从其规定"。以立法的形式概括性赋予电子诉讼合法性，使争议不大的案件可以完成从立案到执行诉讼全流程的各项工作。特别需要强调的是，由于线下程序更有利于保障当事人权利，因此立法在早期应当严格将电子诉讼的适用范围控制在小额诉讼或简单案件之中。参照域外经验，如美国犹他州2018年以来的线上诉讼试点主要处理低于1.1万美元的小额诉讼。英国上诉法院大法官Briggs负责编制的《关于民事法院结构改革的最终报告》中，也认为在线法院的适用范围应当排除人身损害赔偿案件，并且索赔额应当控制在2.5万英镑的案件。①

① 蒋佳妮等:《智慧法院》，科学技术文献出版社2020年版，第55页。

另一方面，在电子诉讼探索相对成熟时，应当建立《电子诉讼法》或者在《民事诉讼法》《行政诉讼法》《刑事诉讼法》中设立电子诉讼的专门章节，系统性解决电子诉讼的法律地位、电子送达的有效性、电子证据认定、在线庭审规则、电子卷宗的法律属性等问题。[①] 同时立法应当健全电子诉讼的程序机制，包括但不限于电子诉讼失权机制、当事人程序异议机制、线上线下庭审转换机制、破坏电子诉讼秩序惩戒机制、电子诉讼安全保障机制等，[②] 以填补线上诉讼的法律空白。此外，在互联网法院等的改革过程中，可能突破现有法律框架的，应当获得立法机关的授权，"要先立后破，而不能够未立先破"。可以由最高人民法院、最高人民检察院等部门向全国人大常委会提议，由全国人大常委会授权互联网法院等类似试点暂时调整适用有关诉讼法的决定，对实践证明可行的，最高人民法院、最高人民检察院应当提出修改有关法律的意见；对实践证明不宜调整的，在试点期满后恢复施行有关法律规定。从而确保基于信息技术的司法改革于法有据，始终在法治轨道上探索以审判为中心的诉讼制度改革和以司法责任制为核心的司法体制改革。

（二）司法信息化的模式探索

司法信息化建设过程中，需要坚持问题导向，贯彻新发展理念，探索中国特色的司法信息化建设模式。

1.建立司法信息化权利保障机制。尽管数字中国建设取得了举世瞩目的成绩，但是应当看到我国互联网普及率为73%，意味着有27%的我国公民并不善于使用互联网工具。尤其是对60岁以上的老年人的互联网普及率仅为43.2%、农村居民的互联网普及率仅为57.6%，数据鸿沟客观存在。因此，司法信息化应当长期坚持线上线下双轨制模式，而不能过度追求全盘

---

① 李占国：《应当尽快制定电子诉讼法》，载《法治日报》2019年3月2日。
② 高翔：《民事电子诉讼规则构建论》，载《比较法研究》2020年第3期。

网络办案、远程开庭，个别法院"在线庭审应上尽上"的提法是不妥当的，否则对超过 3 亿人的我国非网络用户则显失公平，也会为不善于适用信息手段的当事人增加诉讼障碍和诉讼成本。电子诉讼不能以任何方式突破当事人同意原则，司法人员不得通过诱导、变相威胁等方式让当事人不得不选择电子诉讼形式，任何一方当事人不同意电子诉讼的，都只能采取线下方式进行诉讼活动。同时，在电子诉讼全过程中，司法机关都应当尽最大可能为其提供操作帮助，健全异议举报投诉机制，保护当事人隐私及个人信息，有条件的司法机关还可以通过购买服务方式，为同意电子诉讼但不熟悉操作的当事人提供技术支持服务。在庭审直播案件中，针对初次诉讼参与人应当进行直播培训，以此减少直播对公正审判的潜在伤害。[1]

2. 建立司法信息化权威赋予机制。在电子诉讼中，也应当进行必要的仪式设计，以体现法庭的庄严与法官的权威。在远程审判软件中，法官的图像、声音都应该进行专门设计，原则上法官图像位置应当处于居中位置、图像大小应当显著高于当事人图像大小、图像画质应当至少达到 1080P，声音音量应当保持洪亮，同时在图像中应当将法徽以适当方式显现。为了充分维持法庭秩序，应当赋予法官、书记员、法警等司法人员管理员权限，可以实现禁言等功能。同时，远程视频软件应当支持多点控制单元，支持 30% 网络丢包下，语音清晰连续，视频清晰流畅；支持 80% 网络丢包下，声音清晰，不影响庭审正常进行。此外，可以参照浙江丽水模式，通过逐步实现辖区内人民法院、人民法庭、矛调中心、律师事务所和乡镇街道、村委会等基层组织"两个全覆盖"，提供设立供当事人线上参加诉讼"共享法庭"服务点，由当事人就近选择服务点异地参加在线庭审、调解等线上诉讼活动。对于线上法庭秩序，最高人民法院应当通过司法解释等方式明确，对于破坏电子诉讼中的线上法庭秩序的行为，法庭可以采取禁言闭

① 唐应茂、刘庄：《庭审直播是否影响公正审判？——基于西部某法院的实验研究》，载《清华法学》2021 年第 5 期。

麦等措施；对在电子诉讼中起哄闹事，侮辱、诽谤、威胁审判人员，严重扰乱法庭秩序的人，应当依法追究刑事责任；情节较轻的，应当予以罚款、拘留，赋予线上法庭秩序必要的法律保障。

3. 建立司法信息化融合发展机制。作为法律职业共同体，司法信息化的义务并不应当只局限于司法机关，也包括律师、公司法务部门等。从域外的经验，在电子诉讼中对于特定职业人员或机构经常赋予相关义务。例如，美国纽约州最高法院民事庭于 2010 年 5 月制定了特定商事案件强制性电子起诉办法，强制商事主体通过电子方式起诉。[①] 也有的国家和地区，明确律师及法人组织实施起诉等诉讼行为时应优先考虑使用电子诉讼方式。例如，2015 年匈牙利第 CCXX Ⅱ 号法令《电子管理和信托服务总规则》就规定，该法令第 9 条第 1 款规定的机构和个人有义务在所有案件中以电子方式与法院进行联络，在非诉讼执行程序、非诉讼的民事、经济、公共管理和劳动诉讼、刑事诉讼、行政违法行为的诉讼等案件中必须选择电子联络。[②] 为了防止即使律师事务所装备良好，许多律师仍然选择现场出庭，以便获得在场优势，致使许多法院不得不同时进行现场和视频的混合庭审，德国达姆斯塔特州法院院长建议未来应当将确保通过视频参加庭审规定为律师的义务。[③] 如果作为法律义务的条件尚不成熟，司法机关可以与律协合作，对律师积极参与电子诉讼进行支持与鼓励，司法部也可以指导律协等建立律所电子诉讼场所的非强制性技术标准，以助力电子诉讼的全面实现。

（三）司法信息化的技术保障

司法信息化建设中，技术保障的重要性与日俱增，缺乏有效的技术保

① 王福华：《电子诉讼制度构建的法律基础》，载《法学研究》2016 年第 6 期。
② 陈志宏：《匈牙利"数字法院"项目概述》，载《中国审判》2020 年第 23 期。
③ 周翠：《德国在线庭审的现状与前景》，载《人民司法（应用）》2021 年第 25 期。

障，电子诉讼将会可能产生一系列问题。例如，天津基层法院的一项面向 56 名法官、法官助理参加的调研显示，法官对使用在线庭审时存在许多技术焦虑，有 76.8% 的调研对象认为在线庭审"不便上传或查阅证据"，66.1% 认为"网络不稳定"，48.2% 认为"系统对接出现问题"，16.1% 认为"存在泄密风险"。其中反映最强烈的问题中有 2/3 是技术问题。[①] 对此，应当从两方面进行改进和加强。

1. 在软件研发环节，应当根据实务需求不断改进司法信息化应用。某种角度上，软件研发质量的高低将直接影响电子诉讼的质量。2021 年，最高人民法院司法改革领导小组《人民法院司法改革案例选编（十一）》印发了 12 个互联网司法建设主题案例，对于指引司法信息化创新具有重要的指向作用。例如，北京市朝阳区人民法院案件空间系统可以实现将司法服务从固定场所、固定时间搬到随地接入、即时沟通的移动群组，特别针对数十人以上的涉众型案件，案件空间系统打破线下接待和端口数量限制，可实现近百名当事人群内沟通不卡顿，既维持交流秩序，又保障每名当事人陈述权利。该系统上线以来，已累计用户 9759 人，使用次数 27837 次。天津市河西区人民法院构建"集约管理 + 协同运作"电子送达工作机制，推出借助运营商合法提供的电话号码及实名认证信息等送达数据，触达"失联"当事人，并建立了数据修复服务、闪信推送、送达留痕机制，充分保障电子送达的及时有效。反观一项质量不高的信息系统，不仅可能导致多个需求点不满足，而且可能引起软件故障频发，最终影响电子诉讼的有效开展。

2. 在软件运维环节，应当建立 7×24 小时的司法信息化运维中心。采取司法机关专人管理 + 外包服务的模式开展工作，并促使运维人员专业化、服务标准统一化、服务质量可量化、运维管理一体化，满足司法机关信息化监、控、管一体化运维需求。在日常电子诉讼中，书记员应当具备基础

---

① 刘畅:《人民法院在线庭审的检视与规则完善》，载《天津法学》2021 年第 3 期。

软件运维能力，以维护科技法庭和线上法庭的有效运转，遇到重要故障时及时联系运维中心进行故障排查。重大案件、涉众案件采取电子诉讼形式的，或者庭审直播的，应当有专门的技术运维团队进行全程技术支撑。同时，运维团队应当将网络安全、信息安全放在首位，最大程度防范数据外泄使用风险。当前，司法信息化运维既要面向"内部电子法院""内部电子检务"等的管理信息化运维，更要面向"外部电子法院""外部电子检务"的业务信息化运维，后者是未来司法信息化运维的重点。"十二五"期间，全国法院电子诉讼占比不足1%。经过数年的发展，现在我国在线开庭占比接近12%，取得了显著成效，但相比国外（如韩国电子诉讼案件占比64.46%）仍有差距，电子诉讼仍然是智慧司法"全流程线上诉讼的低洼区"。[1] 在未来我国电子诉讼占比达到或接近国外发达国家水平时，电子诉讼技术运维工作量也会暴增，需要提前做好相关准备工作。

---

[1] 黄国栋:《比较法视野下智慧法院建设的中国经验、实践困境与路径优化》，载《法律适用》2023年第3期。

第二节　司法数据化融合研究

一、司法＋大数据的应用现状

大数据时代，数据已成为司法工作的战略性资源，也是提升司法现代化的重要手段。大数据有四大特征：

一是数据量（Volume）大。2011 年全球被创建和产生的数据总量是 1.8ZB，而到 2020 年全球大数据储量达到 47ZB，是 2011 年的 26 倍。与此同时，司法机关的数据量也呈指数型上升，据公开报道，截至 2021 年，检察机关统一业务应用系统已经积累 5100 余万件案件数据，生成法律文书超过 1 亿份。① 假设每件案件（含电子卷宗）数据为 10MB，则智慧检务核心应用积累的数据资源可以达到 486.37TB（0.48PB）。截至 2020 年，人民法院大数据管理和服务平台已累计汇聚 2.18 亿件案件信息，假设每件案件（含电子卷宗）数据为 10MB，则智慧法院核心应用积累的数据资源可以达到 2079.01TB（2.03PB）。智慧司法数据资源已经达到了大数据 PB 级的门槛。但是和电子政务、智慧城市相比，智慧司法数据资源仍然相对有限。例如，截至 2018 年，成都主要政务信息资源存储量达到 1622.7TB（1.5PB），基本与全国智慧法院或智慧检务的数据总量相当。

二是类型（Variety）繁杂。智慧司法中既有统计数据等结构化数据，也有起诉书、裁判文书等半结构化数据，还有提讯、审判音视频信息、视听

① 丁国锋：《我国智慧检务有望领先全球》，载《法制日报》2017 年 9 月 28 日，第 3 版。

证据等非结构化数据。[①] 就数量而言，非结构化数据占比超过 80%。实践中，司法机关通常采用非关系型数据库存储技术进行相关数据的抓取、管理和处理。[②]

三是价值（Value）密度低。大数据就像原油，提炼之前毫无用处，提炼之后价值连城。如果缺乏充分的数据治理和有效的数据服务，大量的司法数据都属于"死数据"的司法数据资源，而非"活数据"的司法数据资产。

四是实时高速（Velocity）。2021 年 1 月 1 日至 11 月 15 日，全国法院共受理案件 3051.7 万件，意味着每日新增受理案件数量达到 9.5 万件（接近 10 万件），如果假设每件案件（含电子卷宗）数据为 10MB，则每日新增司法数据数量都将接近 1TB，对数据治理、存储、交换都提出了更高要求。

（一）司法数据的描述统计

司法大数据最早的应用可追溯到司法统计。1906 年（光绪 32 年），清朝改刑部为法部，次年（1907 年）开始连续三年制定并发布了刑事统计报告。例如，1908 年法部第二次统计将犯罪按类型共分为 25 大类进行统计，并区分的男性嫌疑人与女性嫌疑人，统计显示，京畿直省（今北京、天津、河北一代）1907 年女性犯罪人数为 195 人，其中罪名最多的是贼盗案（133人，占 68.2%）、强奸案（45 人，占 23.1%）、斗殴案（4 人，占 2.1%）。[③]民国时期，司法统计已经相对规范，司法部建立了刑事统计年报制度，据上述年报统计，1914 年至 1923 年，我国犯罪人数基本上稳定在 4 万人至

---

① 孙晓勇：《司法大数据在中国法院的应用与前景展望》，载《中国法学》2021 年第 4 期。

② 茆荣华：《智慧法院建设实践与探索（上海篇）》，人民法院出版社 2021 年版，第 291 页。

③ 张洪阳、艾晶：《清末女性犯罪的统计分析——基于法部第二次司法统计的考察》，载《法律史评论》2019 年第 1 期。

5 万人（平均为 4.7 万人），其中最高值为 1915 年的 55617 人，最低值为
1918 年的 41911 人，民国时期的研究者还专门制图说明，以对刑事司法工
作"抱着尝试的态度，作系统的分析"。[①]

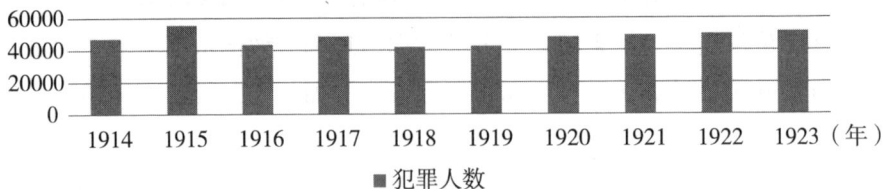

图 26　民国时期司法数据统计的探索（来源：笔者自制）

　　司法机关的人工统计方式一直延续到 20 世纪 90 年代中期。1985 年
11 月，最高人民法院还专门制定《关于人民法院司法统计工作的若干规
定》，明确"人民法院司法统计工作的基本任务，是对法院工作情况进行统
计调查、统计分析，积累和提供统计资料，实行统计监督，为审判工作服
务"。司法统计工作多由法院研究室（处、科）管理，统计人员负责汇总统
计数字、填写和报送统计报表，开展统计分析，高级人民法院每月需要向
最高人民法院报送的统计表应于次月 20 日前寄出。有时，当月的司法统计，
最高人民法院要延后 30 天至 45 天才能上报，滞后的统计工作一定程度影
响司法决策的及时性。[②]

　　1989 年 11 月，最高人民检察院也制定了《检察统计工作暂行规定》，
明确各级人民检察院统计机构和统计人员依法行使统计调查权、统计报告
权、统计监督权。直到 20 世纪 90 年代中期，法院、检察院研究室的统计
员还需要完成大量的人工统计工作。据宁夏固原市中级人民法院工作人员
回忆："当时我们的司法统计方法非常复杂。首先，我们要收集所辖 5 个基

　　① 张镜予：《北京司法部犯罪统计的分析》，燕京大学社会学系出版物 1928 年版，
第 2 页。
　　② 最高人民法院编：《人民法院改革开放三十年·文集》，人民法院出版社 2008 年
版，第 113 页。

层法院和本院的纸质报表，然后将 6 个法院的同一张报表的每一行进行人工手折，再将 6 张报表层叠在一起加出总表该行中二十几列的数字。如果一张报表中有三十多行，就要重复把 6 个法院的报表手工折三十多次，一共 19 张报表，都要如此操作，做完一套报表累计要折 3000 次左右。"无法避免地，这种繁杂琐碎的手工统计方式也经常出现统计错误。①

1994 年 3 月，最高人民法院作出《关于人民法院应用计算机进行司法统计工作的暂行规定》，要求各级人民法院应用计算机进行司法统计，必须统一使用最高人民法院指定的司法统计软件。应用于司法统计工作的计算机必须是 286 以上。最高人民法院与各高级人民法院应利用通信专线实现司法统计数据传输；各高级人民法院及中级人民法院应当根据条件，逐步实现司法统计数据线路传输。最高人民检察院的统计软件也经历了 AJ2000、AJ2003、AJ2013 的多次变更。在初期近十年的探索阶段，统计工作解决了数字化、网络化问题，但是大量的计算机统计工作仍然依赖于统计人员的人工录入。

司法数据统计的自动化探索的实现是在 2013 年之后。2014 年 7 月 1 日，人民法院大数据管理和服务平台正式上线，该平台支持自动化司法统计功能。各高级人民法院数据中心统一一段时间内将增量产生的审判案件及文书数据按照《人民法院数据管理和服务技术规范》的要求将数据转换并打包成 XML 文件及 ZIP 格式数据包，自动发送到人民法院大数据管理和服务平台。为保证汇聚数据的完整性和及时性，要求当日增量数据不晚于次日凌晨 2：00 完成报送。平台生成表是基于平台已汇集的案件数据，自动计算生成的全国所有法院的司法统计基础报表。报表中的每一个数据均支持下钻到具体的案件列表，案件列表的每一个案件都可以点击查看详情。② 2015

① 赵霞：《司法统计的前世今生》，载《人民法院报》，2018 年 8 月 10 日，第 4 版。
② 许建峰、孙福辉、陈奇伟：《智慧法院体系工程概论》，人民法院出版社 2021 年版，第 245 页、第 275—278 页。

年 6 月，实现了全国四级法院都向平台成功汇聚案件数据，基本形成一张覆盖当时全国 3512 个法院、万余个派出法庭的"数据大网"。在最高法院与各高级法院之间成功建立了每日案件数据动态更新机制，并开发了一套涵盖 93 项质检规则的质量检查和监控软件，在 2015 年 10 月底实现全国法院"案件数据全覆盖"。①

2014 年，最高人民检察院开始探索 AJ2013 统计数据与全国检察业务应用系统对接，2017 年依托电子检务工程，全国检察业务应用系统统计子系统上线运行。至此，办案人员网上办案的过程，就是案件信息填录的过程，同时也是信息采集和检察业务数据（统计数据）生成的过程。系统每天自动抓取生成的基础统计数据 460 余万条，全国各级检察机关每个生成周期的统计数据量达 165 亿条，是原检察统计数据量的 35 倍。② 统计子系统的案件数据收集模块，可以根据定义的规则从统一业务生成环境中抽取案件数据，经过清洗转换、错误检测等一系列的活动，完成案件数据的收集工作，形成案件数据统计库。业务决策管理信息模块可以根据需要展示相关办案数据。业务信息监管模块可以提供同比分析、图形分析、扩展分析和行列筛选工具，并支持反查登记卡、联查统一业务应用系统办案数据。③

近年来，大数据司法态势分析成为一种新的业务方向，两高季度性的审判（检察）态势分析已成为新常态下的司法决策方式。人民法院大数据管理和服务平台依托自身详细的数据，从司法大数据要报、审判态势月报、专题深度研究、专题公开发布四个维度，探索建立司法大数据深度应用新模式。例如，2021 年 2 月 8 日，最高人民法院召开党组会议，依据人民法院大数据

---

① 罗书臻：《大数据时代的"最佳实践"——人民法院大数据管理和服务平台建设纪实》，载《人民法院报》2018 年 4 月 27 日。

② 李景文、孙凤娟：《十年，实现了从无到有从弱到强——写在全国检察机关全面推进案件管理机制改革十周年之际》，载《检察日报》2021 年 10 月 28 日，第 4 版。

③ 参见笔者《智慧检务概论》，中国检察出版社 2018 年版，第 131—133 页、第 261—263 页。

管理和服务平台等提供的数据研判，认为全国法院新收案件与上年相比略有下降，结案率上升，涉诉信访总量较大幅度减少。执行案件结案数、结案率上升，未结案数下降，核心指标全部达标，运行态势良好。^① 2018 年 3 月，最高人民检察院检察大数据决策支持平台正式上线运行，将分散在检察机关各系统的内部数据、其他单位共享的外部数据以及互联网开放数据进行全面采集，为检察工作提供决策支持。2018 年 6 月，最高人民检察院制定《业务数据分析研判会商工作办法》（高检办发〔2018〕20 号），明确会商工作小组应当每季度举行一次会商会议，重点围绕业务数据反映的规律、趋势、特点、影响、问题以及需要预警、提出对策的事项进行研究。

司法数据统计进入大数据时代，基于对案卡数据等结构化数据和电子卷宗等非结构化数据的分析，通过数据可以全面、及时地把握司法案件规律与特征，为刑事诉讼、民事诉讼、行政诉讼案件办理、管理和司法机关参与社会综合治理提供数据指引。例如：

在民事诉讼领域，中国司法大数据研究院发布了《离婚纠纷司法大数据专题报告》，通过对上百万件离婚诉讼的分析发现，在全国离婚纠纷一审审结案件中，73.40% 的案件原告的性别为女性；婚后 2 年至 7 年为婚姻破裂的高发期；77.51% 的夫妻因感情不和、14.86% 的夫妻因家庭暴力向法院申请解除婚姻关系；65.81% 案件的判决结果为当事人双方继续维持婚姻关系，为调解婚姻关系提供了数据指引。^②

在刑事诉讼领域，最高人民检察院定期公布全国检察机关主要办案数据，通过对比 2021 年和 2019 年数据可以发现，危险驾驶罪起诉人数一直排名第一（2019 年占 17.7%，2021 年占 20.1%），还存在上升趋势。帮助信息网络犯罪活动罪排名第 3，2021 年相比 2020 年增长了 17 倍，2020 年相比

---

①　郑义：《周强主持召开最高人民法院党组会议 研究分析审判运行态势》，载《人民法院报》2021 年 2 月 9 日，第 1 版。

②　张晨、刘子阳：《离婚纠纷司法大数据》，载《法制日报》2018 年 4 月 12 日。

2019 年增长了 34 倍，有必要适度上调危险驾驶罪和帮信罪的入罪门槛，防止犯罪圈的过度扩张。[1]

在行政诉讼领域，第三方基于中国裁判文书网公开数据对 2021 年税务行政诉讼大数据分析发现，67.3% 的案件税务机关胜诉，19.3% 的案件自愿撤诉或按照撤诉处理，税务机关败诉的案件只占 6.7%。在具体诉讼类型中，2021 年的社会保险费争议案件，税务机关败诉率最高达到 33%，税务机关不作为是相对人方胜诉的常见原因（占 27.3%）。对于督促税务机关依法履职具有一定的参考作用。[2]

（二）司法数据的关联查询

在司法数据融合方面，对于结构化数据，目前采用较多的是传统信息检索技术，比如数据库中多表的连接查询或跨库关联查询；而对于非结构化数据，主要采取深度语义学习、知识图谱等技术。[3] 前者的问题主要是数据来源获取难题，后者主要涉及人工智能相关技术问题，本节主要探讨基于前者的应用。

在民事领域，对于人民法院而言，民事案件执行难的一个重要问题就是由于银行金融机构众多，执行法官过去只能逐个到金融机构网点确定被执行人是否有金融资产或存款，需要花费大量的交通时间和沟通成本。2012年，浙江、北京、上海、江苏等地高级人民法院开始试点开展"点对点"网络查控系统建设，实现了辖区内部分银行的线上查冻功能。2014 年，最高人民法院与中国银行业监督管理委员会联合发布《关于人民法院与银行

---

[1] 最高人民检察院：《2021 年全国检察机关主要办案数据》，载《检察日报》2022年 3 月 9 日，第 8 版。

[2] 易明：《2021 年中国税务行政诉讼大数据分析报告》，载德恒律师事务所网站，https://www.dehenglaw.com/CN/tansuocontent/0008/025227/7.aspx?MID=0902。

[3] 秦永彬等：《"智慧法院"数据融合分析与集成应用》，载《大数据》2019 年第3 期。

业金融机构开展网络执行查控和联合信用惩戒工作的意见》，提出要建立"总对总"网络查控系统。2015 年，最高人民法院与中国银行业监督管理委员会制定《人民法院、银行业金融机构网络执行查控工作规范》，为人民法院和金融机构研发网络查控制定了技术规范。2017 年全国 3500 个法院上线了网络执行查封系统，覆盖面达到 99.66%。① 但是，由于各金融机构的响应程度不同，对所有银行实现网络扣划的目标尚未实现，个别金融机构协助扣划未成功率偏高，对被执行人查询的账户信息漏落比率偏高，不同金融机构的反馈时间不同，在同一起执行案件中，有的银行当天反馈，而有的反馈时间迟滞接近半年。②

在刑事领域，2014 年，湖北省检察院借助湖北电子政务网，自主研发软件，建成省市县三级联通的"两法衔接"信息共享平台。目前该平台已具备动态流程管理、线索筛选、数据分析查询等 11 项功能，并能在线实时自动生成相关数据分析报告，下发工作指令。湖北省检察机关依托平台开发了"三步筛查法"：（1）通过设置刑事立案标准，从现有行政处罚案件信息中直接自动发现犯罪线索；（2）通过设置刑事立案临近标准、严重情节等条件，找出疑似被降格处理的线索；（3）通过设置处罚对象、物品、地点等关键信息条件，从中发现疑似被拆分处理的线索。截至 2018 年 5 月，全省已有 3677 家行政执法单位接入"两法衔接"信息共享平台，网上录入案件数量与日俱增，由 2015 年的 4 万件、2016 年的 7 万件上升到 2017 年的 9 万件，湖北省检察机关已在平台中筛查出涉刑案件线索 5000 余条，经调查核实，建议移送刑事处罚案件 3194 件。③

在行政领域，对人民检察院而言，行政监督线索发现难是制约行政检

① 崔亚东主编：《人工智能辅助办案》，上海人民出版社 2021 年版，第 176 页。
② 谢长江：《人民法院"总对总"执行措施的智慧化建设路径》，载重庆市第四中级人民法院官网，http://cq4zy.chinacourt.gov.cn/article/detail/2020/03/id/4830500.shtml。
③ 陈鹏、戴小巍：《湖北"两法衔接"剑指顽疾》，载《湖北日报》2018 年 6 月 13 日，第 5 版。

察的重要原因。2016 年 12 月，江苏省检察院明确将丹阳市检察院探索的"行政执法检察监督平台"列入全省检察机关网信建设试点项目，专门成立研发小组进行重点推进，2017 年上半年，项目一期工程在该院开始试运行，汇总导入检察机关统一业务应用系统、两法衔接平台、12345 政府热线等数据，建立行政执法信息数据库。通过对信息进行碰撞、抓取、筛选、比对，并对线索信息的打分排序，获得有价值的案件线索，解决对行政机关监督难的问题。一期平台已收录信息 76610 条，从中发现疑似线索 48 条，发送检察建议 11 份，发送建议移送涉嫌犯罪案件函 3 份。二期工程逐步增加了12315 消费者权益保护热线、12331 食药投诉举报热线、国土部门"四全"服务平台等数据来源。[①]

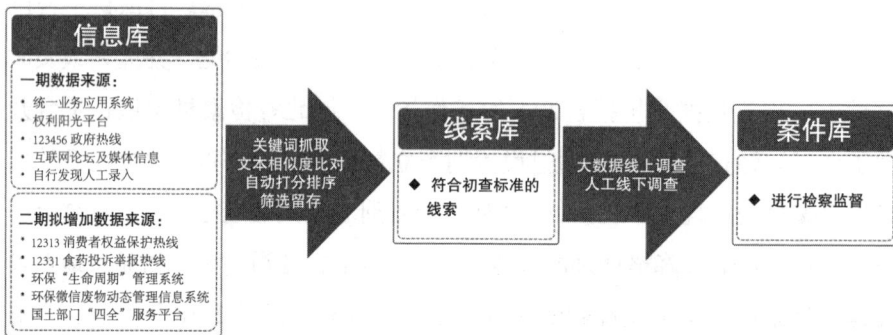

图 27　江苏省检察机关"行政执法检察监督平台"流程图

（三）司法数据的指标管理

在大数据时代，基于各类指标能够实现对司法数据发展本身的客观评估，一方面可以通过对数据总量、数据关联度、数据置信度等评价司法大数据发展情况；另一方面，也可以通过设计新的指标，使得对法院、检察院、司法行政工作进行量化管理成为可能。

---

① 卢志坚、杨磊：《丹阳大数据平台推动行政执法检察监督工作》，载《检察日报》2018 年 4 月 13 日。

从 2002 年开始，四川省高级人民法院受最高人民法院委托，进行了为期两年的审判质量与效率评估体系的调研，建立起一个由 27 个指标组成的审判质效综合评价指数体系，该综合评价指数由审判质量指标（权重 60%）、审判效率指标（权重 30%）、审判综合指标（权重 10%）3 个二级指标构成。[①] 2008 年 1 月，《最高人民法院关于开展案件质量评估工作指导意见（试行）》，设立了审判公正、审判效率、审判效果 3 个二级指标。2007 年为 82.92，2008 年为 85.56，2009 年为 85.72，2010 年提高到 87.26。例如，衡量一审判决质量的计算公式是：0.4×（上诉案件改判数 / 一审判决结案数）+ 0.6×（上诉案件发回重审数 / 一审判决结案数），即对一审判决提起上诉（抗诉）后，二审法院经审理认为原判决违反法律规定而改判或发回重审的，即可认定原审案件存在质量问题。一审判决案件上诉改判率和发回重审率越高，说明一审案件审判质量越差。2013 年，最高人民法院印发《人民法院案件质量评估指数编制办法（试行）》，在全国推广相关工作。

表9　审判质效综合评价指数体系

二级指标	三级指标
审判公正指标 11 个	由立案变更率、一审陪审率、一审上诉改判率、一审上诉发回重审率、生效案件改判率、生效案件发回重审率、二审开庭率、执行中止终结率、违法审判率、违法执行率、裁判文书质量指标组成
审判效率指标 11 个	由法定期限内立案率、法院年人均结案数、法官年人均结案数、结案率、结案均衡度、一审简易程序适用率、当庭裁判率、平均审理时间与审限比、平均执行时间与执行期限比、平均未审结持续时间与审限比、平均未执结持续时间与执行期限比指标组成
审判效果指标 11 个	由上诉率、申诉率、调解率、撤诉率、信访投诉率、重复信访率、实际执行率、执行标的到位率、裁判主动履行率、一审裁判息诉率、公众满意度指标组成

---

① 孙增芹、徐月峰：《中国法院审判质量效率评估指标体系研究》，载《中国石油大学学报（社会科学版）》2012 年第 4 期。

2020 年，最高人民检察院印发《检察机关案件质量主要评价指标》，通过 51 组 87 项评价指标的综合、灵活运用，可实现对检察机关主要司法办案活动的质量评价。地方检察院也在基础上进一步丰富了指标评价体系。其中比较有亮点的是三类指标。

（1）"案 – 件比"是核心指标。为落实以人民为中心思想，"案"是指发生的具体案件；"件"是指这些具体的案进入司法程序后所经历的有关诉讼环节统计出来的件。"案 – 件比"中"件"数越低，说明"案"经历的诉讼环节越少，办案时间越短，案结事了，当事人对办案活动的评价相对越高，办案的社会效果越好。

（2）"四大检察"业务占比结构。2022 年上半年北京市检察机关"四大检察"业务占比结构为 72.60∶16.67∶6.56∶4.17，刑事检察占比同比减少 16.28 个百分点，民事、行政、公益诉讼结构比持续上升，四大检察充分协调发展态势向好。

（3）案件来源占比。2023 年上半年北京市检察机关依职权监督、依申请监督、依移送受理的结构比为 51.27∶13.74∶34.99，检察机关依职权监督占比相比 2022 年同期增加 13.65 个百分点，相比 2021 年同期增加 33.09 个百分点，主动参与社会治理，能动履职积极性和成效进一步显现。[1]

（四）司法数据的知识服务

司法办案、管理、服务中需要涉及大量的法律法规、司法解释、规范性文件、指导性案例和前沿理论研究。在大数据时代，需要同时提供被动式的数据检索服务和主动式的数据推送服务。

智慧法院建设中，2016 年 3 月，由最高人民法院批准立项建设的"法信——中国法律应用数字网络服务平台"正式上线，作为中国首家法律知识

---

[1] 2022 年上半年北京市检察机关主要办案数据，载北京市检察院官方微信公众号，https://mp.weixin.qq.com/s/SbR28maevlZ8DnG39Drqrg，2022 年 7 月 26 日访问。

和案例大数据融合服务平台，"法信"平台是借鉴美国 Westlaw 数据库钥匙码体系，通过目前国内规模最大的法律知识分类导航体系——法信大纲和国内首家司法裁判大数据剖析双引擎（裁判剖析 LD+ 同案智推 SP），对海量法律条文、案例要旨、法律观点、裁判文书进行深度加工聚合、智能剖析推送，进而为法律人提供一站式专业知识解决方案。截至 2023 年 4 月，法信已经覆盖七大法律体系，涵盖了 1.3 亿件案例，案例分析准确率在 85% 以上。法信文字内容已经超过 1060 亿字，并保持每 2 小时全库更新的频率不断迭代。

图 28 法信全量数据库的资源存量

智慧检务建设中，"检答网"是最高人民检察院为全国检察人员提供法律政策运用和检察业务咨询答疑服务的信息共享平台，由最高检统一搭建，供全体检察人员使用。2018 年 7 月 16 日，最高人民检察院印发《检答网使用管理办法》（高检发研字〔2018〕11 号），明确检察人员应当实名登录检答网，可以对检察工作、学习和研究中涉及的法律适用、办案程序和司法政策等方面问题进行咨询。截至 2022 年 10 月 7 日，检答网累计访问量达到 2.4 亿余次，累计咨询问题 18 万个，解答率达 95%，解答速度和质量均呈现上升趋势。①

① 最高人民检察院：《有问题上检答网》，载《检察日报》2022 年 10 月 14 日，第 19 版。

智慧司法行政中，司法部中国法律服务网的司法行政（法律服务）案例库已经收录 43897 篇司法行政案例，涵盖人民调解、法律援助、公证、司法鉴定、社区矫正、戒毒、监狱、法治宣传教育等相关工作。其中的智能法律咨询系统已从最初的婚姻、劳动纠纷、工伤赔偿、交通事故、借贷纠纷 5 大类，完善到现在包括遗产继承、校园侵权、借贷纠纷等 29 大类，基本涵盖民生领域常见法律问题。据中国法律服务网官方介绍，智能法律咨询系统已经为用户出具了 340 万份智能法律意见书，满意率 90% 以上。

（五）司法数据的回归分析

司法数据还可以借助 Sas、Stata、Spss、R 软件等进行回归分析，进而发现司法裁判的影响因素，并从规范角度对改进司法工作提出意见建议。

以贪污贿赂犯罪为例，不同学者从不同影响因素出发，控制变量后探索是否会影响贪污罪、受贿罪的定罪量刑。有的学者关注被告身份级别对判决的影响，对 1341 份受贿罪研究样本进行回归发现，在控制数额与情节之后，对于在编的受贿罪被告人而言，不同行政级别对受贿罪的整体量刑不存在统计学上的显著差异，但"编外人员"相比在编干部的量刑相对较轻。有的学者关注性别因素对职务犯罪追诉的影响，对 9238 个贪污贿赂罪案例进行回归分析发现，在控制其他变量的前提下，性别因素不会影响腐败金额，但会影响强制措施类型，女性腐败犯罪采取逮捕措施的可能性比男性低 27.1%，建议本着法律面前人人平等的原则，对相同情节的女性被告人和男性被告人平等采取强制措施。有的学者关注地域因素对职务犯罪量刑的影响，对 4205 份受贿罪裁判文书的研究分析，在控制变量的情况下，回归分析显示，东部地区的被告人相比中部地区会增加 0.374 年有期徒刑，相比西部地区会增加 0.497 年的有期徒刑，与一般研究假设东部地区的经济发展水平较高、量刑强度可能低于中西部地区的假设相反。[①]

回归分析还有助于评价司法改革和司法政策的客观有效性，而非仅停留在司法机关的自我报告和宣传之中，有助于真正经验成效，并提出相应对策。比如，有的学者对证人出庭的影响因素进行分析发现，地区财政指数对证人出庭具有影响（P=0.1），地区生产总值对证人出庭显著影响（P=0.01），因此建议编列专项证人出庭预算，从而提高证人出庭率，以保证审判为中心的司法改革有效落实。[②] 有的学者对铁路法院作为跨行政区划法院的效果进行评估，通过对 24 万件一审行政判决的分析发现，相较于普通基层法院，铁路基层法院判决原告胜诉的机会更高（P=0.01），从而表明这一改革在一定程度上改善行政审判状况。[③] 有的学者对 8795 件执行案件进行回归分析，发现法院基于执行信息化手段对银行存款与房产的查控能够显著提升执行效果；但依托执行信息化手段查封车辆、采取限高措施的效果并不理想。[④] 有学者对某市法院 350 份未成年人刑事案件判决书进行回归分析，发现《最高人民法院关于审理未成年人刑事案件具体应用法律若干问题的解释》所规定的 5 个酌定量刑情节，只有"犯罪年龄"对法官量刑结果有显著影响，其他 4 个情节的影响皆不显著。因此提出未成年人刑事审判改革的关键不在于酌定量刑情节的数量，而更在于其操作性，以弥补实然和应然之间的差距。[⑤]

———————

① 参见王剑波：《行政级别、身份性质与我国受贿罪的量刑差异》，载《政法论坛》2018 年第 1 期；金鸿浩、李凌：《腐败犯罪的性别差异性实证研究》，载《山东警察学院学报》2020 年第 1 期；林嘉珩：《受贿罪量刑影响因素实证研究——基于 2014 年全国 4205 份判决书的研究》，载《刑事法评论》2017 年第 1 期。

② 周文章、聂友伦：《刑事诉讼证人出庭——基于 80351 份判决书的分析》，载《清华法学》2021 年第 5 期。

③ 马超、郑兆祐、何海波：《行政法院的中国试验——基于 24 万份判决书的研究》，载《清华法学》2021 年第 5 期。

④ 左卫民：《中国"执行难"应对模式的实证研究——基于区域经验的分析》，载《中外法学》2022 年第 6 期。

⑤ 莫然：《应然与实然之间的距离：未成年人量刑实证研究》，载《政法论坛》2015 年第 4 期。

目前上述方法主要应用于法学实证主义研究之中，在智慧司法应用中使用较少，多数尚未内嵌相关应用，未来可以作为继审判执行（检察）态势分析之外的又一新增业务点。基于司法机关的大数据平台，内嵌方差分析、相关分析、回归分析、聚类分析等统计工具，助力司法数据化从描述统计阶段进入相关分析、回归分析阶段，从而更深刻地把握司法裁判规律，精准科学制定与调整司法政策。

二、司法 + 大数据的问题反思

（一）司法数据权的扩张与异化

当前，司法 + 大数据模式建设的一个深层次问题就是司法数据权利义务关系的缺失，进而限制了司法大数据实效的发挥。具体表现为：

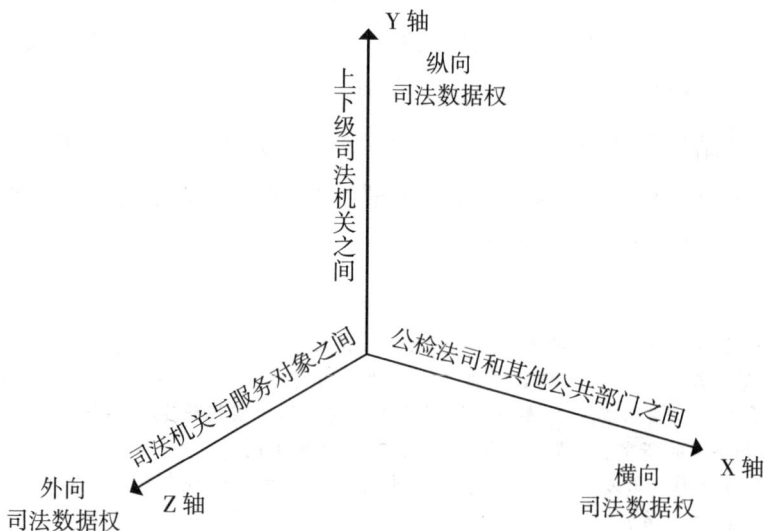

图 29　司法数据权的权利义务关系调整（来源：笔者自制）

1.因为横向司法数据权利义务关系不明，导致司法部门存在"数据孤岛""以邻为壑"现象。司法部门之间数据协同主要不是技术问题，此前因为公检法司各单位之间网络信息系统的保密级别不同，根据保密法规和政策无法实现数据共享。但在 2018 年最高人民检察院统一业务应用系统（工作网版）部署后，95% 以上的案件均已在工作网上流转，政法协同的保密政策障碍已不复存在。但时至今日，司法数据仍然无法完全协同，其关键原因在于数据部门主义和数据地方主义。[1] 当前，司法数据共享的要求多停留在政策层面的原则性规定，但缺乏法律层面的具有操作性的义务分配，以及违反数据共享规定配套的惩罚性措施。特别是由于检察机关具有监督权和司法权的双重属性，其他司法机关将数据提供给检察机关后，人民检察院可以通过大数据法律监督赋能方式发现问题线索，在没有法律强制性约束的情况下，从理性经济人角度，被监督部门很容易得出在事实上拒绝数据共享的结果。此外，也有的部门担心数据共享后可能会出现不可预测的泄露风险等安全事件，从规避风险的角度拖延或抗拒数据共享。即使司法机关内部的各部门之间，数据权利义务关系并不明晰，有的强势部门自建信息系统，而没有依托单位信息中心统一建设，内部数据共享也存在部门主义的障碍。

2.纵向司法数据权利义务关系不明，导致司法数据权的高度集中化和权利义务不均衡化。司法数据权很大程度上是司法管理权、司法指导权的重要组成部分，便于上级机关对下级机关的监督。但在数据权配置中，司法数据权力过度由上级司法机关（最高司法机关和省级司法机关）享有，但司法数据义务多数由基层和地市级司法机关承担。有的案例表明，基层司法机关想要分析本单位司法大数据资源，但由于数据存储于省级司法机关，需要由省级以上司法机关批准授权后才可以分析，阻碍了基层司法机关数据分析的热情。在收益分配上亦存在倒置问题，技术公司从上级司法机关获取到相关数据后，有的上级司法机关获得一定收益，但作为数据生产者

---

① 赵毅宇：《检察监督智能化的发展隐忧及应对逻辑》，载《法制与社会发展》2023 年第 2 期。

的基层司法机关并无任何收益，个别系统数据返还问题尚没有彻底解决，[①]甚至通过该技术公司软件使用本单位数据时还需要支付不菲的费用。如果未来启动司法数据治理工程，采取谁生成、谁治理、谁负责的原则，那么基层司法机关在繁重的司法业务工作外，还需要承担较为繁重的司法数据治理任务，并给付巨大的人力成本和财政资源。基层司法工作人员在司法大数据战略的成本效益较低，成为阻碍一线积极性的重要原因。

3. 外向司法数据权利义务关系不明，导致技术权的扩张和知情权、隐私权的潜在风险。一方面，司法机关信息系统和数据中心多委托技术公司建设、维护，技术公司基于技术优势从而在客观上可以接触、掌握到全量或部分的司法数据资源，技术公司利用该便利将大量非密的司法数据资源作为其核心数据资产和智慧司法行业的竞争优势，导致司法机关有时不得不依赖技术公司获取司法数据服务。虽然单个或小量数据资源是不涉密的，但当数据量级达到一定程度，数据安全风险就会成倍增加。对于已经脱离司法机关物理范围的司法大数据资源，司法机关对技术公司的限制手段相对有限。同时，实务部门还发现，个别技术公司在司法大数据平台建设和运营中，还会通过设置私有的数据访问 API 或 SDK（软件工具包）端口来限制外部企业和部门对该数据库的访问，从而形成垄断。[②] 如果其他技术公司想要使用该端口，有的还需要向其支付"接口费"。另一方面，司法大数据具有公共属性，使用主体既包括司法机关，也包括其他案件当事人。但是当前司法大数据建设中还存在唯公权化倾向，将更多资源投入方便司法机关的数据应用，而较少将资源投入方便原告、被告、辩护律师的数据应用，这可能导致大数据时代数字鸿沟出现，加剧了公权力扩张、私权利

---

① 智慧检务创新研究院：《检察智能化建设的战略转型和发展趋势》，载《中国法律评论》2018 年第 2 期。

② 茆荣华：《智慧法院建设实践与探索（上海篇）》，人民法院出版社 2021 年版，第 294 页。

收缩的趋势，控辩平等对抗的实现难度不降反增。[①]

（二）司法数据治理的多重问题

数据治理是司法大数据面临的又一难题，涉及为司法数据治理机制方法等一系列管理问题和技术问题。[②] 有调研显示，30% 受访法院没有制定数据治理相关规范，32% 受访法院没有数据生命周期管理的制度，12% 受访单位各部门都没有承担数据责任，[③] 在司法数据治理中，较为突出棘手的有四个难题：

1. 司法数据管理缺乏统一标准。虽然近年来中央司法单位都加快了数据标准制定工作，但是许多数据标准并未细化，可操作性较弱；全国层面的跨部门数据标准欠缺，无法满足政法协同的需要。理想状态下，司法大数据标准应当包括共性的统一司法数据标准和个性的部门司法数据标准，前者满足于司法协同办案和检察监督等应用的数据共享需要，后者服务于本单位的个性化需求。由于缺乏统一数据标准，无形中大幅增加了跨部门、跨系统数据交换的经济成本、时间成本和技术成本。

2. 司法数据质量参差不齐。"数据质量是司法大数据建设的生命线"，但目前司法大数据中数据不完整、不准确、不全面、不及时等问题客观存在。[④] 现有的制度机制下存在司法机关对司法大数据重量轻质问题，案件管理部门和技术信息部门对本单位和下级单位数据质量检查、控制等工作重视不够。例如，2020 年 9 月，浙江省检察机关上线"啄木鸟"数据巡查系统，根据内置数据校验规则发现系统中的瑕疵数据，使用 7 个月来就已纠

---

① 李小猛：《司法大数据和法律人工智能的唯公权力化倾向及应对——以私权保障为中心》，载《苏州大学学报（法学版）》2020 年第 4 期。

② 刘叶婷、唐斯斯：《大数据对政府治理的影响及挑战》，载《电子政务》2014 年第 6 期。

③ 周蓉蓉：《数据治理：审判体系与审判能力现代转型跃迁之道》，载《中国应用法学》2021 年第 1 期。

④ 刘雁鹏：《中国司法大数据：实践、困境与突围》，载《岭南学刊》2022 年第 1 期。

正全省瑕疵数据5万余项。^① 如果按照这一瑕疵概率推算，全国信息系统中存量的瑕疵数据项将可能达到百万级。这些错误数据、瑕疵数据等"脏数据"（Dirty Read），还可能污染其他数据，影响数据分析结果和判断。四川大学左卫民教授曾经感叹，所谓的司法大数据"有时数据质量可能还不如抽样调查中的'代表性数据'准确"。^②

3. 司法数据标注工作严重滞后。数据标注工作是对未处理的初级数据（包括语音、图片、文本、视频等）进行加工处理，并转换为机器可识别信息的过程。作为人工智能背后的"人工"，被视为大数据应用的"最后一公里"的必经环节。目前80%以上的司法大数据都属于半结构化数据和非结构化数据，这些数据经过清洗与标注变成了结构化数据，才能为后续的智能应用提供数据基础。但绝大多数的司法机关没有启动数据标注工作，在现有亿级的存量司法数据资源并没有完成数据标注的情况下，每日至少5万件以上的新增案件数据的标注工作更无法保证。而受限于当前的技术水平，高质量的数据标注工作需要大量的人工参与标注和复核，并且由于司法数据的特殊性，还要求数据标注人员具有一定法律常识和保密意识。以1位数据标注员一个工作日可以完成50篇文书标注计算，仅处理每日法院的增量数据，全国就至少需要1000名以上的数据标注员，如果考虑到文书的复杂程度，以及数据标注复核工作，这一人员数量还将翻倍；即使考虑采用劳动派遣形式完成相关数据标注工作，仅法院数据标注工作每年至少需要1亿元以上的财政经费保障。

4. 司法数据安全风险较高。司法大数据资源多数存储于互联网或工作网服务器中，在安全防护检查中也不乏短板弱项，存在被黑客攻击的可能，一旦泄露将严重影响司法公信力。2020年年初，美国联邦法院的案件管理/

---

① 范跃红、高扬：《数据巡查，"浙"里有只"啄木鸟"形成"瑕疵数据发现—核查—修正—反馈"闭环》，载《检察日报》2021年5月22日，第3版。

② 左卫民：《迈向大数据法律研究》，载《法学研究》2018年第4期。

电子案件档案系统（CM/ECF）遭到黑客攻击，众议院司法委员会认为该次泄露"产生广泛且惊人的影响"。2022 年，巴西高等司法法院（STJ）遭遇重大网络攻击，其业务停顿整整一周。我国湖北法院诉讼服务网数据库也曾遭到黑客攻击，相关服务停顿 2 天。[①] 司法机关数据安全事件应急处置准备欠缺，数据备份特别是异地容灾备份受限于经费、人员等因素，并没有在全国完全推开。司法机关数据分类分级保护制度也并未完全建立。总体而言，司法大数据安全风险仍处于高位运行阶段。

（三）司法数据隐私的约束不足

司法数据中含有大量当事人的信息，包括但不限于姓名、出生日期、联系方式、家庭住址等已识别或者可识别的自然人有关的公民个人信息。有的案件中还涉及许多敏感隐私信息内容。虽然司法机关已经采取了部分措施以保护个人隐私，但在个人信息处理的全生命周期还存在有待改进或加强的领域。

1. 在数据收集阶段，《公民个人信息保护法》第 34 条、第 35 条对国家机关处理个人信息的特别规定，要求"不得超出履行法定职责所必需的范围和限度"，同时"应当依照本法规定履行告知义务"。《刑事诉讼法》第 64 条，被告人对与本案无关的问题，有拒绝回答的权利，与本案无关的个人信息更无提供义务。但是否超出范围和限度，是否有案件相关的解释权通常在司法工作人员。这就导致了事实上"基于公共利益属性和行使公共职责的正当性，无须征得数据主体同意而可收集数据，数据主体亦无法拒绝"。[②] 当司法机关进行数据收集时，最小必要原则（Minimum and Necessary）的数据收集范围控制作用受到局限，过度收集公民个人信息问

---

① 孙小超等破坏计算机信息系统案，安徽省六安市中级人民法院刑事裁定书（2017）皖 15 刑终 268 号。

② 张素华、王年:《在线诉讼中的数据安全问题及法律规制》，载《科技与法律》2022 年第 4 期。

题客观存在。

2. 在数据使用阶段，司法机关在收集到相关含有个人隐私信息的数据后，最小必要原则还要求获知相关个人隐私信息的人员应当控制在最小知悉范围。但除承办法官、检察官和当事人外，上述数据特别是在公权力机关内部，可能将被其他相关联的信息系统所调用。这些信息有可能还存在二次使用、三次使用等问题，数据一旦离开本系统后，司法机关对数据的可控制能力将大幅减弱。不排除非办案司法人员可以通过各种途径，接触到相关未匿名化的相关数据，并对上述数据进行不当使用甚至非法利用。

3. 在数据公开阶段，由于现在的数据脱敏技术并不完全成熟，司法机关当前多数采用的文书屏蔽系统的技术水平较为简单，通过脱敏数据还原和大数据关联分析等方法，仍然有可能会侵犯公民个人隐私。而庭审直播等应用，在视频直播过程中，对案件当事人的公民个人信息的保护难度更大。因此亦有学者批评道，"其公开得越透明，'阳光司法'就越易对诉讼参与主体造成个人信息和隐私保护威胁"[①]。而含有个人信息的内容一旦公开，在互联网广泛传播的情况下就很难被删除，从而对当事人产生持续负面影响。

此外，个别司法单位在收集信息时，并未履行告知义务，相关当事人并不知道自己的个人信息被司法机关收集，或不知道被收集后会将可能会被多次利用。智能系统静默化的数据采集将使侵害结果更难被当事人发现。即使当事人已经知晓自己个人信息存在被司法机关滥用可能，但基于司法机关在诉讼中的特殊地位，很多当事人不敢维权，退一步讲，如果当事人打算维权，在现有机制下也缺乏针对司法大数据滥用行之有效的可救济性途径。总体而言，构建一体化司法数据治理体系，解决个人信息权益

---

① 刘友华、朱蕾：《大数据时代庭审网络直播的安全风险及其防范》，载《法学杂志》2020年第12期。

保障的需求已经较为紧迫。①

三、司法＋大数据的完善对策

（一）明确司法大数据战略基本原则

司法大数据战略是国家大数据战略的重要组成部分，也是大数据时代司法现代化与时俱进的必然要求。在深化司法大数据过程中，应当高度重视司法工作规律和科学技术应用规律的有机结合，严格遵循"四个明确"基本原则，蹄疾步稳推进司法大数据改革。

1. 明确"党组管数据"的司法大数据领导方针。司法大数据工作是新时代司法事业强基础、管全局、利长远的战略举措。因此，在组织管理层面，要转变过去数据工作就是法检信息化部门、审管案管部门工作的片面观念，树立党组管数据原则，由各级司法机关党组直接领导、直接指挥，党组书记直接负责。在项目管理层面，要将司法大数据项目作为"一把手工程"优先建设、重点发展、常态管理，整合数据资源和人财物资源，统筹司法大数据发展和数据安全。在队伍管理层面，科技应用能力已经成为党中央要求的新时代政法干警五大能力之一，应当加强对全体司法人员的数据技能培训。同步推动司法机关专业技术类公务员改革，培育一批精通大数据管理、司法数据分析、电子证据鉴定的"司法数据官"高水平人才，真正实现司法大数据从辅助、支撑向引领的功能跃升。

2. 明确"聚焦办案主责"的司法大数据发展方向。在大数据建设中存在业务导向、管理导向、技术导向等不同重心，如果战略导向发生错位，就可能将业务系统建设成管理信息系统（MIS 系统），既定战略目标无法实现。司法机关以办案为中心，其中基层司法机关每年办案量占全国司法机关办

---

① 刘艳红：《人工智能技术在智慧法院建设中实践运用与前景展望》，载《比较法研究》2022 年第 1 期。

案总数的 90% 以上。这就要求司法大数据战略的实施应当始终以辅助办案为导向；司法大数据项目需求始终以一线司法人员需求痛难点为导向；司法大数据项目成效评价主要以办案人员使用满意度为导向。在技术路线的选择上，"以办案为中心"的司法业务特殊性还决定了对大数据项目的技术容错率极低，所以，司法大数据战略的技术路线选择，不宜一味追求新技术的应用，而应当以技术的高准确率、高可靠性为首要指标，并在数据安全领域实现一票否决制。

3. 明确"以人民为中心"的司法大数据服务原则。对于司法大数据的相关权利义务关系，需要由实践理性向理论总结，再到法律确权的方式演进。在条件成熟时最终在各类诉讼法中明确相关诉讼过程中相关数据的权利义务关系，并通过司法解释予以细化。司法机关在数据的收集、存储、使用、加工、传输、提供、公开等过程中，应当高标准严要求遵循《个人信息保护法》《数据安全法》的要求，制定专门的规范性文件，始终坚持最小必要原则，保护商业秘密、个人隐私。司法大数据服务应当主动接受人大代表、政协委员、人民监督员等的监督和指导，在项目验收时邀请律师代表、法学专家等参与，将数据合规贯穿司法大数据规划、建设、应用、管理全过程和各领域，建立司法大数据合规的投诉举报机制，强化司法大数据侵权的可救济性。①

4. 明确"统分结合"的司法大数据管理方式。司法大数据战略的实施要避免"一统就死，一放就乱"。一方面，科技创新需要一定的自主性探索，在业务成熟度、技术成熟度尚达不到较高标准的情况下，"一刀切"式地统一步调，会扼杀大量的基层创意；另一方面，如果完全放开管理，鼓励基层"百花齐放、百家争鸣"，可能会导致不具备大数据项目上马条件的单位、部门跟风参与，势必导致大量的重复建设、重复投资，造成浪费。因此，应当充分发挥"司法一体化"优势，强调统分结合，在大数据探索中

---

① 金鸿浩:《持续推进检察大数据深度应用》，载《检察日报》2022 年 5 月 16 日，第 3 版。

发挥好最高司法机关和省级司法机关的不同功能，分别采取备案管理和审批管理两种管理方法。最高司法机关应当统筹做好司法大数据的顶层设计，明确指导原则，采取建设指南、备案管理和专家评价相结合的方式，在充分尊重省级司法机关自主性的基础上进行引导。每个周期内，最高司法机关可以制定、修订司法大数据建设指南，各省级司法机关从中选择主攻方向，确保每个业务条线都有 1—3 个省份进行探索，每个省级院都有 1—3 个大数据探索方向；在每个周期中期、尾期，由最高司法机关组织业务、技术专家进行中期评审和结项评审，对最终评审结果为"优"的司法大数据项目予以表彰，并向全国司法机关推荐。省级司法机关则利用省以下法院、检察院人财物统管优势，对本省份范围内的司法大数据建设实行审批制，在最高人民法院、最高人民检察院等备案同意的大数据方向和业务场景中，联合高校、科研院所、IT 企业，选择试点司法院牵头进行研发、测试与应用，并做好人财物资源的统筹保障工作。

（二）建立价值导向的司法大数据管理机制

若想实现最高人民法院《人民法院信息化建设五年发展规划（2019—2023）》中提出的 2023 年"90% 以上的法院具备通过大数据提供服务的能力"的目标，首先需要形成以提升司法数据价值为目标的一整套大数据管理机制。

1. 应当建立司法大数据数量扩充机制，推动司法"数据池"向"数据湖"迈进。在技术架构上，传统的数据仓库已经无法满足司法机关多元异构数据的存储、查询、交叉分析需求，应当构建海量异构环境下数据湖的体系架构。支持司法机关在没有先验的情况下探索组成数据湖的数据集，满足司法数据当前和未来的司法数据业务化的应用需求。[1] 在数据湖的技

---

① 陈氢、张治：《融合多源异构数据治理的数据湖架构研究》，载《情报杂志》2022 年第 5 期。

术架构上，应当建立形成"以内生数据为基础，以共享数据为重点，以开放数据为补充"的大数据数量扩充机制。"内生数据"是指司法机关通过挖掘自身业务办案"沉淀"的数据资源，这是司法大数据的核心资产。共享数据是指司法机关通过"两法衔接"系统、政法协同系统以及和其他部门政务信息共享获得的数据资源，这是司法大数据的重要资产。"公开数据"是指司法机关通过互联网获取与司法业务相关的数据，这是司法大数据的重要补充。通过多元渠道有序推进司法大数据数量不断增加，可以有效解决司法大数据应用"巧妇难为无米之炊"的问题。

2. 应当建立司法大数据质量提升机制，推动司法数据质量"低质化"向"高质化"发展。正如技术专家所说"如果数据质量得不到保证，即使数据分析工具再先进，训练模型再合理，采用算法再优良，在低质量数据环境中也只能得到毫无意义的垃圾信息"[①]。司法机关应当将加强司法大数据治理摆在关键位置。对存在缺失数据、冗余数据、噪声数据等数据质量问题的原始数据进行数据治理，将低质量数据转化为高质量数据。应当在统一数据标准的指引下，推动"司法数据质量提升年"等专项行动，在数据产生源头提高数据质量，加强数据治理检测和监控，为基于数据的各类应用打下坚实基础。探索建立数据质量检查机制，建立上级司法机关对下级司法机关和内设部门的数据质量常态化检查和飞行检查机制，例如，2021年底，上海法院共分析裁判文书82万余篇，瑕疵占比相较2020年降低6.07%，稳步提升司法数据质量。[②]

3. 应当建立司法大数据责任分配机制，推动数据权责由"模糊化"向"精确化"转变。近年来，党中央高度重视司法大数据工作。2021年，《中共中央关于加强新时代检察机关法律监督工作的意见》第19条明确提出，

---

① 刘一文、金益锋、胡书良、刘晋：《人工智能在足迹检验技术中的应用探讨》，载《刑事技术》2020年第1期。
② 陈国平、田禾主编：《中国法院信息化发展报告（2022）》，社科文献出版社2022年版，第79页。

要"运用大数据、区块链等技术推进公安机关、检察机关、审判机关、司法行政机关等跨部门大数据协同办案，实现案件数据和办案信息网上流转，推进涉案财物规范管理和证据、案卷电子化共享"。中央政法委印发《关于充分运用智能化手段推进政法系统顽瘴痼疾常治长效的指导意见》，明确要求"推动跨部门大数据办案平台建设，打破数据壁垒""加强政法部门之间，政法部门与组织、税务、市场监管等部门之间的互联互通和智能化业务协同"。[①] 相关政策的方向已经明确，还需要进一步将其转变为刚性的法律法规和操作规范。建议中央政法委牵头，最高人民法院、最高人民检察院、公安部、国家安全部、司法部联合制定《政法机关跨部门刑事诉讼数据共享管理办法》，落实《刑事诉讼法》第7条的"分工负责，互相配合，互相制约"规定和第8条"人民检察院依法对刑事诉讼实行法律监督"规定。将刑事诉讼数据按共享类型分为无条件共享、有条件共享、不予共享三种类型。对无条件共享数据，应当通过数据接口自动获得数据授权，实现包括电子卷宗在内的跨部门调动。对有条件共享数据采取申请审批制，应当通过共享系统审批通道，数据管理部门须在5个工作日内完成审核；拒绝共享的，需提供法律法规或政策制度依据。同时，探索区块链技术，借鉴上海206智能辅助办案系统建设经验，加入了五条存取证私有链防止数据篡改，解决跨部门数据共享的互信问题。[②]

（三）实体化运行司法大数据中心（分中心）

司法大数据工作任务繁重，需要专门化部门的专职化团队进行专业化管理，建议在省级以上司法机关探索设立国家司法大数据中心（分中心），

---

① 董凡超、鲍静：《中央政法委印发〈关于充分运用智能化手段推进政法系统顽瘴痼疾常治长效的指导意见〉》，载《法治日报》2021年12月22日，第1版。

② 例如，公安机关卷宗私有链只有公安机关内网有写的权利，检察机关、审判机关、司法行政机关、政法委数据中心只有读的权利；其他机关卷宗私有链同样原理构造。参见崔亚东主编：《人工智能辅助办案》，上海人民出版社2021年版，第62页。

推动司法大数据不断深化。

1.探索司法大数据中心的实体化运行。随着人类社会由 IT 时代迈入 DT 时代，与传统司法模式依靠办公（案）场所、警务车辆、办案设备的"服务中心＋信息中心"的司法保障模式不同，智慧司法更多的是依靠算力、算据与算法的支撑和引领。特别是在业务数字化向数字业务化的转型过程中，数据服务本身业已由 IT 时代的后勤保障性质逐步转变为 DT 时代的业务中枢性质，其所提供的数据服务水平的高低将直接或间接决定、影响智慧司法的可靠性、可用性、可信性。因此，在新模式中，司法科技部门的角色定位亦应当同步发生改变，由传统的信息中心（信息技术保障中心），向司法机关履行法定职能的数据中心转变。目前，最高人民法院信息技术服务中心、最高人民检察院检察技术信息研究中心、司法部信息中心基本明确由相应处室负责承担数据工作。但与司法大数据所涉及的诸多工作相比，有限的人力资源明显力不从心。2021 年最高人民检察院检察技术信息研究中心内设机构改革，将负责检察数据的处室由一个处室（2016 年成立的检察信息化三处）扩大为多个与数据相关的处室，包括数据分析一处、数据分析二处、数据分析三处、电子证据一处、电子证据二处。如果条件成熟，为增强力量，建议在上述三家信息中心下建立副厅级的大数据中心实体机构，由一名信息中心副主任兼任大数据中心主任，下设若干大数据处室，分别负责数据管理、数据协同、数据分析、数据安全等职能。省级人民法院、人民检察院、司法厅（局）可以对应在本单位信息化管理部门下建立副处级的大数据中心实体机构。

2.探索司法大数据中心的跨部门协同。为适应司法协同建设需要，应探索建立常态化的跨部门数据中心联动机制。如图 30 所示，联络机制的参与者可以包括最高人民法院、最高人民检察院（即"两高"之间建立协作机制），也可以扩大到最高人民法院、最高人民检察院、司法部（即"两高一部"之间建立协作机制）。如果采取"两高一部"模式，可以在国家法治信息化工程建设的基础上，建立国家法治信息化联席会议机制。联系会议分为部长级会议和日常工作会议两个层级，部长级会议由"两高一部"分管信息化工作的部级领导参加，每年定期召开 1 次，日常工作会议由"两高一部"信息中心主任、大数据中心主任参加，每季度定期召开。同时可以设计虚体的国家司法大数据中心，"两高一部"大数据中心可以加挂国家司法大数据中心（法院分中心）、国家司法大数据中心（检察分中心）、国家司法大数据中心（司法行政分中心）牌子。省级人民法院、人民检察院、司法厅（局）可以参照设立省级法治信息化联系会议机制和省级司法大数据中心（分中心）通过联系会议机制，统筹研究跨部门的统一司法数据标准、数据共享、数据安全等问题。司法大数据中心有利于形成合力，既方便"两高一部"之间"总对总"的数据共享，也方便联合起来向其他行政机关获取数据资源。[1]

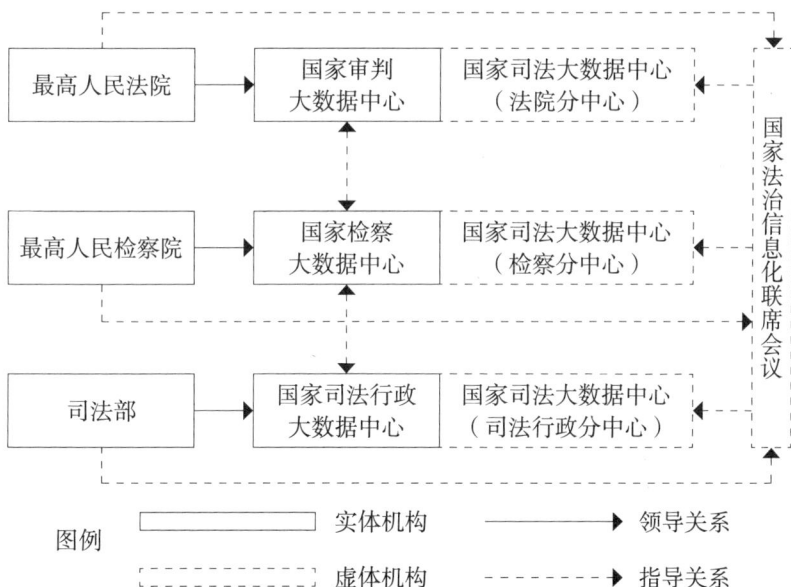

图 30 国家司法大数据中心（分中心）的设计畅想（来源：笔者自制）

---

[1] 金鸿浩：《以数字检察新路提升法律监督效能》，载《检察日报》2022 年 7 月 4 日，第 3 版。

3. 探索司法大数据中心的新型智库职能。随着时代的发展，在传统的社科法学、教义法学外，新兴的数字法学、数据法学、计算法学等开辟了全新的法学研究范式，其认识论和方法论均发生较大变革，从数字法学的视角去研究司法办案、分析司法规律，有利于为司法研究提供新的客观主义路径，将对法律数据产品的创造和法学知识的科学发现产生深远影响。[①] 为建设新型数字司法智库，应当采取"法学家 + 司法官 + 司法技术专家"的方式开展数据洞察，结合司法业务场景，产出对于司法事业发展有价值的内容。司法大数据的分析应用，不能仅仅是简单的数据罗列，更要分析数据升降变化背后的原因，研判可能涉及的法律适用问题和检察管理问题。数据的深度解读还需要依赖于法官、检察官的深度参与和学者的各抒己见，挖掘数据背后的实务价值和学理价值。亦即，将低层次数据转化为高层次数据，使 DIKW 模型中的司法数据（Data）转变为司法信息（Information），提炼出司法知识（Knowledge），进而最终形成司法智慧（Wisdom），深度挖掘司法规律、犯罪态势规律等，更好地指导司法实践。早期的第一阶段，数据洞察主要聚焦在表层现象上，如当前较为热门的类案同判分析、量刑偏离度分析、智慧案件检索等应用，以数据比对等方法助力法律实践和学术研究。即将到来的第二阶段应聚焦原因探索，强调通过数据碰撞，以及相关分析、回归分析，探究隐藏在司法现象背后的深层规律。在未来的第三阶段应当聚焦在数据预测上，从而深度服务能动司法履职，为司法办案和参与社会治理提供更加充分的数据支撑。

---

① 曾赟：《第四种法学知识新形态——数据法学的研究定位》，载《法制与社会发展》2023 年第 1 期。

第三节　司法智能化融合研究

司法智能化研究有两种路径，一种是人工智能在法律领域的技术研究，英语称之为 AI and Law，主要是计算机学者研究的范畴；另一种是对法律人工智能的法学规范研究，英语称之为 Law and AI，主要是法学学者研究的范畴。而对于司法智能化研究而言，则需要"Law and AI"和"AI and Law"的交汇和融合，换言之，司法智能化既"需要法理论，也被法理论所需要"[①]。

一、司法 + 人工智能的应用现状

人工智能的概念最早可追溯到 1950 年计算机之父图灵的代表作《计算机器与智能》，图灵在该文中提出了著名的图灵测验，即一个人在不接触对象的情况下，同对象进行一系列的问答，如果提问者根据这些问答无法判断回答者是人还是计算机时，那么就可以认为这个计算机具有同人相当的智力，即人工智能（Artificial Intelligence）。[②]

人工智能的发展经历了四次浪潮。最为当代人所熟知的是两次人机棋类对战。1996 年 2 月 10 日，IBM 公司研发的超级电脑深蓝首次挑战国际象棋世界冠军卡斯帕罗夫，但以 2：4 落败。1997 年 5 月 11 日，改进后的超级电脑深蓝再次挑战卡斯帕罗夫，最终以 2 胜 1 负 3 平战绩，首次击败了

[①]　李建良主编：《法律思维与制度的智慧转型》，台湾元照出版社有限公司 2020 年版，第 234—235 页。

[②]　2014 年 6 月 7 日，在英国皇家学会举行的 2014 图灵大会上，人工智能聊天程序"尤金·古斯特曼"首次通过图灵测试。

等级分排名世界第一的棋手。一时间，人工智能成为媒体争相报道的热词。20 年后的 2016 年 3 月，Google 研发的 AlphaGo 与围棋世界冠军李世石比赛，以 4∶1 的总比分获胜；2017 年 10 月，Google 研发的新版围棋程序 AlphaGo Zero，在无任何人类输入的条件下，以 100∶0 的战绩击败老版的 AlphaGo。之后，新一轮人工智能热潮再次袭来。两次里程碑式的事件有其相似性，但也有所不同。深蓝电脑主要是通过超级计算机的枚举法将国际象棋的所有可能性进行推算，而 AlphaGo 则主要基于深度学习算法，在训练过程中逐步演化、完善，深度学习往往具有许多隐藏层的神经网络，在从层到层的复杂函数组合中，最终训练得出最佳拟合算法。

近年来，世界主要国家均高度重视人工智能技术，并将人工智能上升到国家战略层面。2016 年，美国政府发布《国家人工智能研发战略计划》（*The National Artificial Intelligence Research and Development Strategic Plan*），提出要对人工智能研究进行长期投资，并将开发面向 AI 培训和测试的共享公共数据集等作为发展方向。2017 年 7 月，我国国务院印发《新一代人工智能发展规划》，提出了面向 2030 年我国新一代人工智能发展的战略目标和重点任务，确立了科技引领、系统布局、市场主导、开源开放的基本原则，坚持人工智能研发攻关、产品应用和产业培育"三位一体"推进。2018 年 4 月，欧盟发布《欧洲人工智能战略》，作为欧盟人工智能发展的纲领性文件；同年 12 月，欧盟发布第一版《人工智能协调计划》，协调各成员国合作落实人工智能战略，并启动了"欧洲联盟人工智能"（AI4EU）项目。2019 年 10 月，俄罗斯发布《2030 年前俄罗斯国家人工智能发展战略》，将人工智能技术视为国家间战略竞争的重要领域，并提出了组建远景基金会、国家机器人技术发展中心等专职机构，简化人工智能解决方案的测试和引入程序等专门政策。[①]

（一）司法人工智能的域外探索

人工智能技术在司法领域也有广阔的应用前景。近年来，美国有近半的州均采用 COMPAS、PSA 和 LSI-R 等风险评估软件辅助法官量刑，COMPAS 系统拥有风险评估、刑事司法跟踪、治疗和干预跟踪、结果监测等模块，其中风险评估部分会根据 10 项指标，将罪犯分为高风险、中风险、低风险三类，作为评估潜在的累犯风险的辅助依据。[②] 美国加利福尼亚州的部分法院应用了 Intellidact 智能软件，该软件可以将非结构化文书转换为结构化内容，在没有人工干预的情况下可以自动处理案件管理系统中 75%—80% 的文书。新泽西州法院则于 2019 年推出了一款名为司法信息助理（Judiciary Information Assistant）的聊天机器人，汇编 1 万多个问答，通过基于深度学习的智能问答技术帮助用户解决问题，并提供用户引导等服务。此外，美国警察部门在很大程度上依赖 PredPol 或 Hunchlab 等预测性警务应用来预测犯罪可能发生的时间和地点。[③]

其他西方国家也不同程度进行了司法人工智能探索。在欧洲，2019 年 12 月 5 日欧洲司法效率委员会（CEPEJ）第 33 次全体会议上通过了"关于可能实施人工智能（AI）工具和服务的认证机制可行性研究"文件。同年，爱沙尼亚法院宣布，将使用人工智能系统来处理标的在 7000 欧元以下

---

① 欧洲政治战略中心的一份报告显示，人工智能对经济、社会发展的影响是空前的。预计到 2030 年，人工智能将为全球经济贡献 12.8 万亿欧元，相当于现今全球 GDP 的 14%。到 2035 年，人工智能技术（机器学习）将显著提高生产效率，将使人类的生产效率预计可提高 40%。参见曾雄、徐嘉莹：《欧洲人工智能战略解读：走向以人为本的人工智能时代》，腾讯研究院官方微信，2018 年 4 月 25 日。

② Zhang, S. X., Roberts, R. E. L., & Farabee. D, *An Analysis of Prisoner Reentry and Parole Risk Using COMPAS and Traditional Criminal History Measures*, 2 Crime & Delinquency 167（2014）.

③ Benbouzid B, *To Predict and to Manage. Predictive policing in the United States*, 1 Big Data & Society 1（2019）.

的小额索赔纠纷，用来解决大量的积压案件。^① 在大洋洲，2019 年，澳大利亚联邦法院支持 IBM 等公司创建了一个基于机器学习的人工智能应用，经当事人申请、法官同意，可以帮助离婚案件中的当事人智能化分割夫妻共同财产。在南美洲，巴西最高法院和巴西利亚大学联合研发了一款名为 VICTOR 的人工智能应用，该系统基于机器学习，旨在实现对裁判文书等各类文本的智能分析，每年协助巴西最高法院处理 1 万件左右上诉案件的审查，用 5 秒钟即可完成原来需要法官半小时以上的工作。巴西法院的另一款名为 SOCRATES 的智能应用已经完成了对 30 万件法院裁判文书的机器学习，并在地方法院试点应用。^②

（二）司法人工智能的中国经验

我国"司法 + 人工智能"建设的探索，也处于世界的第一梯队。早在 2016 年 3 月，时任最高人民法院院长周强就提出，"加强和完善法律数据智能化开发应用，为建设智慧法院、全面依法治国提供有力支持"的建设任务。^③ 2017 年，中央政法单位密集出台了司法人工智能建设的规划。2017 年 4 月，《最高人民法院关于加快建设智慧法院的意见》提出，"建设面向各类用户的人工智能感知交互体系和以知识为中心的人工智能辅助决策体系"；2017 年 7 月，司法部《"十三五"全国司法行政信息化发展规划》提出，推进"人工智能等信息技术与司法行政工作的深度融合"，"积极探索人工智能、机器人的应用"；2017 年 12 月，《最高人民检察院关于深化智慧检务建设的意见》提出，"到 2020 年底，充分运用新一代信息技术，推进

---

① 陈志宏:《"数字国家"爱沙尼亚的司法信息化之路》，载《中国审判》2021 年第 2 期。

② De Sanctis F M, *Artificial Intelligence and Innovation in Brazilian Justice*, 1 International Annals of Criminology 1（2021）.

③ 宁杰:《加强法律数据智能化开发应用建设 智慧法院促进法治建设》，载《人民法院报》2016 年 3 月 3 日，第 1 版。

检察工作由信息化向智能化跃升"。

2018 年，司法＋人工智能已经成为司法机关的重要战略。2018 年 1 月中央政法工作会议上，习近平总书记正式提出政法智能化战略。2019 年，中央深改委审议通过《关于加强科技创新支撑平安中国建设的意见》；2021 年，中央政法委印发《关于充分运用智能化手段推进政法系统顽瘴痼疾常治长效的指导意见》，围绕司法＋人工智能的规划体系初步形成。值得一提的是，2018 年，教育部《高等学校人工智能创新行动计划》（教技〔2018〕3 号）中，还专门提出了"推动智能司法应用示范"的建设任务，明确要求"促进法学类院校和相关学科与人工智能学科的结合，充分应用文本分析、语音识别、机器学习、知识图谱等技术，基于大规模历史司法数据、互联网数据和其他关联数据，研制智慧检务和智慧法务系统和智能辅助工具，在法院和检察院进行应用示范，进而提高办案人员工作效率，提高案件审理的规范性和准确性"[①]。具体到业务场景中，人工智能技术又可以分为通用智能应用和专用智能应用两类。

1.通用智能应用

通用智能应用主要指的是司法场景和其他场景没有本质区别，只需要进行调优和适配即可适用。一般而言，准确率达到或超过 95%，即意味着这一通用技术在商业场景中具有了商用价值。司法场景中涉及的通用人工智能技术主要是感知智能，即计算机各种传感器获取信息的能力，包括视觉、听觉、触觉等感知能力。具体包括：

（1）文字识别技术的司法应用。主要基于 OCR 文字识别，将各类纸质卷宗转化为可编辑的数字文档，提高司法人员办案效率。目前 OCR 印刷体通用文字识别准确率可以达到 95%，手写体达到 90% 左右。但在实务中因为图像质量等原因，OCR 识别率可能低于实验场景。在西部省份智慧法院

[①] 教育部：《高等学校人工智能创新行动计划》，载《中华人民共和国教育部公报》2018 年第 4 期。

建设过程中，就曾出现因 OCR 准确率较低，当地省高级法院不得不通知全省三级法院停用相关基于 OCR 的软件功能的案例。①

（2）智能语音技术的司法应用。主要涉及司法文书的语音录入。智能语音技术是最早进行的人工智能技术之一，2016 年语音识别准确率在深度神经网络的帮助下达到95%。据报道，百度、科大讯飞、搜狗等主流平台识别准确率目前均达到97%以上。但是在司法场景中，语音识别精确度受到网络因素、环境因素制约，精确度会大幅下降；例如，在最高人民检察院检察委员会会议系统试点应用中，智能语音的识别率在75%—85%。方言地区的语言识别准确率更低。为此，最高人民检察院智慧检务创新研究院专门建立了智能语音与人工智能联合实验室，经过对检务智能语音相关模型的不断优化，目前，检务智能语音的准确率已经达到了90%以上。其中，四川省自贡市检察院针对语音识别系统对自贡方言的识别率较低的问题，委托建设方开发自贡语音包，自贡方言的识别准确率提升到85%以上。

（3）计算机视觉技术的司法应用。主要涉及动作识别（action recognition）、行为识别（activity recognition），应用场景是对监区、提讯室等场所摄像头采集的视频信息的智能识别。防止侦查环节的刑讯逼供问题，以及刑事执行阶段对服刑人员、监管人员等之间的不正常的触碰行为自动识别、智能分析、智能预警，从而有效消除牢头狱霸、体罚虐待等安全隐患。相比较图像识别、语言识别，视频行为识别的技术难度更大。以 HMDB51 数据集为例②，即使采取深度学习技术，普遍识别率在56.4%左右，在实验室攻关中最高的也仅达到69.4%。③ 而在司法实务中，计算机视觉技术的准确率相

---

① 青海省高级人民法院是管理和信息技术处：《关于推广"法官办案助手，院庭长监管工具"审判流程静默式监管系统的通知》，2020 年 8 月。
② HMDB51 数据集包含 51 类动作，共有 6849 个视频，每个动作至少包含 51 个视频，分辨率 320×240，数字资源在 2G 左右。
③ 胡正平、刘文亚、毛建增、郑智鑫、方鑫：《深度网络对比学习及其视频理解应用研究综述》，载《燕山大学学报》2022 年第 46 期，第 283—296 页。

对更低，误报率高。相关技术在司法场景的大规模应用，还有赖于通用技术识别率的大幅提升。由于相比之下智能语音技术的识别率更高，因此广东省检察院视频证据审查系统，不得不在视频证据材料提取音频识别，然后转写成语言文字，与电子卷宗的笔录进行关联分析，以辅助检察官进行法律监督。

2. 专用智能应用

专用智能应用则主要指司法场景中独有的功能，比如关于刑事审判定罪量刑的智能辅助，在其他业务场景中较少使用，需要专门进行研发部署。为此，科技部国家重点研发计划增设司法专项，增加了对司法业务场景中人工智能等技术应用的研究支持力度，前期已经设立"智慧司法业务协同关键技术研究""热点案件和民生案件审判智能辅助技术研究""智能辅助检察办案关键技术研究"等一批项目，支持力度普遍在千万元以上。

法学家和科学家希望共同研发出法律人工智能应用，让"机器"通过算法、自然语言处理和深度学习技术能够一定程度"看懂"法律文书，并能胜任简单的法律助理和案件管理工作。因此，2022 年 8 月，《科技部关于支持建设新一代人工智能示范应用场景的通知》明确将智慧法院作为首批 10 个人工智能示范应用场景之一，强调"针对诉讼服务、审判执行、司法管理等法院业务领域，运用非结构化文本语义理解、裁判说理分析推理、风险智能识别等关键技术，加强庭审笔录自动生成、类案智能推送、全案由智能量裁辅助、裁判文书全自动生成、案件卷宗自适应巡查、自动化审判质效评价与监督等智能化场景的应用示范，有效化解案多人少矛盾，促进审判体系和审判能力现代化"。将智慧法院作为可复制、可推广的标杆型示范应用场景，发挥人工智能赋能作用。

其中，自然语言处理（Natural Language Processing，NLP）是计算机科学领域与人工智能领域中的一个重要方向，也是制约司法人工智能深度应用的技术瓶颈。自然语言处理的研究方法主要包括人工获取语言规则和通过对大规模语料库的统计分析两种方式，相比较英文而言，中文（汉语）

信息处理遇到句子中词语的切分、指示代词的频繁出现，以及时态、语态、语气等没有严格的形式标记等问题，提升了自然语言处理的难度。[①] 特别是法律文书而言，还涉及大量的法言法语和法律知识，进一步增加司法业务场景中自然语言处理的工作量。例如，中国司法大数据研究院的类案智能推送系统的文书数据整体搜索推送准确率只达到 63.7%。[②] 有关部门曾对文书解析的主流公司产品进行测评，准确率在 30%—80%，多人多案的文书解析准确率更低，与相关公司 90% 以上准确率的商业宣传不完全符合。因此，《"两高一部"科研项目实施方案》也作出明确要求，希望经过科学研究，在未来，利用人工智能、机器学习技术对起诉书等常用文书的自动构建文书的篇章结构正确率达到 95%，分词准确率达到 95%，词性标注准确率达到 90%，句法和语义依存分析准确率达到 80%，从文本、语音等多种类型数据中自动生成文书内容采用率达到 80%。

当前，智慧司法所涉的专用智能化应用（认知智能）相比通用应用（感知智能），总体上还处于初级阶段，一定程度上属于业界戏称的"有多少人工，就有多少智能"的状态，司法智能化的"最后一公里"尚有赖于人力的填补，对此应当有客观的认识。[③] 在上海刑事案件智能辅助办案系统（206 系统）中，由于裁判文书的字（符）、词、词组、句子、段均存在着歧义和多义现象，研发工作组"运用人工标注手段，提升机器资助学习能力"，通过大量的文书标注打磨刑事司法知识的机器自学习，然后再通过语义识别和以知识图谱为依托的法律认知引擎技术识别待检索词语的含义，归入构建完成的特定知识图谱，最终实现机器的语义分析功能。[④] 某种程

---

① 李生:《自然语言处理的研究与发展》，载《燕山大学学报》2013 年第 5 期。

② 孙晓勇:《司法大数据在中国法院的应用与前景展望》，载《中国法学》2021 年第 4 期。

③ 邹邵坤:《法律人工智能的真实当下与可能未来》，载《法治现代化研究》2019 年第 1 期。

④ 崔亚东:《人工智能与司法现代化》，上海人民出版社 2019 年版，第 153 页。

度上，当前智慧司法中部分感知智能已经相对成熟，可以内嵌入司法信息系统中辅助办公办案，但认知智能的深度应用，就技术成熟度而言，司法认知智能还处于科研＋试点探索阶段，积极审慎，方能致远。

二、司法＋人工智能的问题反思

"司法＋人工智能"的建构除了受限于技术成熟度外，还必须处理耦合带来的一系列法律问题。人的司法过程和人工智能的司法过程形似而质异，存在大量的原生性缺陷，在广泛推动智慧司法的全面部署时，如何克服和限制这些人工智能带来的原生性缺陷，是当前智慧司法理论研究与实务工作所要解决的首要难题。就算法模型而言，智慧司法需要将待处理的内容和因素提取出来，然后再根据算法和规则进行处理，最后输出处理结果。但是这一种模型的建构（输入—处理—输出）过程的三个环节均存在法理问题，需要进一步探讨。

（一）输入环节的原生性缺陷

不同于自然科学，社会科学中所要考虑的要素是多元的。智慧司法输入要素的有限性，可能导致个案的不公正。[1]

如果采取人工智能技术获取案件要素，就刑事案件而言，显性要素（法条明文规定的内容，通说中犯罪构成要件要素）的提取任务相对明确，不存在技术难度。但是还存在许多隐性要素，如可能影响司法官自由心证的要素以及诸多非法定的量刑情节，可能被人工智能系统所忽略。这些隐性要素是无法穷尽的，也是个案正义实现的重要影响因素。如果采取先由人工智能来阅读案卷、填写案卡，再由司法官阅读校对的方式，则事实上人工智能裁剪的事实一定程度会先入为主，影响司法官的判断，这种做法

---

① 马靖云：《智慧司法的难题及其破解》，载《华东政法大学学报》2019年第4期。

在法理上是否妥当，显然是值得商榷的。

而如果采取传统的软件方式，由司法人员在信息系统中填写案卡，从系统的便利性角度而言，智慧司法的个案输入要素的数量需要控制，不可能罗列所有因素。如果一个案件输入要素如此之繁杂，全部需要进行操作，可能对这些信息输入和选择的过程已经超过了检察官、法官案件办理所用时长，那这种方式不仅没有减少案多人少的问题，反而增加了法官，检察官的办案时间。特别是对简单案件而言，在访谈中有的司法人员表示对简易案件中，填录系统的时间可能占到办案时间的 1/3 乃至一半以上，极大影响了司法人员的使用体验。地方司法机关领导干部也反思，"以往人工填写提请批准逮捕书或起诉意见书等法律文书，需要从文书中摘录填录案卡所需的数据项，再将数据项逐一填录至统一业务应用系统案卡中，填录过程烦琐、花费时间长，且案卡填写可能存在不规范情况，导致数据统计不准确"，[①] 并不是长远之策。

（二）转化环节的原生性缺陷

人工智能技术主要关涉的是算法、算力、算据中的算法问题，亦是智慧司法中最核心的技术问题，关于算法的法理争议也相对集中，主要包括：

1.算法黑箱问题。算法黑箱问题的出现具有复杂原因。具体有两种情况：第一，不存在明确的算法。与预先设立的算法不同，采用机器学习等方法得出的算法具有不确定性，这种算法的不可解释性侵害了司法结果的可解释性，笔者将此称为客观的算法黑箱问题。第二，存在明确的算法，但是因为各种原因算法并未被使用者所知晓或理解。算法是 IT 企业最核心的资产，很多情况下，企业出于自己利益的考量，IT 企业往往以商业秘密为由拒绝出示或公示相关算法。例如，美国的卢米斯案（States v. Loomis）

---

① 杨承志:《智能辅助办案系统的作用分析及应用取向》，载《人民检察》2020 年第 2 期。

中，原审法官在量刑时接入了COMPAS智能量刑系统，卢米斯以法院使用该系统违反了其正当程序权利为由提起上诉。但法院以保护商业秘密为由拒绝公开COMPAS风险评估工具背后的评估方法。[①]此外，当前电子政务管理制度中，司法机关所拥有的是智能司法信息系统的所有权还只是使用权，是否有权要求IT企业提供软件源代码并未有明确规定。并且，即使IT企业提供源代码，考虑到司法机关技术人员的知识能力与企业技术人员的不对称性，司法机关是否可以全面理解并进行有效监督，也是一个需要担忧的问题，笔者将此称为主观的算法黑箱问题。

2. 算法歧视问题。算法歧视问题也主要体现在两个方面：一方面，对于预先编写代码和规则的技术路径（基于规则的算法，Based Rules）而言，法律专家和技术人员事实上具有了某种立法解释/司法解释的权利，可能将自身的价值判断和主观偏见带入算法设计之中。而现有的智慧司法制度或机制并没有对此要求进行实质审查，客观上也很难对此进行有效控制。另一方面，对基于案例数据集机器学习的技术路径（基于案例的算法，Based Cases）而言，由于无法保障训练样本的完全公正性，实务中的错误可能会被训练进入算法之中。在美国，种族歧视在司法判决中屡见不鲜，那么对于带有种族歧视的案例的深度学习，可能会使种族偏见在算法中固化，进一步放大了不公正性。[②]例如，卢米斯案件后，ProPublica媒体进行深入调查，发现COMPAS风险评估工具的算法会偏见性地将黑人被告人列为高风险人群，黑人获得高危险分数的概率要比白人被告人高77.3%；黑人被告人被错误标记的比例（44.9%）也高于白人被错误标记的比例（23.5%）。[③]对

---

① 江溯：《自动化决策、刑事司法与算法规制——由卢米斯案引发的思考》，载《东方法学》2020年第3期。
② 徐娟、杜家明：《智慧司法实施的风险及其法律规制》，载《河北法学》2020年第8期。
③ 刘妍：《人工智能的司法应用及其挑战》，载《河南财经政法大学学报》2022年第4期。

采取后一种技术路径的算法进行审查和控制的难度更大。

3.算法推理问题。基于大数据深度学习得出的规则存在一个致命的逻辑问题，即以统计学概率意义上的结果相关性替代了法学的三段性推理，这种概论统计并不符合法律推理的基本规律，而只能使智能司法具有从众效应。这种逻辑混淆了观点的持有人数和观点的正确性这两个不同维度的概念，少数案件比如指导性案例、典型案例所创建的规则可能更具有参考价值。此外，司法裁判并不完全是一个事实判断的过程，在司法案件办理过程中，还要做到要求事实判断和价值判断相结合，同时追求政治效果、法律效果、社会效果。而价值判断是否正确，不可能由描述统计、相关分析得出，只有事实判断而无价值判断，亦会将司法裁量过度简单化，导致机械办案问题加剧。

4.算法过拟合问题。在深度学习的过程中，主要采取数据集训练算法的方式。但相对于整体数据而言，数据集毕竟是一个小样本数据，深度学习可能将数据集的偏差或特征作为普遍规律，但无法解释和预测数据集之外的大数据样本。[①] 若训练使用地域性数据，比如用浙江的危险驾驶罪数据样训练算法，样本受到浙江司法机关会议纪要的影响，而当这个数据模型应用在西北地区时，就可能导致西北地区实际上潜移默化地按照浙江的地方性司法政策办理。再如训练使用跨时间段的数据，两高 2016 年 4 月发布的《关于办理贪污贿赂刑事案件适用法律若干问题的解释》大幅提升了贪污罪、受贿罪的入罪门槛，如果将 2016 年此前的数据也纳入训练集，用于处理当前的职务犯罪，则会导致量刑过重等问题。

（三）输出环节的原生性缺陷

智慧司法的输出结果也不乏争议，主要体现在以下三个方面：

---

① 魏斌：《司法人工智能融入司法改革的难题与路径》，载《现代法学》2021 年第 3 期。

1.输出结果本身的可信度问题。从现有的研究看,司法人工智能的准确率从 70%—95% 不等。美国利诺伊大学理工学院法学教授丹尼尔·卡茨的团队研究 1816 年到 2015 年最高法院案例特征与裁决结果之间的关联,结果显示,对于 28000 项判决结果及 24 万张法官投票,新模型算法预测的正确率为 70.2%。[①] 通过建立高效的卷积神经网络模型,基于深度学习的司法卷宗分类方法的准确率可达到 94.53%。[②] 如果说一项智能技术准确率 80% 就可以作为实验室原型产品,90%—95% 就可以作为通用商业产品,但是作为保护社会公正的最后一道防线——司法领域,即便 97% 或 98% 的准确率也无法直接适用司法业务,承办人仍然需要再次对全案进行核验,因为哪怕 1% 的司法瑕疵也是无法接受的。试想每年百万件刑事案件,1% 误差率就会产生 1 万件以上瑕疵案件,将严重影响司法公正。如果这些瑕疵正好是影响案件定性的关键证据认定,则可能构成冤假错案。[③]

2.输出结果对司法公正的影响。智能算法所得出的参考意见,虽然名为参考,但往往会对裁判产生实质影响,无论是智能量刑建议还是智能类案参考,都会对法官产生相应的锚定效应,进而存在算法被智能技术操控的风险。[④] 这显然已超越了"辅助"之定位,虽然尚达不到完全决定的程度,但已经深度影响了结果。换言之,裁判主体虽未从司法官转变为智能算法,但司法权确实部分让渡给技术权利。如果在审判前智能系统就给出定罪量刑建议,由于智能辅助量刑系统是基于电子卷宗或案卡信息进行智能裁量,事实上辩护人的辩护意见对智能辅助办案系统而言可能并无多少影响,存在智能辅助系统根据案卷未审先判的问题,违背了以审判为中心

---

① Daniel Martin Katz, Michael Bommarito & Josh Blackman, *A General Approach for Predicting the Behavior of the Supreme Court of the United States*, PLoS ONE 12（4）.

② 贾云龙:《基于全卷积神经网络的司法卷宗分类技术》,载《科学与技术》2020 年 10 月 30 日。

③ 金鸿浩:《司法人工智能的合理预期》,载《检察风云》,2019（01）:18—19.

④ 王玉薇:《人工智能司法应用的方法论难题及其破解》,载《法律方法》2020 年第 1 期。

的原则，被告人的基本权利受到侵害。① 司法工作人员可能产生三种心理：一是惰性心理，基于对算法的盲目信赖，从而导致自己的能动性下降，高度依赖于算法的办案。二是免责心理，技术决策会减少司法人员的责任，或者至少给司法人员不履职或者履职失误提供一种可能的抗辩事由。三是效率心理，自己不需要过度投入，而仅需要简单的操作就可以完成案件办理，效率最高风险最小。无论基于何种心理，司法 + 人工智能的输出结果都存在影响司法公正的风险。

3. 输出结果错误的可救济性不强。如果智能算法的结果错误并成为生效判决。那么直接面临两方面的问题。一方面，由于算法黑箱的存在，智能算法得出的输出结论通常情况下只有结果，而无说明，多数情况下并未告知案件当事人司法裁量是否使用了智能算法，以及智能算法得出的结论和最终结论之间的异同，当事人的知情权和抗辩权无从保障。另一方面，有效的救济需要明确的归责，但智能算法介入后可能导致瑕疵案件责任分配不明。如果法官基于或参照智能应用输出结果所作的判决在事后被证明存在严重问题，那么应当追究谁的责任？如果追究法官和检察官的责任，其依据智能算法作出结论的行为本身可能成为一种抗辩事由或减轻罪责事由。对于免于或减轻追究法官、检察官的部分责任，难道应当由检察院、法院负责技术信息化部门的工作人员来承担？乃至于技术公司或工程师来承担？这显然无法落地，在各种推诿与扯皮过程中，归责问题就可能成为无解的难题。智能技术介入后的权利与义务不对等性，可能使智慧司法陷入制度性不公的泥潭，也违背了司法责任制的基本要求。

三、司法 + 人工智能的完善对策

司法 + 人工智能是司法现代化的未来发展方向，其发展既有赖于司法

---

① 程龙:《人工智能辅助量刑的问题与出路》，载《西北大学学报（哲学社会科学版）》2021 年第 6 期。

制度和人工智能技术的进步，更有赖于制度与技术的"+"耦合性。这主要体现为司法制度对人工智能技术应用的适应性改造和合法（理）性控制。作为智慧司法学研究的主要对象，应当明确司法＋人工智能的基本原则、审核方式和技术调试等。

（一）司法＋人工智能的基本原则

虽然我国智慧司法建设起步较早、发展较快、应用较广，但智慧司法伦理和管理研究则相对滞后，大体上为边建、边用、边研方式。西方特别是欧洲智慧司法建设则是伦理先于建设，以更好约束人工智能技术的应用限度。例如，2018年12月欧洲司法效率委员会通过了CEPEJ司法质量工作组编写的《关于在司法系统及其环境中使用人工智能的欧洲伦理宪章》，作为全球首份司法领域人工智能伦理宪章，确立人工智能司法运用的五大基本原则：（1）尊重基本权利原则，确保人工智能工具和服务的设计和实施符合基本权利；（2）非歧视原则，防止个人或群体之间的任何歧视的发展或加剧；（3）质量和安全原则，在司法裁判和数据处理方面，在安全的技术环境中，使用经认证的数据源，并采用多学科阐述的模型；（4）透明公正公开原则，使数据处理方法可访问、可理解，并授权外部审计；（5）在用户控制下原则，除特殊规定外，确保用户是知情的行动者，并能自主做出选择。[1]

上述原则的探索对我国司法＋人工智能原则的确立有一定参考作用。本书认为，司法＋人工智能等智慧司法应用所追求的是一种高耦合度的科技工具合理有序应用的司法现代化模式，司法机关的主体性、司法＋科技两者之间的耦合性以及司法科技应用的工具性是智慧司法的三项基本原则，简称为SCI原则。

1.主体性（Subjectivity）原则，是指"司法＋人工智能"的融合过程中

---

[1]　陈志宏：《欧洲司法效率委员会关于信息化的路线图》，载《中国审判》2021年第1期。

必然涉及人—机关系问题，而无论从法理或诉讼法所授权出发，还是从司法责任制的规则考虑，法官、检察官都应当始终处于司法的主体地位。从应然的角度，司法人工智能应当是增强人（司法官）的能力，而非走向技术主导和技术依赖的路径。智慧司法在当前与未来较长一个阶段所追求的目标是以人（司法官）为中心的人机耦合状态，而非机器替代人。应当警惕自动化司法的尝试，防止人成为机器的补充，使得主客体地位本末倒置，从而引发技术伦理危机和法理危机。在智慧司法信息系统的使用过程中，应当保证司法官的实质审查、实质参与、实质决策，而非将司法官沦为形式审查、二次纠错的辅助地位，这与司法责任制改革的目标是相背离的。为了保证主体性原则，应当禁止智能辅助办案系统作出终局性的司法结论。这应当被视为主体性原则下法官、检察官司法权的绝对保留。

2. 耦合性（Coupling）原则。耦合是一个物理学的概念，是指两个或两个以上子系统的相互关联程度，包括技术耦合、制度耦合和能力耦合。智慧司法所追求的是代码规制和法律规制的互动耦合，希望由此建立一套高耦合度的科技工具合理有序应用的司法现代化模式。代码规制是实现法律规制目的的基础条件，法律规制是呼唤代码规制设计的制度主张，二者的有效互动将产生耦合效应，通过相互作用而彼此影响从而联合起来产生司法现代化的动力变革、效率变革、质量变革。[①] 低耦合度的司法人工智能应用的建设应当被废止、暂停或延缓。具体而言，对于技术耦合度较低的司法人工智能应用，因其和司法业务的结合度较低，部署后的应用频率也不高，在项目需求阶段应当从严把控，防止将有限的人财物资源投入技术需求低的相关项目之中，对于制度耦合度较低的司法人工智能项目，可以考虑暂缓部署，先对当前制度进行修改调整后再进行大规模部署；对于能力耦合度较低的司法人工智能项目，可以考虑现在司法科技应用能力较高

---

① 韩旭至：《司法区块链的复合风险及其双层规制》，载《西安交通大学学报（社会科学版）》2021年第1期。

的东部沿海地区试点部署，同时开展全国专项轮训，在时机成熟后再进行推广。

3. 工具性（Instrumentality）原则。司法人工智能可以辅助司法官进行事实判断，而非价值判断，对技术介入价值判断应当特别审慎。这是因为价值判断是否正确，不可能由描述统计、相关分析、回归分析中得出，只能由司法官的自由裁量决定。印度 SUPACE 智能法院建设就是一个很好的案例，该系统只用来处理事实，并让法官可以利用这些事实来为判决寻找意见。正如印度最高法院院长沙拉德·博布德所说："我们不能让人工智能影响决策"，"要完全保留法官在判决案件时的自主权和自由裁量权"[1]。在事实判断中鼓励和支持借助人工智能的工具理性提高司法工作效率，但在价值判断领域目前人工智能辅助审判应当只适用于实验室阶段。

（二）司法 + 人工智能的审核方式

智慧司法建设要警惕科林格里奇困境（Collingridge dilemma）。这一概念来自 David Collingvidge 的《技术的社会控制》一书，即"技术的后果在其发展前期难以预测，故虽可以进行控制却不知如何控制；随着技术的发展成熟，其影响日趋明显，虽知如何控制却很难对其进行控制"。这一困境是建立在技术与社会的分离与对立之上的，解决这一困境的方法是强调在技术发展中纳入社会控制的因素。[2] 在智慧司法管理中，主要体现为司法权力对技术和社会的对立分离关系的控制与调和，即建立司法人工智能技术应用的审核制度。

1. 构建司法人工智能技术应用的审核机制。考虑到我国司法体制的结构，建议应当建立两级审核模式。在审查机制上应当构建国家级和省级审

---

① 陈志宏：《印度司法人工智能发展新动向》，载《中国审判》2021 年第 8 期。
② 陈凡、贾璐萌：《技术控制困境的伦理分析——解决科林格里奇困境的伦理进路》，载《大连理工大学学报（社会科学版）》2016 年第 1 期。

核机制，即依托中央司法单位网信领导小组和省级司法单位网信领导小组，建立智慧司法专家委员会。专家委员会秘书处职能可由网信领导小组办公室承担。国家级审核机制应当对全国性的和跨省域的应用来进行实质审核。而省级审核又分为两种情况，第一种是对省本级的应用进行实质审查，审查结果需要报国家级的审核委员会备案审查；第二种是对省级部门应用和市县区应用进行实质审核，无须再报上级备案。对于跨部门的，可以组建国家法治信息化专家委员会来负责这些工作，专家委员会秘书处可以设在中央政法委或中央全面依法治国委员会办公室，也可以通过轮值的方式在最高人民法院、最高人民检察院、司法部等部委之间轮流，轮值时间为一年或数年，协商确定。

2. 明确司法人工智能技术应用的审核内容。对于司法 + 人工智能项目应当分为技术评估和规范评估两个领域，具体包括合规性审核（Compliance Audit）、合伦理性审核（Ethicality Audit）、合目的性审核（Purposiveness Audit）三审环节，简称为 CEP 审核。（1）合规性审核，即依据法律法规、规范性文件和政策进行审核，与现行法律发生抵触的应当予以一票否决；与现行司法解释发生抵触的应当报请最高司法机关研究室进行审核。（2）合伦理性审核，主要依据技术伦理、司法伦理、政治伦理进行审核，严重违背前述 SCI 主体性、工具性、耦合性基本原则的，应当予以否决；轻微违背伦理要求或存在伦理争议的，应当提出修改意见建议，修改后重新审核。（3）合目的性审核，主要依据经验对项目对司法公正、效率、安全的可能影响进行评估，如果合目的性较强则具备较高的项目优先级，如果合目的性较弱则给予较低的项目优先级，并限制项目的部署范围，同时提出修改意见建议。

3. 强化司法人工智能技术应用的审核效力。智慧司法审核机制可以考虑以最高法、最高检、司法部、科技部、国家发改委、财政部等联合发文的形式，予以明确其效力。其审核可以包括事先审核、事中审核、事后审核。应当明确智慧司法审核结果是电子政务项目审批、验收的前置环节，同时赋予智慧司法项目部署应用的内部许可授权，明确授权区域、范围和人工智能技术程度。对于地方性、体量较小的智慧司法项目，从简便操作的角度，主要采取事前审核的方式，作为项目可行性研究报告的必要附件。对于全国性或体量巨大的重要智慧司法项目，事前审核（项目可研阶段）、事中审核（软件模型阶段）、事后审核（部署推广阶段）都必不可少。对事中审核、事后审核发现问题的，可以探索智慧司法的熔断机制，防止问题从实验室进入司法机关，从试点单位扩大到省域或全国。

智慧司法审核在本质上是司法权力对技术权力的必要限制。这是因为，技术和制度的结合某种程度上产生了新的技术权力，而这些技术权力在智能化技术嵌入司法程序后，所发挥的意义尚未被充分认识，既缺乏技术权力介入司法的上位法依据，也缺乏学理依据和实践的充分检验。一种极端的案例是所谓的智能法官、智能检察官完全代行法官、检察官的职能。其底层逻辑是以对技术的信任取代了对司法官的信任，将许多本来由司法官自由裁量决定的事宜让渡给了信息系统，导致在实然层面重新分配了司法权力。这些制度目标的实现可能以个案公正损失和机械司法为代价。譬如，爱沙尼亚的人工智能系统可以自由裁量 7000 欧元以下的案件。这类案件的合法性、合理性、合伦理性均是应高度被质疑的。

（三）司法＋人工智能的技术调试

智慧司法的审核除前述规范性审核外，还应当对技术进行必要调试，以增加司法人工智能的耦合性。具体而言，司法人工智能技术调试主要有三大方向。

1.增强智能算法的证伪性而非证实性。有学者认为，智慧司法中，人工智能算法的逻辑需要重构，证实与证伪是检验科学性与正确性的两种基本方式，算法不应当采取证实的方式，这一过程应当由法官、检察官根据三段式逻辑得出。智能算法只能采取证伪的逻辑，帮助检验和纠正法官、检察官司法工作的错误、瑕疵。① 智能算法的非证实性，解决了人工智能辅助司法的责任分配问题，由于算法只证伪而非证实，证实只由法官、检察官作出，因此如果出现案件质量问题，仍应当追究司法官责任，从而回避了人工智能介入审理后的归责难题。智能算法的证伪性则保证了人工智能系统可以检查校对法官、检察官意见建议的合法性和合理性，其主要发挥的是规范作用和纠偏功能，体现了算法裁判的形式正义对法官裁决的实质正义的规范。比如，江苏检察机关研发了"案管机器人"，通过对案卡填录情况和法律文书的比对分析等多种方式，系统运行以来已发出流程监控提醒预警 35410 件 52936 次、权利保障提醒预警 17383 件 34662 次，评查案件 37603 件，及时纠正评查中发现的司法办案不规范等瑕疵性问题，这种司法人工智能应用则体现了证伪性功能，应当值得肯定。②

2.增强智能算法的可解释性而非神秘性。智慧司法的目标是建立可解释性强的司法人工智能系统，发展安全、可靠、可信的司法人工智能应用。③ 解决人工智能系统的不可理解性（Intelligibility）的一种方案是增加系统的技术透明（Technical Transparency），探索智慧司法的算法（源代码）公开。综合考虑算法的成本、产权、可读性问题，有学者将智慧司法算法分为三类：第一类是智能语音、文字识别等基础类辅助算法，这类算法多数属于通用算法，不会影响司法公正，因此无须公开。第二类是智能程度较低的业务系统、案件管理系统，算法应当在约定时间内由技术公司向司法机关公开备案，司法机关主要对其进行形式审查，无须向社会公布。第三类是智能程度较高的智能辅助办案系统，算法应当及时在技术公司交付时向司

---

① 胡佳：《人工智能辅助刑事审判的限度》，载《政法学刊》2022 年第 3 期。
② 智慧检务创新研究院：《一叶窥秋："检察＋人工智能"的发展现状与思考》，载《检察风云》2019 年第 1 期。
③ 魏斌：《司法人工智能融入司法改革的难题与路径》，载《现代法学》2021 年第 3 期。

法机关公开，同时司法机关应当组建专家组进行实质审查。[①] 同时，智能程度较高的智能辅助办案系统所输出的内容应当包括输出结果和主要依据，以保障当事人的知情权和抗辩权。[②]

3.增强智能算法的可选择性而非强制性。采用人工智能技术的智能辅助办案系统，既然名为"辅助"，就不应当强制或变相强制司法人员使用智能辅助功能。换言之，司法官既拥有使用智能辅助的权利，也拥有不使用智能辅助的权利。有的司法机关通过规范性文件要求，司法官如果不使用智能辅助，需要说明理由或报备报批，或暗示会增加其被抽查或案件质量评查的概率，这实际上属于变相强制使用的范畴。从权责一致角度出发，只有法官、检察官可以自由选择是否采用智能辅助，在全面认识到使用智能辅助的优点和风险的前提下，参考算法得出的意见，自身独立作出最终结论，此时司法官才应对其所作出的裁决负责。否则技术权责的不对称性，将强制性地将风险转嫁给司法官，使得司法官过度承担了技术风险和制度风险，这显然是不合理的，也不符合程序法的规定。

总体而言，本书认为，智慧司法学的学科建设不仅要解决司法现代化过程中的理论障碍和实践瓶颈，还承担着技术祛魅的功能。一方面，要祛除科技万能主义的倾向，防止法学界与司法实务部门对于科技的盲目崇拜，人类的智能技术总体上还处于弱人工智能阶段，不应当将科幻热忱作为已然发生的事实进行过度探讨。"技术只是工具，正义才是根本。"[③] 智慧司法研究要时刻警惕与化解技术风险，在位阶判断上应当始终使价值合理性优

---

① 王志成：《智慧司法中算法公开的尝试》，载《法理——法哲学、法学方法论与人工智能》2020年第2期。

② 但是在实务中，算法公开的可行性相对欠缺，既有来自技术公司是否愿意将其核心知产的算法予以公开或提供的阻力，也有来自司法机关是否有能力审查专业化的代码能力的限制，还有赖于算法向社会公开是否会严重提升智慧司法系统安全风险的隐忧。但是，可以在向智慧司法项目的合同中将提供智能化算法的可解释性方案写入合同条款，作为设计单位的一项基本义务要求，以及政府采购评标时的重要评价指标。

③ 王福华：《电子诉讼制度构建的法律基础》，载《法学研究》2016年第6期。

先于工具合理性，将技术风险的不确定性控制在合理限度，从而实现司法对技术的"驯服"和"转化"过程。

另一方面，需要祛除法律万能主义的倾向，人类社会进入数字时代的潮流和趋势不可阻挡，一味抵制信息技术进入司法工作之中，对智慧司法采取一种蔑视状态，显然无助于司法工作的与时俱进。大量的实证研究和试点成果表明智慧司法成效并不是纸上谈兵，而是一定程度助推了司法工作的"三大变革"。诚然，必要的理论批判可以规范实务工作，但理论批判不是为了批判而批判，更不是用传统学说来审视后现代的法治范式创新，为智慧司法探索建立一套前现代的"话语桎梏"，使旧理论限制新科技的发展。

智慧司法学的研究不仅在于提出问题，更在于解决问题，要在批判的基础上提供具有可操作性的解决方案，正如马克思所说，"哲学家们只是用不同的方式解释世界，问题在于改变世界"。只有将智慧司法理论付诸实践才能实现理论自身的价值，也只有将理论付诸智慧司法实践才能使理论得以检验。在智慧司法的学科建设中，要避免激进主义与保守主义的两个极端，在"法律＋科技"的智慧司法模式中找到符合当前法律规范和科技发展程度的恰如其分的平衡点，重新构建智慧司法的法理基础、研究内容和研究方法，以满足今日智慧司法之实践需求，并为明日智慧司法发展方向提供一种可能的科学指引。

笔者深知，"众智之所为，则无不成也"。智慧司法学的学科构建是一个系统工程，需要智慧司法共同体一代人甚至几代人的努力才有可能实现，希望本书能抛砖引玉，使更多专家学者加入这一研究中，为司法现代化建设和数字法治创新提供新时代的理论支撑。

后记

宋人陆游诗云："古人学问无遗力，少壮工夫老始成。纸上得来终觉浅，绝知此事要躬行。"

回首间，从事智慧司法学研究已有近十载时光。十年转瞬即逝，笔者已由初出茅庐不怕虎的二十而冠，变成遇事三思而后行的三十而立；由为赋新词强说愁的文学青年，变成道论研通白见真的高校"青椒"；由手执正义之剑的检察干警，变成笔下有是非曲直的法学学人。时有东坡先生"休言万事转头空，未转头时皆梦"之感。

过去十年，虽然笔者更多精力集中在网络犯罪、职务犯罪的交叉学科研究，但关于智慧司法的思考从未中断。对其的探寻大致可分为三个时期：

第一阶段（2013—2016 年）：在北京大学软件与微电子学院求学期间，当时笔者以《顶层设计在检察机关电子政务项目中的应用》为题撰写了学位论文，重点探讨了 EA 理论和项目管理理论在检察信息化建设中的应用。在此过程中，笔者梳理了检察信息化发展史，后经《电子政务》《人民检察》《中国应用法学》等刊发，形成了当前检察信息化历史四阶段划分的理论通说。这一阶段的研究成为本书"智慧检务发展规律研究""智慧司法建设管理研究"的初步素材。

第二阶段（2017—2020 年）：在最高人民检察院工作期间，当时主要负责检察信息化规划工作和创新管理工作。在起草《最高人民检察关于深化智慧检务建设的意见》《全国检察机关智慧检务行动指南》和首席大检察官相关重要讲话时，积累了智慧检务顶层设计的经验，并提出了"全业务智慧办案、全要素智慧管理、全方位智慧服务、全领域智慧支撑"的"四梁八柱"智慧检务总体架构。这阶段承担了最高人民检察院检察理论研究项目"智慧检务战略和检察科技创新应用研究"（J2018D55）和最高人民检察院技术信息中心研究项目"智慧检务理论体系研究"（JBKY20180501）、"政法智能化战略下智慧检务理论与规划研究"（JBKY20200601）。特别是代表最高人民检察院参与全国法治信息化工程规划起草时，通过和最高人民法院、司法部负责信息化规划的相关同志交流，增加了对兄弟单位信息化发展的了解，成为本书"智慧法院发展规律研究""智慧司法行政发展规律研究""智慧司法规划管理研究""智慧司法应用管理研究"的思考来源。

第三阶段（2020年至今）：在高校工作期间，在清华大学法学院从事博士后时已经开始从法学视角对智慧司法进行反思，但尚未诉诸笔端。到北京化工大学担任副教授后，承担了教育部人文社会科学青年基金项目（22YJC820015），最高人民检察院检察理论研究项目（GJ2023C16），和中央高校基本科研业务费项目（BUCTRC202206）。先利用2022年暑假时间，完成了对司法信息化、司法数据化、司法智能化的法理反思和对策探讨，部分文章经由《检察日报》刊发；后利用2023年寒假时间，在梳理本书内容的基础上，明确了智慧司法学的学科属性、研究目的、研究领域和研究方法。上述研究形成了本书"智慧司法学的学科建设""司法信息化融合研究""司法数据化融合研究""司法智能化融合研究"的相关内容。

凡是过往，皆为序章。五年前，笔者就曾和同事半开玩笑地说，希望完成智慧检务研究"三部曲"，为智慧检务理论体系建设做点微薄贡献。但之后因为客观、主观原因，历经数载，终在《智慧检务初论》（2017年）、《智慧检务概论》（2018年）的多元思维与科技应用的探讨之上，实现了五年后《智慧司法学导论》（2023年）向理论化、体系化、学科化的初步迈进。

以书言志，以画寄情。笔者写作本书并无多少功利目的，更多的是以学术的方式对自己曾经青春岁月的回忆，对十年检察生涯的总结，对些许拙见的记录；更是为无数埋头奋战在司法信息化一线的同人、战友们"代言"，为新时代智慧司法建设"鼓"与"呼"。在这里需要特别感谢刘品新教授、王禄生教授为本文所作的序言，感谢司法实务机关诸位同人的建议和家属的支持，以及中国检察出版社编辑老师的帮助，没有他们，本书不可能如期面世。

本书在应用上具有双重面向：一方面，作为学术专著，汇集了笔者近年来对智慧司法学基本问题的部分浅见拙识，通过《智慧司法学导论》一书和学界、业界各位方家进行探讨。另一方面，亦可作为新文科特别是新法科教育的教材之一，以弥补传统法学教育中在智慧司法领域的教学短板。2023年2月，中办、国办印发《关于加强新时代法学教育和法学理论研究的意见》，明确将"数字法学"列为新兴学科予以推进。而智慧司法学可以作为数字法学二级学科下的三级学科进行独立建设。

在教材体系建设中，笔者倾向于构建三阶层的智慧司法学教材：（1）初阶的《智慧司法学导论》面向本科生和法律硕士（非法本）参阅，突出其"导论"价值，力求深入浅出、文笔精练，在读者脑中形成智慧司法的理论图景和知识谱系，但不求面面俱到，避免理论乏味。（2）中阶的《智慧司法学通论》面向法学硕士，突出其"通论"广度，增加智慧司法中外比较研究、智慧司法理论史研究、智慧司法前沿问题研究，从横向、纵向、竖向三个维度扩展智慧司法学的知识域。（3）高阶的《智慧司法学专论》面向博士研究生，突出其"专论"深度，增加智慧司法学的核心理论的学理探讨、学科规律的实证研究以及交叉学科方法的系统训练，从认识论、方法论、实践论的高度提升智慧司法学的学术性和理论性。从初阶、中阶到高阶的阶梯式递进，循序渐进地推动法科生法治思维和数字思维的融会贯通。

当前，智慧司法建设业已成为中国法治的一张亮丽名片，成为数字中国、网络强国建设的重要一环。在数字法学学科建设过程中，我们不能继续沿用物理时代传统法学的理论范式，用以规范信息时代的智慧司法创新；而需要在数字法学新范式下，对智慧司法重新进行学术层面的命题提炼、原则归纳、原理探究，^① 再反作用于实践。近年来，智慧司法实践的发展速度日新月异，可谓"一年一小变，三年一大变"。在某种角度上，智慧司法的理论供给已经明显滞后于智慧司法的实践创新，亟待学者们的共同努力，携手构建中国特色的智慧司法知识体系，进而为中国式现代化的司法实践和新型法学人才培养提供更加充分的理论支撑。

诚然，学术创作是遗憾的艺术，受限于笔者的能力水平和终稿写作时间较短等原因，书稿尚有许多不足。书籍的一切文责自负，也欢迎各位专家、领导、读者批评指正，您的建设性意见可以反馈至 7988@88.com，以便笔者进行后续修正。

谨以此为记。

金鸿浩

2023 年 4 月 15 日

───────────

① 参见马长山:《数字法学的理论表达》，载《中国法学》2022 年第 3 期。